王欣　钟秀斌　袁帆◎主编

小球

大世罗

清华乒乓故事

清华大学出版社

北京

内 容 简 介

《小球大世界》用乒乓球讲述清华体育、清华精神和清华故事。这是清华校友乒乓球爱好者写给自己，写给乒乓球，写给母校的一本书。

本书为读者揭秘：清华乒乓球运动为何普及得这么好？清华乒乓球队为何屡获佳绩？非专业出身的清华乒乓球员凭什么脱颖而出？清华乒乓为什么是快乐乒乓？国运盛，球运盛，清华乒乓怎样与时代同呼吸、共命运？

本书回顾了100余年来清华的乒乓运动，展现了清华师生多姿多彩的乒乓世界。书中既有老故事，也有新传奇，真切诠释了"无体育，不清华"的精神。清华乒乓追求卓越，永不放弃，这正是清华体育之魂。

图书在版编目 (CIP) 数据

小球大世界：清华乒乓故事 / 王欣，钟秀斌，袁帆主编 . —北京：清华大学出版社，2021.6
ISBN 978-7-302-58430-8

Ⅰ．①小… Ⅱ．①王… ②钟… ③袁… Ⅲ．①清华大学－乒乓球运动－体育运动史 Ⅳ．① G649.281 ② G846.92

中国版本图书馆 CIP 数据核字 (2021) 第 111239 号

责任编辑：高晓蔚
封面设计：汉风唐韵
版式设计：方加青
责任校对：王荣静
责任印制：丛怀宇

出版发行：清华大学出版社
　　　　　网　　　址：http://www.tup.com.cn，http://www.wqbook.com
　　　　　地　　　址：北京清华大学学研大厦 A 座　　　　邮　　编：100084
　　　　　社　总　机：010-62770175　　　　　　　　　　邮　　购：010-62786544
　　　　　投稿与读者服务：010-62776969，c-service@tup.tsinghua.edu.cn
　　　　　质　量　反　馈：010-62772015，zhiliang@tup.tsinghua.edu.cn
印　装　者：北京嘉实印刷有限公司
经　　　销：全国新华书店
开　　　本：170mm×240mm　　　印　　张：20.25　　　字　　数：362 千字
版　　　次：2021 年 6 月第 1 版　　　印　　次：2021 年 6 月第 1 次印刷
定　　　价：98.00 元

产品编号：091164-01

清华校友乒乓球协会
Tsinghua Alumni Table Tennis Association

　　清华校友乒乓球协会隶属于清华校友总会，成立于 2012 年，宗旨为"以球会友，健康乒乓，增进友谊，促进发展"。协会采取理事会负责制，当前的会长为邓亚萍校友。

　　会徽的主标识为中英文"清华校友乒乓球协会"（Tsinghua Alumni Table Tennis Association）；主元素为"乒乓球拍、乒乓球、球网"，表达项目特征；辅元素为"橄榄枝和银盾"，橄榄枝象征友谊，银盾象征优胜和清华学子的社会荣誉和责任感，中间用清华校徽中的绳索图形相连，象征协会起着连接清华校友、促进友好交流的作用，徽章颜色为清华紫，与清华主色调一致。

　　徽章设计者为清华大学美术学院染服系 2000 届校友吕红彦女士。

　　《清华乒乓歌》由上海清华校友乒乓球俱乐部集体创作，袁帆执笔作词，沈巍峰谱曲。

清华乒乓歌

邓亚萍（清华大学 1996 级外语系）

序

　　得知清华大学乒乓球爱好者们正在编辑一本文集，用一种特殊的方式纪念母校建校 110 周年，我作为一名曾经为国争光的乒乓球运动员，同时又作为清华校友乒乓球协会现任会长，感到由衷的高兴。

　　"无体育，不清华"，这是对清华一百多年来坚持"体魄与人格并重"体育教育理念的最好诠释。同样，清华与乒乓球运动在中国的开展也有着悠久的渊源。特别是中华人民共和国成立以来，乒乓球一直是清华大学广大师生最喜爱的运动项目之一，在培养一代代清华学子成为国家栋梁的过程中发挥了积极作用，留下了无数精彩镜头和难忘的回忆。

　　1952 年在清华举办了第一届全国乒乓球锦标赛。1959 年容国团获得了第一个世界冠军，他的人生格言"人生能有几回搏"，深深地鼓舞着全国人民和清华学子。1982 年在北京举办了第一届全国大学生运动会，而乒乓球比赛就设置在清华老体育馆。

　　这本文集中的每一篇文章，都是大家在清华乒乓之路"克服困难、锻炼身心、提高球艺、团队合作、获得友谊"的真实写照，读起来让人感同身受，回味无穷！

　　乒乓球作为我国的国球，"国球精神"很难一言以蔽之；同样，到底什么是"清华精神"也是我们清华学子需要以一生来上下求索的。

　　2019 年 7 月，我在清华大学人文学院毕业生典礼上曾和学弟学妹们"谈心"，希望他们"不要让名校毕业成为一生最大成就"，在未来的人生道路上勇于挑战偏见，不断取得突破。通过这本文集中的生动故事，我看到的正是永不停步的科学奋斗精神和积极向上的健康生活理念。对此，我同样感到十分欣慰。

我们都是乒乓球爱好者，小小银球早已经和工作、生活甚至人生融为一体。我愿与大家一起继续努力，推动乒乓球运动在清华，在中国，在世界的广泛开展，共同享受"以球会友、快乐乒乓"带给我们的无穷乐趣。

是为序。

2021 年 4 月

前言

王欣（清华大学体育部副教授）

　　退休后想着用一种大家畅谈的方式，把清华乒乓历程记录下来。所以从2018年下半年开始，我在清华校友乒乓群里，征集大家的清华乒乓故事。从提出构想，发出倡议，到征集稿件，结集出版，前后历时三年多。我虽然对图书出版是"门外汉"，但是有出书经验丰富的钟秀斌和文笔超强的袁帆的帮助，我们形成了一个团队。我们坚信凭借清华学子对"国球"的热爱，对清华体育精神的崇尚，一定能够达成我的初衷：用一本属于清华人自己的乒乓文集，向百年清华乒乓史致敬，向清华体育精神致敬，向我们的体育青春致敬！

　　最让我兴奋的是：在学校图书馆，我们查到了1918年3月7日的《清华周刊》上，一则有关乒乓球比赛的校闻："前星期六，中等科一二年级学生在食堂开游艺会举行檯球（乒乓球）比赛，由陈筱田、李仲华二先生裁判，以沈鸿来、吴详骏二君为最优云。"这则区区数十字的简报，让我赫然知晓乒乓球运动在清华竟然也有100多年的历史了。

　　乒乓球运动深受清华学子的喜爱，在清华具有良好的群众基础，也成为清华体育发展历史中不可分割的一部分。还在20世纪30年代，钱三强、叶笃正等许多后来的著名科学家就已经是清华校队的队员。从当时的照片中可以看到，当时他们手握的球拍还都是光板。在长达百年的清华乒乓史中，清华乒乓球队战绩显赫。我能在其中三分之一的时间里，亲身参与推动这项运动的开展，这实在是一件非常幸运也非常光荣的事情。

乒乓球是双方斗技、斗智、斗勇的一项运动，是聪明人的运动，打乒乓球能让人变得更聪明。它比技术、比战术、比应变能力、比耐久力、比身体素质、比心理素质。我也常对同学们说：打乒乓球是用脑子打球，是智力游戏，乒乓球集娱乐、交友、健身、训练、竞技等于一身。

乒乓球运动的好处是，场地简单，设备简单，入门简单，经济实惠，适应于各种场合，各类人群，各年龄段，各种体型，包括残疾人。

小小的乒乓球，速度力量加旋转，变化无穷无尽。学生在坚持不懈的学习和训练中，不仅可以提高身体素质，更能激发智力潜能，增加反应速度，提高手眼协调能力，在与对手的比赛中，提高自身的心理素质。或许正是因为乒乓运动具有的趣味性、多变性、复杂性、挑战性等特点，与处理纷繁复杂、变化多端的自然科学、社会科学问题，本质上具有共通之处，一百年来不断吸引万千清华学子和高端知识分子加入其中，自然就在情理之中。

作为一名清华体育教师，我亲身感觉到清华人也特别喜欢打乒乓球，1981年中国乒乓球队在第36届世界锦标赛上囊括全部七项冠军。中国乒乓球队凯旋，特意由李富荣总教练带队来到清华作报告，报告在大礼堂前广场举行，听报告的师生人山人海，群情激昂，感觉过瘾，可见清华学子为中国队创造的好成绩感到欢欣鼓舞，热血沸腾。这足以证明一项好的体育运动能激励一代人热爱祖国振兴中华。我在乒乓教学中始终贯彻马约翰先生"体育是养成完整人格的最好工具"的教育理念，弘扬"奋斗到底，永不放弃"的体育精神是我的神圣使命。正是通过长达35年的乒乓执教，我逐渐领会了早年毛主席在看了徐寅生《关于如何打乒乓球》的讲话后给予的高度评价，毛主席赞扬"全文充满了辩证法唯物论"。我在乒乓球教学中也告诉同学，打乒乓球入门不难，但要打好并不容易，让同学记住没有最好，只有更好，学无止境。我带领清华乒乓球队去参加各种乒乓球比赛，并力争"摘金夺银"，更是时刻面临着各种挑战。对手的打法千变万化，我们更要随机应变，要干扰对手的优势发挥，同时发挥出自己的最大优势。

在这35年间，面对不同时期不断出现的各种情况，如何在乒乓教学和竞赛中"化解矛盾，解决问题，创造成绩，保持荣誉"，时时成为我和学生都要面临的一座座"山"。显然，如果单从乒乓运动的技术角度去思考问题，去处理矛盾，那是无论如何都不能解决问题的。而只有以"自强不息"的信念做好自己，迎难而上，以"厚德载物"的格局团结一致，共克时艰，才能让清华乒乓的薪火熊熊不灭，代代相传。

　　我对清华体育精神的精髓，进而对"自强不息、厚德载物"的清华精神有了更深的认知，并在和一代代学生的乒乓球教学互动中不断践行。

　　这本文集以大家的乒乓故事为主线，反映了当时清华校园里学生的学习、生活、课余锻炼、球队训练和比赛的方方面面。作者都是在清华学习生活过的校友、教师和学生。文集从各个角度真实、生动地反映了清华乒乓球运动发展的情况，甚至可以视为清华乒乓的时间简史。值此文集即将付梓之际，特向支持文集出版的清华体育部领导、全体作者，以及所有给予关心、帮助、支持的朋友们深表谢意！希望大家继续以饱满的热情投入清华体育运动，以球会友、切磋球技、保持健康、快乐乒乓，让清华乒乓运动伴随"世界一流大学"的创建永远发展前进！

王砯

2021 年 4 月

目录

我与清华乒乓的 35 年

■ 王欣（清华大学体育部副教授）

2021 年清华 110 周年校庆来临之际，清华校友乒乓球协会又开始筹备第十届清华校友乒乓球比赛。回想从百年校庆 2011 年开始，我一直协助清华校友总会坚持每年举办校友乒乓球比赛，已经坚持了 11 年（2020 因为全球疫情停办了一次）。所以乒乓球开展好的地区，校友们都自发地组织在一起练球，备战每年举办的清华校友比赛。

2018 年我退休，我学着做减法，首先卸下了我最喜欢的工作——校乒乓球队教练的重担。但我申请返聘继续上我熟悉的乒乓球课，继续坚持推进每年举办一次清华校友乒乓球比赛，我的愿望是将校友乒乓球比赛坚持 100 年。每次比赛看到我教过的学生来到我身边嘘寒问暖，向我汇报他们的工作现状，看到他们聚在一起打球聊天的融洽朋友关系，我从心里特别高兴，特别享受。就像看到长大了的孩子们回到我的身边。同时我又结交了很多年长的校友，他们和我分享打乒乓球的快乐，和我们共同结识球友。乒乓球把我们紧紧地连在一起。追怀在清华园 35 年的乒乓训练、乒乓教学和乒乓裁判的生涯历历在目，回味无穷。

我与清华乒乓球队一起走过

初识球队

1986 年 6 月，我从首都医学院（原北京第二医学院）体育组调入清华大学体育部。我调进清华，接到的第一个任务就是作为教练带领清华乒乓球队参加当年 7 月在福建泉州华侨大学举办的国家教委直属 14 所重点工科院校乒乓球比赛。当时学校乒乓球队教练黄文杰老师调到深圳大学。翟家均老师作为我的指导老师，向我介绍校乒乓球队男女队员和比赛报名情况。

　　由于我是新教练，需要尽快认识大家，适应清华乒乓球训练的环境，所以我每天下午早早地站在西操场体育馆门前的台阶上，等候队员们来训练。乒乓球队训练时间是下午5：00—6：30。4：50下课后，队员们背着书包骑车赶到训练馆。每次队员都是陆陆续续赶来，我的第一感觉是训练不能准时开始。这样，队员来一个我陪练一个，来一对我就安排他们训练内容。每次训练都是陆陆续续开始，训练刚刚进入主题队员们又一个个过来请假，这个说有班会，那个说有晚课，就急匆匆地离开了训练馆。我准备的训练计划每天都要删除很多内容，特别是前面的准备活动和后面的身体训练，几乎没法完成，对此我特别着急。

　　翟老师告诉我，6月份正是清华学生的考试周，他们学业繁重。虽然同学训练都是来去匆匆，但我还是能感觉到他们练球非常认真。只是训练计划不能完成，令我一筹莫展，特别沮丧。

　　7月比赛季，清华乒乓球队由清华大学体育委员会主任张义老师带队，李晓秋老师参会，郝锁柱老师裁判，我是教练，参赛男队员张明、王学军、薛文黎，女队员李翎翔、龚杰、王新新，出发赴福建泉州华侨大学。

　　我这个新来乍到的教练，要得到老队员们的认可和支持，带队参加比赛就是一个非常好的契机。我努力做好教练应该做的每一件大小事情，遇事与队员们多沟通多商量。安排赛程表，开好赛前准备会，关心每一位队员的身体状况，做好必须的后勤保障，安排出场名单，与领队老师沟通、汇报队员情况，和队员们一起全身心地投入到比赛当中。

　　女队主力李翎翔（工物系博士），削球打法，作风顽强，基本场场都拿2分，是球队绝对第一主力；龚杰（计算机系研究生），直板选手，两面摆速快，发球变化多；王新新（机械系大三学生），直拍正胶，发球抢攻落点刁钻，她们俩的任务是完成双打，之后力拼对方的二力，争取再拿到一分。男队水平则比较平均，张明是第一主力，直拍正胶，发球变化多端，抢攻快、准、狠，经常可以拿到2分；王学军是削球打法，能削能攻，比赛经常排在二力出场，力保一分；薛文黎横板双反，反手护住以正手抢攻为主。遇到艰苦的比赛大家力争每人一分。

　　经过努力，清华男女队双双获得团体第一名。比赛结束后收拾东西准备回京，我才想起那天是我儿子何浩然一周岁生日……为了工作，未能陪伴孩子，有些遗憾，但圆满完成第一次带队参赛任务，我还是非常开心，为日后做好乒乓球队教练树立了信心。

1986 年在福建泉州华侨大学举办的国家教委直属 14 所重点工科院校乒乓球比赛，清华大学获男子团体第一名、女子团体第一名

左图左起：王欣（教练）、王学军、张明、薛文黎；右图左起：王欣（教练）、龚杰、王新新、李翎翔

球队触底反弹

1986 年 11 月，北京高校乒乓球比赛清华获得男团冠军，于军获得第三名，我真高兴。

可是随着王学军、张明、薛文黎陆续毕业，球队问鼎机会变小了。我心里虽然依依不舍，但只能面对现实。于是带领王龙海、肖胜前、丁青青、王新新，和新人于军、高明、段宇博、刘昇、崔彤哲、张义等人坚持训练。那段时间清华乒乓球队在北京高校比赛中很难拿到冠军，成绩总在第二名至第五名之间徘徊。体育部和体育代表队特别关心乒乓球队，帮助解决训练中的各种困难，帮助想办法招收有乒乓球训练基础的学生。

马骋是我在 1990 年招到的第一个乒乓球特长生，第二年招到了北京市中学生冠军刘立恺，以后男队陆续招到北京二中的胡晓程、广西的罗俊峰等。在后来几年的比赛中，刘立恺帮助球队获得过两次男单冠军，并和胡晓程获得男双冠军。而后陆续招来了新疆胡晟斐、北京刘迪、李珊、王凌雪，河北王蕾，山东于婷，湖南欧阳璐莎等女生，女队有了生机，比赛成绩进步很大。

队伍逐渐齐整了，训练就得跟上。我们乒乓球队坚持一周 5 次训练，比赛前还组织集训加练。参加训练的人越多，训练气氛越好。训练为了比赛，我们先后参加过在西安交通大学、上海交通大学、广西大学举办的全国大学生乒乓球锦标赛和每年一次的北京高校乒乓球锦标赛。期间，我们还与北京体育学院乒乓班的同学比赛，与什刹海的小队员比赛，不断增加比赛经验。

1992年西安交通大学举办全国大学生乒乓球
锦标赛，清华大学组队参加比赛
左起：于军、刘迪、王欣（教练）、张义（领队）、
刘立恺、高民、罗俊峰

在一次去什刹海比赛时，我发现了一个好苗子，他就是北京市中学生乒乓球比赛冠军戴远。当时他上高二，虽也想上清华，但因练球时间太多，学习成绩有差距。这时候，球队队员电子系张宁同学大胆地提出，由他给戴远做家教，争取在一年时间里，让他的成绩能考上清华！面对张宁的主动请缨和戴远的信心，我非常高兴，决定与他们两人一起努力，创造一切条件，争取让这个"大胆"的设想实现。

我们三人配合默契，张宁经常告诉我戴远的学习近况，我经常打电话询问他的学习和考试情况。戴远聪明，也听话，张宁为他制定了科学的学习计划。为了提高效率，张宁还经常住在戴远家，两人经常一起学习到凌晨。戴远的学习成绩逐步提高，频频传来好消息：班级考试、年级小考、期末考试的小目标一个个达到。我们期盼的高考"一模"成绩，比预计的多了10分，分析考卷后，两人非常有信心再提高10分。我们全队都为戴远高兴，刘立恺、胡晓程也都打电话鼓励他。

功夫不负有心人，梦想实现了！当清华的入学通知书寄到戴远家，戴远的爸爸妈妈非常高兴地邀请我和张宁一起吃饭。席间我们一起回顾戴远考清华的过程，就像我们在开比赛的总结会一样。

高水平球队更要有好队风

1998年前后，随着刘立恺、胡晓程、崔彤哲、罗俊峰、陈挺等老队员相继毕业，清华球队的接力棒传给了戴远这一代。和戴远一起进队的，还有刘洋和徐阳，他们3人组队打了几年。随后，我们又盯上北京二中的王一男，为了能帮助"学习好、球技好、人品好"的王一男报考清华，我带上戴远一起去做王一男的工作，坚定了他报考清华的决心，因为北大也早已给他送出了橄榄枝。

王一男上清华电机系后，不仅能跟上系里正常的专业学习，还能在训练中带来新技术和新的战术理念。戴远、王一男、徐阳、刘洋、唐晓斌组合，在几年里打了不少精彩的比赛。同期女队队员是李珊、王蕾、于婷、欧阳璐莎、王凌雪等，水平也是稳定在北京高校前三名，并时有冠军进账。

那些年每年都有新队员进队，球队就像注入了新鲜血液，训练热火朝天，比赛成绩明显提高。经验告诉我：团体比赛靠的是团队，个别队员水平高固然重要，其他队员的高水准也同样不可或缺。我坚信一个有战斗力的团队一定诞生在一个团结的优秀集体中，所以我非常重视球队的团队建设。

我有意识地引导大家逐步形成球队"积极向上、团结协助、追求卓越"的作风。经过数年努力，球队团结向上的气氛越来越浓厚，规矩也越来越明确，好队风逐渐形成。比如在西体育馆后馆训练时，每次训练前我们都要自己摆好 4 张球台，训练结束后又要把球台立起来放到库房里，不能影响晚上后馆的开放使用和第二天上课。球队决定训练前布置球台都由新生完成，结束后还原场地则是大家一起动手。

再如新生每周训练 5 次，到二年级可以训练 4 次，三年级以上必须保证每周训练 3 次，时间选好告诉教练，教练每次训练都认真记录考勤。

当时清华体育代表队有运动员食堂，即现在的清青餐厅。每次训练后，参训队员可以领到面值 2 元的运动员食堂小票和洗澡票。每周五我都把剩余的运动员食堂小票交给队长戴远，让队长带着大家一起吃饭，共享几个加菜。

训练结束一起吃晚饭，成了队员们的快乐时光。大家可以开心畅谈一周的学习训练，聊聊同学和宿舍的情况，向老队员咨询遇到的困难，分享开心经历。球队训练比赛的事我也会提前和队长戴远沟通好，让队长在吃饭的时候提醒大家，我们配合得非常好。

球队约定，即将毕业的队员，在毕业前一定要请全队吃告别餐。虽然这看上去只是个形式，但对于增强团队的凝聚力却是非常必要，所以每次聚餐气氛非常好。毕业队员首先致词，分享他在清华的酸甜苦辣，分享找工作的快乐与烦恼，感谢和祝福球队，提醒现役队员珍惜时光。他们最终大都会讲到清华给予了每位毕业生一个很高的平台，特别是通过乒乓球水平的展示，让自己脱颖而出，找到满意的工作。这些传帮带的活动非常有意义，也是所有队员都须经历的一种互相学习过程。

黄金阶段

戴远、王一男、唐晓斌、黎毅先后入队，清华乒乓球队人丁兴旺，男女队都整齐。戴远做队长，王一男接班，球队有规有矩，在北京高校比赛成绩也非常突出。

那几年北京高校乒乓球比赛竞争激烈，高手云集，北大、清华、北邮、人大、北理工、联大、北工大、农大、北广、交大等校藏龙卧虎。当时高校比赛还不分级别，时常会遇到有专业背景的对手。因为清华的队员入学成绩要求高，学习压力大，他们既要跟上清华的学习节奏，又要抓紧课余时间训练，提高技战术水平，比赛时还要面对具有半专业水平的各路高手，难免会有一些抱怨情绪。我就给队员们灌输一种理念："强者不抱怨"，告诫同学抱怨没有用，要学会用智慧打球。清华乒乓球队员就是要和高考高分的尖子同学一起学习，又要和比你考试成绩低、打球时间比你多的对手竞争。这是清华队员的乒乓"范儿"！在和兄弟院校准专业的对手竞技过程中，清华球队并没落下风，而是连续三年获得男团冠军。了解北京高校乒乓球发展的人都知道，清华球队的成绩来之不易，这让我们每每回想起来都兴奋不已。

清华乒乓球队还参加了在兰州铁道学院、南京东南大学、上海华东理工大学、黑龙江大学、天津科技大学等高校举办的全国大学生乒乓球比赛，每次都能获得好成绩。我们还与南开大学、郑州大学打过校际间友好交流比赛。

这些年招生带队的经验告诉我，球队招生非常重要，名额太稀缺，选人得讲究。"学习好 + 球技好"是我们招生始终坚持的清华标准。虽然"打球好"能让你走"特招生"通道进清华，但是进清华以后的学习、考试、毕业，可就与清华普通学生完全一个标准。

2004 年 3 月，在清华西体育馆训练后，作者（右 1）与乒乓球队球员合影

在每次体育冬令营测试中，我都要物色几个爱打球的"学习顾问"给我当参谋，让"顾问"们帮助我在"球技好"的几位考生中，辨别谁的学习能力更强。比如，电子系张宁、数学系何伟、电机系周天睿等，他们都特别喜欢打乒乓球，总来球队看训练和我交谈乒乓球技术，而且学习能力超强，他们就成了球队的学习顾问。在

作者在赛场上指导球员

冬令营特招比赛后，我们设计了"文化测验"环节。小顾问们帮助我出测验题给候选同学，测验后立即给我反馈成绩。最后综合评定比赛、测验两项成绩，大大提高了"特招生"的选拔质量，招生的"命中率"大大提高。

2002 年高阳、霍明、詹逸思进队；2003 年朱成、赵超恩、杨叶丹、陶静远进队；2004 年周寅婕、陈天琦、吴婧、王盈盈进队，都是我们按照这个程序选拔的结果。事实证明，招生的"命中率"非常高，效果非常好。这也使得那几年球队人气爆棚，比赛成绩骄人。

顺势而为　双管齐下

2005 年乒乓球队停止"特招"。由于前几年招生丰收，训练过硬，清华仍然获得当年北京高校比赛男团冠军。2006 年惜败北大获得男团第二名。2007 年获得第三。女团北大、北邮、农大等校高手云集，清华女队由詹逸思、杨叶丹、周寅婕、王盈盈组成，战绩一直排在前三，并在 2008 年问鼎女团冠军。

从那之后，球队高手"只出不进"，再加之队员都读研了，学习压力大，社会工作多，队员们花在训练上的时间越来越少。人气慢慢下降，训练质量欠佳，球队成绩下滑。

2003 年乒乓球台从西大饭厅搬到地下学生服务中心（简称学服）上课，训练也在地下学服，训练条件明显下降。乒乓球队处在"青黄不接"阶段，又没地方训练。当年北京市比赛，清华男队报名人数都凑不齐，男队降级到最后一组，而我们的对手却越来越强大。我和队员都感到迷茫、彷徨、困惑，球队再次遇到信念和勇气的考验。

2005年5月高校乒乓球比赛，清华乒乓球队获得好成绩

　　这时，清华乒乓二队的训练依旧活跃。他们不在乎训练条件，一下课就马上冲到地下学服的训练场地，练到场地关门才离开。每周两次训练"雷打不动"。他们个个都是学习优异的好学生，在一起打球非常开心。他们还邀请在清华代课的蔡继玲老师（北京体育大学副教授、乒乓球专业的退休老师）做他们的教练，蔡老师经常向我表扬清华学生的努力和睿智。我被他们的训练状态深深打动，发现这些清华学生对乒乓球运动的热爱那么纯粹，我好像更加喜欢和他们在一起，我又找回了要做他们教练的冲动。

　　于是我尝试着安排一队还没有毕业的同学和二队一起训练，这在过去是不能想象的。像高阳这样的高手和二队一起打球，虽然高阳球技很难提高，但起码可以保持手感，而对二队队员来说，则是求之不得的学习机会，训练的积极性更加高涨。

　　2009年我开始尝试带着清华二队。队员王宸、瞿德刚、马照等参加北京高校乒乓球比赛。因为这批学生过去都是看一队比赛，现在让他们代表清华参赛，他们都不敢接受这个任务。多数队员都推托说自己有作业、有工作，不敢报名，不想上场。于是，我就从精神层面动员他们，希望他们珍惜参加比赛的机会，走出去见世面；告诉他们不要怕输球，学会输球也是打乒乓球需要的体验；鼓励他们把学习的劲头拿出来，胜不骄败不馁，放开手脚去拼，可能还有机会赢几场呢。我们一起相互鼓励，出去学习和比赛，慢慢积攒比赛经验。虽然在高校比赛的成绩和过去无法相提并论，但是队员们回到学校后，练球的劲头更大了。

清华球队这么曲折的经历，使我的观念发生了转变。在不放弃代表队训练的同时，开始注重在清华学生中开展乒乓球群体活动。校外比赛走"下坡路"，就把工作重点放在清华大学学生乒乓球比赛上，帮助搭建好清华学生的马约翰杯乒乓球比赛平台。在清华园里热火朝天的各院系乒乓球比赛中，各院系都组建自己的系队，普通学生乒乓球的训练热情、团队精神和专业水平，都有大幅度提高。

发扬传统　着眼长远

2010 年前后，体育部刘波主任告诉我两个好消息。一个是清华准备建一个乒乓球馆，解决学生上乒乓球课没场地的问题；另一个是清华自主招生政策可以给体育部几个名额，让我看看有没有学习好、球技好的学生符合条件。清华历史上从来没有专门的乒乓球场地，这第一个乒乓球气膜馆的建立，无疑会大大提高学生打乒乓球的热情。这样的好事让我遇到了，我非常兴奋，马上申请做乒乓球气膜馆馆长。2011 年清华紫荆气膜馆落成，乒乓球的训练条件提高很多。同时，通过自主招生政策，2010 年林嵘净，2011 年陈正颖、张迪洋，2012 年林子钏、王鹤婷、张承君进队。球队的人气再次旺起来，我又开心地带领清华乒乓球队，继续奋战在首都高校比赛场上。

35 年间，乒乓球上课的场地从西体育馆后馆 8 张球台，搬到清华西大饭厅，摆放 20 张球台和 6 片半羽毛球场地，又搬到地下学生服务中心摆放 18 张球台，又过渡到东操场东看台的办公室共放 20 张球台，现在搬到紫荆气膜馆有 17 张乒乓球台和 8 片羽毛球场地。场地的变迁是根据学校建设发展的需求。当年学生宿舍都在学校的中西部，体育场馆也多在西边，随着学校向东扩建，新的学生宿舍楼都建在了东边，体育设施也渐渐向东扩展。学校的一个原则是体育锻炼的场地不能缩小，可见清华对体育的重视非同一般。

2013 年自主招生骤停。虽然又是一次打击，但我情绪上没有受到太多影响。因为通过这三年的自主招生，清华男队招到了几员大将，组建了一只具有一定实力的乒乓球队，女队也比以前的水平提高很多。与此同时，北京高校乒乓球比赛的参赛队伍越来越多，并根据有特招校（甲组）与没有特招校（乙组）分组比赛。清华在乙组，男队立马就脱颖而出，连续 7 年都获得首都高校乙组男团冠军，林子钏连续 4 年获得男单冠军，一共给清华贡献了 20 多个冠军。

虽然乒乓球队直接招收高手的渠道断了，但我们已经放弃了单靠一条腿走路的思路，确立了新的乒乓球运动发展策略，那就是着眼于群众性运动，立足于深挖潜力。除了继续推动全校的马约翰杯乒乓球比赛外，球队的选拔则是每年通过"招新"比赛，广开"才路"，像邹洋、李翔、张欣然、张健豪、张妍、周冉、马浩云、刘明炜、肖靖林等，都是我们在清华学生中选拔、培养的队员。同时，因为清华超强的影响，还有不少意外收获，那就是在研究生新生和留学生中，不断有原来在其他学校乒乓球队的队员加盟，比如原北大队员袁雯、夏天；还有张普衡、来自中南大学直博的苏一博、北京外国语大学推研的胥佳、华中科技大学推研的刘书翔等等，他们都为清华夺冠立下汗马功劳。

清华乒乓球队的优良传统继续发扬光大：训练热火朝天，比赛勇于拼搏，成绩始终处于首都高校乙组的最高水平，冠军进账 30 多次。2018 年我退休，把我最心爱的乒乓球队"接力棒"，稳妥地交给了王亮老师。

我的乒乓教学生涯

我一直坚信"教"和"学"是相互学习，共同提高。

作为一名乒乓球专业教师，能在清华大学教授乒乓球课程，让这些学习尖子生通过学习打乒乓，享受运动乐趣，锻炼体格，培养人格，是一件挑战性强且有意义的工作。我从 1986 年调入清华大学开始教乒乓球课，将这项"教球育人"的工作，持之以恒做了 35 年，累计教课 500 多个班次，约 1.7 万名学生上过我的乒乓球课。每当回忆这个过程，我都会感到非常幸运，我的工作非常有意义。

从 1986 年来清华，乒乓球课、羽毛球课都在西大饭厅。场地中间几乎没有间距地画有 6 块标准羽毛球场地，另加一个单打羽毛球场地（因为没地方），两边摆放 20 张乒乓球台。刚开始教乒乓球课时，我心里除了特别兴奋外，还有一种初生牛犊不怕虎的自信，但对于如何才能上好这门课程，并没有太多实际经验。每次上课都是重复一套程序：从集合整队，准备活动，徒手挥拍练习开始，到围着球台讲解技术动作，强调重点，布置练习方法；再到学生上台练习，教师巡台纠正技术动作，帮助同学提高击球命中率。每次上课巡台，我都觉得时间不够用。看到同学五花八门的错误动作，我都想帮助他们尽快纠正，经常是巡视不到最后一个人就到下课时间，然后匆匆下课。同学总反映得不到教师的指导，教学效果并不明显。

于是我带着各种教学问题，请教有多年乒乓教学经验的父亲（北京体育大学教授，中国第一位乒乓球专业教授）。父亲从北京体育大学退休后，帮助清华带过两年乒乓球课，对清华的上课环境、学生情况比较了解。他帮助我分析教学环境和教学方法，给我一个重要提示：因人而异，点到为止，精讲多练，鼓励为主。按照这个思路，我尝试着改进教学方法，调整教学理念，并根据学生的反应不断进行调整。通过在课堂上的反复实践，教学感觉越来越好，慢慢地能够做到对同学击球技术诊断正确，纠正精准，并能自如地掌控上课时间，增加与学生的交流空间，不仅提高了学生打乒乓球的兴趣，而且按照教学相长的目标，积累了很多实际的教学经验。1998 年在全国 14 所工科院校论文报告会上，我做了《在乒乓球教学中关于诊断和纠正错误动作的探讨》的报告，得到了良好的反馈。

正是通过长达 35 年的乒乓执教，我逐渐领会了为什么毛主席在看了徐寅生的讲话《关于如何打乒乓球》后给予高度的评价，毛主席赞扬全文充满了辩证法唯物论。我在乒乓球教学中也告诉同学打乒乓球入门不难，但要打好并不容易，让同学记住没有最好，只有更好，学无止境。在教清华学生学习练习基本技术的同时，也在课中组织各种比赛，让同学学以致用，当面临着各种不同的对手、千变万化的打法时，要努力做好自己，发挥优势，扬长避短，争取胜利。

当年我在北京体育大学的毕业论文是《用运动心率控制乒乓球训练量》。我发现按照自己总结的这个理论衡量，清华乒乓球课上学生的练习运动量并不大，因为初学者打球时更多的精力集中在技术技巧上。乒乓球大运动量练习，只能采用多球才能达到，但在普通的乒乓球课堂上，没有多球练习的条件。针对这一情况，我在乒乓课的身体训练中，通过加大运动量的手段促使学生达到锻炼心肺功能、增强体质体能的目标。至于运动量加大的程度，我用心率指标加以控制，"上下肢练习，速度练习与力量练习，专项练习与一般身体素质锻炼"三方面交替进行，通过练习次数、组数的适当调整，以及各种循环练习的安排，实现乒乓球课程的运动量要求。关于这一项教学经验的总结，我在《安徽体育科技》上发表了《乒乓球常用基本技术的练习强度与生理负担量的评定》的论文，不仅用来指导清华乒乓教学，也为广大乒乓球教练提供了可供参考的经验。

在清华多年的乒乓球教学实践中，我总结出一套"动态优化组合"的教学方法。这套方法的设计初衷，是确保选乒乓球课的每个同学，都在自己原有的水平上有所提高。防止高手只能帮助初学者，出现"一头翘"的现象，创造公平竞争、机会均等的教学环境。"动态优化组合"基本方法是：先在班里打个基础比赛，按照技术水平分组练习，定期再打小组循环比赛，然后按照比赛成绩进行升降级的小组调整，动态地保证分组相对合理。在每次比赛后，所有人都适当地进行小组和对手调整，对每个人都会产生积极的刺激。所有学生都高度重视每一次的比赛，他们明白：每一次练习对手的交换，都是通过自己的努力打拼，才能争取到与高手练习的机会。利用这套方法组织教学，安排练习对手，组织教学比赛，确保每个人都处于竞争环境中，以此激发学生在乒乓球课上的积极性和自我能动性。根据教学实践总结的经验，我撰写了《清华大学乒乓球课动态优化组合的教学实践》的论文，获得全国大学乒协论文报告会二等奖。我还以另一篇论文《清华大学乒乓球课组织管理模式》，参加了第21届世界大学生运动会论文报告会。

作者在指导学生打乒乓球

随着乒乓球教学经验的常年积累，我的目光从单纯教授乒乓球技术向更深层次转移，研究学生在上乒乓球课时的心理感受、心理状态和心理变化，以及乒乓运动心理与运动质量的关系。我和清华研究生蒋文丹同学一起设计了一份问卷，对乒乓球课上8个班256人做了问卷调查，完成了《探讨清华大学乒乓球课学生的"心流体验"》的论文，为科学安排大学乒乓课程教学内容，改进教学方法，提供了基本数据。

2014年，我和北京体育大学实习生王婷同学共同撰写了《清华大学乒乓球课教学实践与反馈的思考》，发表在《广州体育学院学报》上。这是我结合自己多年的教学实践，对清华乒乓球课的常规组织管理程序进行的分析总结。从课前小知识、熟悉球性练习、基本技术练习、板数练习、板数考试、结合性技术练习、基本战术练习、发球接发球及旋转技术练习与实践、步法练习、双打练习、实战比赛练习，到最后的实战教学比赛，完成一整套教学过程的总结，为科学教授大学乒乓课程提供了可以借鉴的模板。按照这个模板，可以不断改进提高，及时发现产生的新情况、新问题，在不断改进中提高乒乓教学质量。

2014年我和来清华实习的北京体育大学乒乓球专项研究生杨博文一起合作完成了《乒乓球运动双语教程》一书，由清华大学出版社出版发行并获得清华大学优秀教材二等奖。

2014年我获得了清华大学"清韵烛光——我最喜爱的教师"称号。我感到能得天下英才而育之，是我最大的幸福。在多年教球育人的过程中，我更加坚信教学相长。

在2020年新冠病毒肆虐全球的形势下，师生不能返校，通过云端继续上乒乓球课。各种适应疫情的居家打乒乓球的方式应运而生。在抗击疫情的特殊时段里，清华大学制订出"延期返校，正常上课，发挥优势，保质保量"的教学方针。清华体育课如何才能达到学校"按照课表上课"的要求，首先对体育教师就是个挑战。

在清华乒乓球云课堂上，我利用常年积累的乒乓球教学素材，和同学们分享历届清华乒乓球队队员的技术图片，讲解乒乓球基本技术，发球、接发球等。我还利用《清华校友乒乓歌》的明快节奏，编排了新颖的"清华乒乓操"，带领同学们练习徒手动作，结合安排循环练习作为课后作业，培养同学们养成居家锻炼的好习惯，传播"无体育，不清华"的精神。

虽然"云乒乓"不能直接体验乒乓球运动的面对面对抗，但云课堂却可以通过数字化技术的优势，用图片做乒乓球受力分析，用视频讲解乒乓球基本技术，同样可以达到很好的教学效果。为了实现"以球会友，共同提高"的目的，我在课上划分"云小组"做各种练习，引起同学们的极大兴趣，大家在小组里聊乒乓、聊清华，相约以后回校见面一起打球。

第 16 周最后一节云课堂清华北大联手开设"聚世界冠军——清华北大同上一节乒乓课"学生们高兴地与老一代世界冠军徐寅生和北大的世界冠军刘伟老师一起分享学习打乒乓球的体会。

这段抗疫时期的"云乒乓"课程实践，也成为我教学实践中最值得记忆的特殊经历。

我的乒乓裁判经历

我们裁判中流传着一个比喻，"裁判不是我们的职业，却是我们的使命。裁判就是法官，学习裁判就是学习游戏规则，就是要按照规则办事。在执行规则的同时，维护着所有参与者公平竞争、机会均等的权利"。我有一个小小的蓝色裁判证书，上面记录了我 200 多条乒乓裁判经历。从二级、一级、国家级、国际级，到国际级裁判长，学无止境，与时俱进。从起步学习到参与比赛，从设计比赛到执行比赛，从学习执法比赛到监督执法比赛。从区县比赛到省市比赛，从国内比赛到国际比赛，我把做裁判当成乒乓专业的继续教育学习，紧紧跟随乒乓球运动发展的前沿，持续将新鲜的乒乓知识融入清华的乒乓教学和清华的乒乓球比赛。

35 年在清华园里做清华体育教师让我受益终生，教学让我学会因地制宜、因势利导、因材施教；比赛教会我知己知彼、追求卓越、力争上游、永不放弃；同事教会我互相学习、互相尊重、共同提高；学生教会我教学相长、与时俱进；裁判教会我认真学习规则、坚决执行规则，维持参与者公平竞争、机会均等的权利；校友教会我以球会友、快乐乒乓、加强合作、共同发展。

感谢清华这片热土，感谢清华体育，感谢清华乒乓。乒乓燃烧青春，乒乓铸就辉煌，乒乓享受人生。享受清华乒乓，享受清华体育，享受在清华的美好生活。

2020 年 7 月 3 日初稿

2021 年 3 月 23 日修改稿

附：王欣裁判工作一览

序号	竞赛名称	时　间	地　点	裁判长	工作岗位
1	北京体育学院二级裁判员考试	1981	北京体育学院	程嘉炎	考生
2	第一届全国大学生运动会乒乓球比赛	1982.8.8	清华大学	蔡继玲	裁判员
3	北京市一级裁判员考试	1986.10	北京少年宫	程嘉炎	考生
4	全国高级裁判员学习班	1990.10	湖北长沙	程嘉炎	考生状元
5	第七届国家级乒乓球裁判员考试	1991.12	湖北长沙	程嘉炎	考生
6	中国北京"天奴杯"乒乓球邀请赛	1993.2.24	北京先农坛	吴琴媛	裁判员
7	全国高校研究生杯乒乓球比赛	1993.7.26	中国科技大学	陆宜山	副裁判长
8	日本樱花银行乒乓球队访华比赛	1993.8.15	北京	夏守中	裁判员
9	"好易通杯"国际少年乒乓球邀请赛	1993.8.21	北京国际交流中心	夏守中	裁判员
10	第七届全运会乒乓球决赛	1993.9.6	北京工人体育馆	张云庆	裁判员
11	乒乓球国际裁判员考试	1994.2.14	天津	程嘉炎	获证书编号94026
12	中国、韩国乒乓球对抗赛	1994.4.7	国际交流中心	夏守中	裁判员
13	北京国际乒乓球元老明星赛	1994.8.2	北京大学生体育馆	任百福	裁判员
14	第六届远东及南太平洋地区残疾人乒乓球比赛	1994.9.4	北京国家奥林匹克中心	虞世俊	裁判员
15	第十二届亚洲乒乓球锦标赛	1994.9.20	天津	张云庆	裁判员
16	全国少年乒乓球比赛	1995.4.1	河北保定	刘富强	副裁判长
17	第四十三届世界乒乓球锦标赛	1995.5.1	天津	程嘉炎	裁判员
18	中国人民银行—韩国韩一银行乒乓球赛	1995.6.5	北京	夏守中	裁判员
19	华北地区少年乒乓球比赛	1995.9.2	北京月坛体育馆	夏守中	裁判员
20	中国乒乓球明星赛	1995.12.2	北京国际交流中心	杨万举	裁判员
21	CCTV乒乓球擂台赛（杨影—王辉）	1996.3.23	北京大学	李泽生	裁判员
22	全国青年乒乓球比赛	1996.3.23	石家庄	沈守仁	副裁判长

序号	竞赛名称	时　间	地　点	裁判长	工作岗位
23	全国乒乓球裁判电脑培训班	1996.8.20	广州解放军体育学院	姚振绪	学员
24	乒乓球国际级裁判长考试	1996.8.8	墨尔本	克莱蒙特	考生
25	第十一届世界大学生乒乓球锦标赛	1996.8.14	墨尔本	Ireland	裁判员
26	"施康元"中国国际元老乒乓球公开赛	1996.10.11	北京首都体育馆	孔凡玲	裁判员
27	新一届中国乒协裁判委员会成立	1996.12.10	天津体育学院	李玉环	成员
28	"高路华"国际乒联职业巡回赛总结赛	1996.12.12	天津	张桦	裁判员
29	全国少年乒乓球比赛	1997.5.10	湖北黄石	龙响铃	副裁判长
30	"美孚一号"中国明星赛	1997.6.7	北京交通大学	李玉环	裁判员
31	第八届国家级乒乓球裁判员考试	1997.8.20	山东济南	李玉环	考委
32	第八届全运会乒乓球比赛	1997.10.9	上海嘉定	黄传杰	裁判员
33	中国科学院职工比赛	1997.11.1	北京	杨万举	副裁判长
34	"爱立信"中国乒乓球擂台赛总结赛	1998.3.7	北京海淀体育馆	姚振绪	裁判员
35	中国新星乒乓球巡回赛(北京站)	1998.4.18	北京交通大学	李玉环	裁判员
36	全国少年乒乓球比赛(北方赛区)	1998.4	山东潍坊	郭培孝	副裁判长
37	红双喜中国乒乓球俱乐部甲级联赛	1998.6.7	北京光彩馆	夏守中	裁判员
38	国家体育总局乒乓球裁判骨干培训班	1998.8.7	上海交通大学	李玉环	
39	首届全国中学生"希望杯"乒乓球邀请赛	1998.8.24	北京育才中学	王欣	裁判长
40	北京高校乒乓球比赛	1998.10.24	中国人民大学	李莉卿	副裁判长
41	首届工商银行杯北方协作区乒乓球邀请赛	1998.11.6	北京八一体工大队	王欣	裁判长
42	天胜杯全民健身乒乓球公开赛	1998.12.26	北京国家奥林匹克中心	孔凡玲	裁判员
43	第25届"泰利特杯"北京邀请赛	1999.2.26	北京先农坛	夏守中	裁判员
44	阿尔卡特中国乒乓球俱乐部超级联赛	1999.5.23	北京石景山体育馆	夏守中	裁判员
45	全国第七届中运会乒乓球比赛	1999.7.21	广州	孙麒麟	裁判员
46	第二届全国中学生希望杯乒乓球比赛	1999.8.8	河北保定二中	王欣	裁判长
47	北京高校乒乓球比赛	1999.11.27	北京邮电大学	史桂兰	副裁判长
48	邓亚萍杯乒乓球公开赛	1999.12.4	北京王府井俱乐部	虞世俊	裁判员
49	第九届国家级乒乓球裁判员考试	1999.12.22	山西榆次	李玉环	考委

续表

序号	竞赛名称	时　间	地　点	裁判长	工作岗位
50	第三届全国"希望杯"中学生乒乓球比赛	2000.8.4	上海中学	王欣	裁判长
51	北京红双喜杯乒乓球公开赛	2001.1.6	北京先农坛	李莉卿	裁判员
52	"大运杯"北京高校乒乓球比赛	2001.6	人民大学	王欣	裁判长
53	全国少年宫"庄则栋杯"乒乓球比赛	2001.7	北京通州	李淑贤	副裁判长
54	第四届全国"希望杯"中学生乒乓球比赛	2001.8.7	天津二中	王欣	裁判长
55	第21届世界大学生运动会乒乓球比赛	2001.8	北京海淀体育馆	孙麒麟	裁判员
56	北京市青少年乒乓球锦标赛	2001.10.27	北京丰台体育馆	夏守中	裁判员
57	第十届国家级乒乓球裁判员考试	2001.12.22	广州解放军体育学院	李玉环	考委
58	第19届国际裁判长培训班	2002.1.10	天津	克来蒙特	证书02112
59	中国科学院（京区）职工乒乓球比赛	2002.7	北京中科院	王欣	裁判长
60	第五届全国"希望杯"中学生乒乓球比赛	2002.7.25	太原育英中学	王欣	裁判长
61	第八届全国中学生运动会乒乓球比赛	2002.8.3	南京宁海中学	王欣	裁判长
62	"日照杯"中国乒乓球俱乐部乙A比赛	2002.8.27	山东日照	姜杰	副裁判长
63	中国乒乓球俱乐部乙级比赛	2002.9.1	内蒙古呼和浩特市	王欣	裁判长
64	国际乒联韩国公开赛	2003.9.1	韩国济州岛	王欣	裁判长
65	松下乒乓球大奖赛	2003.9.11	福建福州	孙麒麟	裁判员
66	高级裁判员训练课程	2004.4.7	北京海淀	陈昌麒	学员
67	"新奥特杯"奥运乒乓球亚洲区预选赛	2004.4.9	北京海淀	孙麒麟	裁判员
68	国际乒联韩国公开赛	2004.5.20	韩国平昌	王欣	裁判长
69	全国中学生乒乓球锦标赛	2004.8.9	哈尔滨第三中学	王欣	裁判长
70	北京市青少年乒乓球锦标赛	2004.8.26	海淀体育馆	王欣	裁判长
71	全国乒乓球锦标赛	2004.10.2	江苏无锡	孙麒麟	副裁判长
72	全国新闻界乒乓球比赛	2004.11.10	北京地坛体育馆	孔凡玲	副裁判长
73	国际乒联职业巡回赛总决赛	2004.12.10	北京大学生体育馆	王欣	裁判长
74	第十一届国家级乒乓球裁判员考试	2004.12.19	山东济南	李玉环	考委
75	大众汽车第48届世界乒乓球锦标赛	2005.4.30	上海	孙麒麟	裁判员
76	全国中学生乒乓球锦标赛	2005.7.28	江苏盐城	王欣	裁判长

续表

序号	竞赛名称	时　　间	地　　点	裁判长	工作岗位
77	中国乒乓球俱乐部甲C（第二站）比赛	2005.8.17	内蒙古赤峰	王欣	裁判长
78	中华人民共和国第九届中学生运动员乒乓球比赛	2005.8.26	河南郑州	刘天祥	副裁判长
79	第十二届国家级乒乓球裁判员考试	2006.2.24	江苏镇江	李玉环	考委
80	北京市第12届运动会乒乓球比赛	2006.5.25	北京海淀体育馆	李莉卿	副裁判长
81	第15届亚运会	2006.12	卡塔尔多哈	Naji	副裁判长
82	全国中学生乒乓球锦标赛	2006.8.1	北京66中	王欣	裁判长
83	全国亿万妇女健身活动展示大赛	2007.4.23	北京九华山庄	王欣	裁判长
84	第八届全国打学生运动会乒乓球比赛	2007.7.16	广州	孙麒麟	裁判员
85	松下中国乒乓球大奖赛	2007.8.29	深圳	孙麒麟	裁判员
86	第18届亚洲乒乓球锦标赛	2007.9.17	江苏扬州	孙麒麟	裁判员
87	大众汽车杯国际乒联职业巡回赛总决赛	2007.12.13	北京	张桦	裁判长
88	国际裁判长研讨班	2008.2.21	广州	梁韵妍	学员
89	第49届世界乒乓球锦标赛	2008.2.24	广州	孙麒麟	裁判员
90	大众杯韩国公开赛	2008.5.29	韩国大田	王欣	裁判长
91	第29届奥林匹克运动会乒乓球比赛	2008.8.13	北京	张桦	裁判员
92	松下中国乒乓球大奖赛	2008.9.11	上海	王欣	裁判长
93	第十三届国家级乒乓球考试	2009.1.5	四川成都	李玉环	考委
94	直通横滨选拔赛	2009.3.2	国家队训练馆	郎敬	裁判员
95	全国国家安全机关首届"忠诚杯"乒乓球比赛	2009.7.8	北京国际关系学院	王欣	裁判长
96	中国乒乓球俱乐部甲B联赛	2009.7.12	山东烟台	郭培孝	副裁判长
97	中国乒乓球俱乐部超级联赛	2009.7	北京	王欣	裁判员
98	中国乒乓球俱乐部超级联赛	2009.7	山西大同	王欣	裁判员
99	全国中学生锦标赛	2009.7.20	广东、中山一中	王欣	裁判长
100	第十届全国中学生运动会	2009.8.16	湖南长沙	王欣	裁判长
101	北京市大学生乒乓球锦标赛	2009.12	北京外国语大学	李丽卿	副裁判长
102	全国校长杯乒乓球比赛	2010.5	北京大学	史桂兰	裁判员
103	国际乒联少年巡回赛成都站	2010.6.9	四川成都	王欣	裁判长
104	全国中学生乒乓球锦标赛	2010.7.20	长春一汽六中	王欣	裁判长
105	圆融中国乒乓球公开赛	2010.8.18	江苏苏州	彭华	球拍检测
106	中国乒乓球超级联赛	2010.9	辽宁鞍山	王欣	主裁判
107	中国乒乓球超级联赛	2010.10	山东济南	王欣	主裁判
108	第16届亚运会乒乓球比赛	2010.11.13	广州体育馆	孙麒麟	裁判员

序号	竞赛名称	时间	地点	裁判长	工作岗位
109	北京市高校乒乓球锦标赛	2010.11.27	北京北方工业大学	王欣	裁判长
110	国际乒联残疾人巡回赛北京站	2010.12.2	北京顺义	张瑛秋	裁判员
111	国际乒联职业巡回赛韩国公开赛	2011.6.29	韩国仁川	李颂珠	球拍检测
112	中华人民共和国第十一届中学生运动会	2011.7.15	内蒙古包头	王欣	裁判长
113	北京市第五届"和谐杯"乒乓球比赛	2011.7.23	北京昌平体育馆	郎敬	副裁判长
114	首届清华校友乒乓球联谊赛	2011.8	四川成都	王欣	裁判长
115	第26届世界大学生夏季运动会乒乓球比赛	2011.8.13	深圳	彭华	球拍检测
116	圆融中国乒乓球公开赛	2011.8.24	江苏苏州	张瑛秋	裁判员
117	起亚汽车中国乒乓球俱乐部乙A第二站	2011.10.18	北京昌平	王欣	裁判长
118	首都高校TST杯乒乓球比赛	2011.11	北京北方工业大学	王欣	裁判长
119	第十四届国家级乒乓球裁判考试	2011.12.18	哈尔滨	李玉环	考委
120	第二届清华校友乒乓球联谊赛	2012.4	清华大学	王欣	裁判长
121	首都高校TST杯乒乓球比赛（团体比赛）	2012.5.19	北京邮电大学	王欣	裁判长
122	全国大学生乒乓球年会	2012.6.12	浙江吉安	孙麒麟	参会
123	国际乒联残疾人乒乓球比赛中国公开赛	2012.4.19	北京顺义	张瑛秋	球拍检测
124	"乒乓在沃"联通乒乓球挑战赛	2012.7.21	北京大学	李莉卿	副裁判长
125	全国中学生乒乓球锦标赛	2012.7.28	东莞横沥中学	杨丽君	仲裁
126	圆融中国乒乓球公开赛	2012.8.21	江苏苏州	张瑛秋	裁判员
127	ITTF Korean Junior & Cadet Open	2012.8.26	韩国大田	王欣	裁判长
128	全国大学生运动会乒乓球比赛	2012.9	天津	孙麒麟	球拍检测
129	北京大学生乒乓球锦标赛	2012.12	北京北方工业大学	王欣	裁判长
130	LIEBHERR World Table Tennis Championships	2013.5.13	巴黎	Peter	裁判员
131	首都高校乒乓球锦标赛（团体赛）	2013.5.25	北京大学	李莉卿	副裁判长
132	广汽集团国际乒联世界巡回赛中国公开赛	2013.6.12	吉林长春	彭华	裁判员
133	北京市一级裁判员考试	2013.6.22	北京什刹海	王刚	考委
134	圆融中国乒乓球公开赛	2013.8.14	江苏苏州	彭华	裁判员
135	中华人民共和国第十二届全运会决赛	2013.9.1	辽宁鞍山	彭华	球拍检测
136	北京市乒乓球会员联赛（海淀站）	2013.9.21	北京海淀	王欣	裁判长

序号	竞赛名称	时　间	地　点	裁判长	工作岗位
137	第三届清华校友乒乓球联谊赛	2013.10.3	四川成都	王欣	裁判长
138	ITTF 亚洲残疾人乒乓球锦标赛	2013.10.16	北京	张瑛秋	球拍检测
139	海淀区和谐杯乒乓球比赛	2013.11.2	北京海淀	王欣	裁判长
140	首都高校乒乓球锦标赛（单项赛）	2013.11.23	北方工业大学	王欣	裁判长
141	第十五届国家级乒乓球裁判员考试	2014.2.7	四川成都	李玉环	考委
142	海淀区威凯杯机关乒乓球比赛	2014.4.19	北京海淀	王欣	裁判长
143	首都高校"世纪二千"杯乒乓球锦标赛	2014.6.10	清华大学	王欣	裁判长
144	"乒乓在沃"联通高校挑战赛	2014.5.25	北京邮电大学	史桂兰	副裁判长
145	第四届清华校友乒乓球联谊赛	2014.5.31	清华大学	王欣	裁判长
146	广汽集团国际乒联世界巡回赛中国公开赛	2014.7	四川成都	张瑛秋	裁判员 BB
147	海淀区第八届"和谐杯"乒乓球比赛	2014.8.8	北京海淀	王欣	裁判长
148	国际裁判长研讨班	2014.9.11	北京体育大学	Ronald	学员
149	国际乒联残疾人乒乓球世锦赛	2014.9.6	北京顺义	陈昌麒	裁判员
150	观致汽车第 53 届世界乒乓球锦标赛	2015.4.26	江苏苏州		裁判员
151	中国乒超联赛（山东魏桥 v.s 上海龙腾）	2015.7.18	山东滨州	王欣	主裁判
152	海淀区和谐杯比赛	2015.8.8	北京海淀	王欣	裁判长
153	中国乒超联赛（霸州海润 v.s 四川长虹佑康）	2015.8.18	河北霸州	王欣	主裁判
154	第 22 届亚洲乒乓球锦标赛	2015.9.26	泰国芭提雅		副裁判长
155	北京市乒乓球裁判员晋升一级培训考试	2015.11.14	北京联合大学应用文理学院	王刚	考委
156	国际乒联中国残疾人乒乓球公开赛	2015.11.19	北京顺义	张瑛秋	副裁判长
157	全国乒乓球裁判长培训班	2015.11.27	贵州贵阳	张晓蓬	考委
158	第十六届国家级乒乓球裁判员考试	2016.1.17	广州	赵霞	考委
159	海淀区威凯杯职工乒乓球比赛	2016.5.14	北京海淀	王欣	裁判长
160	首都高校"世纪二千"杯乒乓球锦标赛	2016.5.27	清华大学	王欣	裁判长
161	国际乒联中国残疾人乒乓球公开赛	2016.6.9	北京顺义	张瑛秋	球拍检测
162	北京市青少年乒乓球锦标赛	2016.7.9	北京海淀	吴飞	仲裁
163	中国乒乓球俱乐部甲 C 比赛第二站	2016.7	山东济南	王辉	副裁判长

序号	竞赛名称	时 间	地 点	裁判长	工作岗位
164	国际乒联青少年巡回赛印度公开赛	2016.9.7	印度印多尔		副裁判长
165	菁英航运第23届亚洲乒乓球锦标赛	2017.4.8	江苏无锡	张瑛秋	裁判员 BB
166	菁英世界巡回赛（白金系列）中国公开赛	2017.6.20	四川成都	张瑛秋	裁判员 BB
167	第十三届全运会"中国联通"杯乒乓球比赛	2017.8.28	天津武清	彭华	副裁判长
168	国际裁判长研讨班	2017.10.5	北京体育大学	YoungSamMa	学员
169	国际乒联世界青少年挑战赛	2017.10.21	斐济苏瓦	Dave Delpratt	副裁判长
170	国际裁判长大会	2017.11.6	北京体育大学		学员
171	首都高校乒乓球锦标赛（单项赛）	2017.11.25	北方工业大学	王欣	裁判长
172	全国乒乓球高级裁判员学习班	2017.12.1	山西大同	赵霞	教员
173	中国乒超联赛女团（深圳大学v.s北京首钢）	2018.1.7	北京	王欣	副裁判
174	中国乒超联赛女团（大土河华理v.s北京首钢）	2018.2.7	北京	王欣	副裁判
175	第十七届全国乒乓球裁判员国家级考试	2018.2.25	浙江大学	赵霞	考委
176	北京市业余体校乒乓球冠军赛暨北京市第15届运动会乒乓球资格赛	2018.4.21	北京海淀	王欣	裁判长
177	斯蒂卡第八届清华"校友杯"乒乓球比赛	2018.4.30	清华大学	王欣	裁判长
178	"五四杯"首都青年学生乒乓球总决赛	2018.5.5	北京体育大学	张瑛秋	教练
179	第九届中国大学生阳光杯乒乓球比赛	2018.5.11	河北迁安	孙麒麟	教练
180	首都高校乒乓球锦标赛（团体赛）	2018.5.26	北京工业大学	李莉卿	副裁判长
181	国际乒联挑战赛平壤公开赛	2018.6	朝鲜平壤	王欣	裁判长
182	全国乒乓球锦标赛（预赛）	2018.6	天津武清	彭华	副裁判长
183	中国青少年乒乓球公开赛暨国际乒联黄金系列世界少年巡回赛（太仓站）	2018.7.4	江苏太仓	徐昱玫	裁判员
184	海淀区三级裁判员学习班	2018.9.15	清华大学	王欣	主考
185	清华校友长三角杯乒乓球团体赛	2018.9.22	江苏南京	王欣	裁判长
186	海淀区二级裁判考试	2018.10.7	北京联合大学	王欣	主考
187	北京市裁判编排技能学习班	2018.10.20	北京	张京杰	考委
188	全国高级裁判员学习班	2018.11.1	重庆	赵霞	考委
189	首都高校乒乓球锦标赛（单项赛）	2018.11.24	北方工业大学	李莉卿	副裁判长

续表

序号	竞赛名称	时　间	地　点	裁判长	工作岗位
190	中国乒超联赛（天津权健 v.s 宝安明金海）	2018.12.22	天津	王欣	主裁判
191	中国乒超联赛（鸿安京阳 v.s 齐鲁交通）	2019.1.6	山东滨州	王欣	主裁判
192	北京市教育系统职工乒乓球比赛	2019.3.23	北京大学生体育馆	王欣	裁判长
193	中国乒乓球俱乐部甲 C 比赛（焦作站）	2019.4.17	河南焦作	王欣	裁判长
194	第九届信诺通信杯清华校友乒乓球单项比赛	2019.4.27	清华大学	王欣	裁判长
195	全国乒乓球锦标赛（预赛）	2019.5.6	吉林梅河口	彭华	副裁判长
196	海淀区第十四届"威凯杯"机关乒乓球比赛	2019.5.18	北京海淀	王欣	裁判长
197	首都高校乒乓球锦标赛（团体赛）	2019.5.25	北京工业职业技术学院	王欣	裁判长
198	国际乒联世界青年巡回赛暨中国青少年公开赛	2019.6.12	江苏太仓	徐昱玫	裁判员
199	北京青少年 U 系列乒乓球冠军赛	2019.6.22	北京海淀	王欣	裁判长
200	菁航国际乒联超级挑战赛平壤公开赛	2019.7.24	朝鲜平壤	RONID	副裁判长
201	中华人民共和国第十届残疾人运动会暨第七届特殊奥林匹克运动会乒乓球比赛	2019.8.21	天津	史桂兰	球拍检测
202	国际乒联残疾人比赛中国公开赛	2019.10.23	浙江杭州	梁韵妍	副裁判长
203	首都高校乒乓球锦标赛（单项赛）	2019.11.23	北方工业大学	李莉卿	副裁判长
204	国际乒联男子世界杯	2019.11.27	四川成都	张瑛秋	裁判员
205	第十八届国家级乒乓球裁判员考试	2019.12.25	北京大学分校区	赵霞	考委
206	战"宝能杯"全国乒乓球锦标赛	2020.10.1	山东威海新区	彭华	副裁判长
207	海淀区第 14 届"和谐杯"乒乓球比赛	2020.11.7	北京海淀	王欣	裁判长
208	首都高校乒乓球团体锦标赛	2020.11.21	北京邮电大学	王欣	裁判长
209	首都高校乒乓球单项锦标赛	2020.11.28	北方工业大学	王欣	裁判长
210	海淀区第 15 届"威凯杯"机关乒乓球比赛	2020.12.19	北京海淀	王欣	裁判长

众人拾柴火焰高

——清华首个校友兴趣组织成立的记忆

■ 王正（1984级电机）

2012年4月28日，由清华校友总会和清华大学体育部联合发起成立的清华校友首个兴趣爱好协会——清华校友乒乓球协会，在清华大学西体育馆成立。

当天还成立了协会首届理事会。清华大学兼职教授、二滩水电开发有限责任公司总经理陈云华任名誉会长，中国电力企业联合会专职副理事长魏昭峰任会长，清华大学体育部书记、副主任刘波任常务副会长，四川先锋企业集团董事长费永刚、北京紫光测控有限公司总经理胡家为等任副会长，费永刚兼任秘书长。

随后，清华校友网球协会、摄影协会、羽毛球协会、围棋协会等十几个兴趣爱好组织相继成立。

校友乒乓球协会的一项主要工作是校友乒乓球联谊赛。作为母校百年校庆的献礼，首届联谊赛已经于2011年在四川成都举行，由四川先锋企业集团董事长、清华汽车系校友费永刚积极筹备承办。关于成立校友乒乓球协会这个议题，也在这届联谊赛上被正式提出来，并自此酝酿了很久。经过一年多的准备，校友总会在2012校庆日正式成立了校友乒乓球协会，同时举办了第二届校友乒乓球联谊赛。

清华的体育氛围

清华大学是中国最重视体育教育的高校之一。我国著名体育教育家马约翰先生曾在清华执教52年，他所倡导的体育精神，积淀为百年清华宝贵的财富之一。

马约翰的体育教育观体现在"体育运动能够塑造人的性格和品格，并把这样的意识迁移到社会生活当中去"这一核心观点上。

20 世纪蒋南翔校长提出了"至少为祖国健康工作五十年"的口号，为学校重视体育奠定了基础，而他倡导的在学生中建立三支代表队的举措，则有力地推动了清华体育运动的开展和深入。

我在清华上学时，经常听到由一个公式表述的一句话：8-1＞8，其大意是每天用 8 个小时学习，不如用 7 个小时学习，再用 1 个小时锻炼，效率更高。这句话是有科学道理的，因为运动可以让人们的感觉更敏锐，此时对知识的感受和吸收能力也会相应地提高。

对于马约翰体育价值迁移之说，我试着从以下几点加以理解。首先，良好的体育锻炼习惯可以增强体质，让人们的反应更敏捷，有利于健康和对知识的吸收；其次，体育还能培养人们刻苦耐劳、顽强拼搏的意志，为人们坚持深入工作、攻克难关奠定了基础；再次，体育能够培育人们的乐观精神和团队合作意识，向更高、更远的目标迈进；最后，体育增进了老朋友的感情，同时让你结识更多新朋友，并像阳光一样互相感染。

进入新世纪后，清华的学生自发地喊出了"无体育，不清华"的口号，这是清华长期重视体育教育的结果，也是清华体育文化的自然体现。新生入学后便感受到清华体育的浓烈氛围，然后自觉不自觉地融入其中，享受到由此带来的各种好处，继而热爱体育又加强了这种氛围。

在这个园子中学习生活几年后，同学们的血液里都注入了体育元素。毕业走向社会后，大部分校友坚持锻炼，体育成为他们工作、生活的一部分。

协会成立的背景

由于清华人对体育的热爱，所以凡是有关体育活动或者体育事项的创新举措往往应者云集：只要有一簇火苗，便能够熊熊燃烧。

记得 2010 年下半年，当时的总会秘书长郭樑老师跟我说，校友联络已经形成了地区、年级、院系、行业等多个维度，能不能把兴趣爱好也作为一个维度补充上来，并让我牵头组织成立校友乒乓球协会。

经郭老师介绍，我和同事高玉衮（1985 级精仪系）联系了魏昭峰、费永刚两位学长，同时又通过体育部主任陈伟强找到了体育部乒乓球教练王欣老师。我还找了我的同学胡家为，把成立乒乓球协会的想法和他们进行了沟通。他们一致认为是好事情，纷纷表示积极支持，也提出了首届理事会的人员架构和理事会章程的关注点。

大概是2010年冬季的某一天，我邀请了郭樑、陈伟强、王欣老师和胡家为、高玉衮到学校胜因院28号，就成立校友乒乓球协会的准备工作，向他们做了介绍。我们聊了一个下午，最后，王欣老师、胡家为、高玉衮和我，还意犹未尽地畅想着协会成立后的各种活动，讨论第一届在四川成都的校友联谊赛的具体举办方法。

成立后的协会主要开展两项活动。其一，协会每年举办一次校友联谊赛，北京和成都隔年轮流。北京的时间选定在校庆日，既作为校庆活动之一，也方便了大家与同学的聚会；成都则选在秋季，那时节天府气候宜人，景色宜人，来自各地的参赛校友可以借机游览蜀中胜地。

其二，协会组织部分校友与在京央企或国家部委的乒乓球组织进行友谊赛。我记得我曾联系过国家质检总局、魏昭峰学长所在的中电联和中国船舶工业总公司共同活动。与船舶公司的比赛是通过我的老朋友郭强校友联系的，那时他主管船舶公司人事部，曾在经管学院EMBA的HR班学习两年。大家以球会友，切磋球技，结识新朋友，其乐融融。

2018年4月第八届清华大学校友乒乓球比赛合影

兴趣和热心并行

协会的运行离不开爱好者的积极响应，更离不开热心者的无私奉献。陈伟强、刘波、王欣老师和魏昭峰、费永刚、胡家为学长等为协会的发展，做出了很大贡献。

陈伟强老师 1982 年北京体育大学毕业后来清华任教，现在是清华大学教授、国家级裁判，也是 2008 年北京奥运会田径比赛总裁判长。他于 1998 年被清华派往美国麻省春田学院做高级访问学者一年，曾担任清华大学体育部主任多年，在继承清华体育传统、结合时代体育教育方面，做出了很多努力，也取得了很好的成绩。

无论是教练员还是运动员，自强不息是其本分。难得的是陈伟强老师为人厚道，习惯于站在对方的角度考虑问题，所以和他合作或者在他领导下工作都很愉快。老家一个孩子考入清华后由于身体不好，参加了学校的体疗班。我请陈老师方便时跟有关老师打个招呼多加指导，他当天就回复了我。体疗班快结束时，他又主动询问我该同学的状况和接下来的计划。说实话，我已经忘记了这样一件小事，工作繁忙的陈老师却记在心里，令我感慨。他一直关注校友乒乓球协会的发展，参加了在京举办的所有联谊赛，在开幕式时致辞为大家鼓劲，在闭幕式时为各队颁奖。他还为协会的发展多次提出具体的建议，比如如何吸引更多的校友参与，同时整合学校和校友资源，扩大协会的影响力。

王欣老师在清华执教几十年，是乒乓球国际级裁判长，为人和善，做事耐心，敢于担责，任劳任怨，组织比赛非常有经验。受她指导的清华乒乓球校队队员都把她当成教练妈妈，亦师亦友。她能够说出每个队员的球技水平、特点、性格和为人处事方式，与大部分毕业的队员保持着良好的关系。她的影响力很大，可以说一呼百应。她是每届比赛的总裁判长，按照清华校友的实际情况安排赛程，确保了比赛的顺利圆满。

我在大三时的体育课选了乒乓球，上过王欣老师的课，场地在西大饭厅。我的球技一般，毕业后工作忙，至今也没有太多进步。每次见面，王老师总要问我最近有没有打球，是否需要安排校队队员指导。因为水平低，怕浪费别人的时间，我也总是找借口婉谢了。

协会会长魏昭峰学长是 1978 级电机系的师兄，资深的乒乓球业余爱好者。球风如人，他打球很洒脱，喜欢几个回合内解决。他好像不太在乎输赢，却快乐于高质量的某个球，如果打出了一个"神球"，他会挥舞球拍，双目大放光彩。

与中电联的友谊赛是他组织安排的，地点是白纸坊附近的一个体育馆。

他征求我代表哪一方参赛，我建议选择清华方，因为他是清华校友乒协的会长；而在中电联，他是副理事长，尽管是专职的。那天他赢了华能集团的书记，为清华取得一分，我一直观看他激情的比赛，为他加油喝彩，他下场时给了我一个热烈的拥抱。晚上聚餐有四桌，他拿出了珍藏的舍得老酒。比赛后喝点小酒很惬意，可能因为酒好和兴奋，我和好几个校友竟然喝高了。

副会长兼秘书长费永刚四川乐山人，1981年考入汽车系，毕业时被蛇口工业区"抢"走。后回成都创业，曾经有自己的出租车公司，开过4S店，因销售现代汽车业绩优异，得过韩国总统奖。和他相处，你会感受到四川人仗义、乐观、豪爽的气质扑面而来。在成都举办的校友联谊赛都是由费学长的先锋企业承办，每次60多人的吃住和比赛场地等其他费用也由他承担；期间先锋的员工像是欢度企业年度庆典活动似的，忙得不亦乐乎。他从小学开始打球，入大学后尽管与清华校队无缘，但他拿过全校单打比赛的第三名，当然是在没有校队队员参赛的情况下取得的。在2019年的第九届校友联谊赛上，他还赢了大学时水平比他高很多、曾是校队队员的同学，成就感因此油然而生。

因为热爱乒乓球运动，2010年起他赞助了四川省乒乓球队，是多年的四川省乒协副主席，他投资的成都先锋若水居女子乒乓球俱乐部，参加中国最高水平联赛——乒超联赛。费学长是清华四川校友会的常务副会长，也是新一届清华校友乒乓球协会的常务副会长。他曾经跟我说，常务这个角色最基本的一项工作便是常买单。多么朴素的心态！

胡家为是我同学兼同乡，自1984年秋天我们从浙江沿海不同的小县城，来到首都清华园，已经相交相知36年了。他非常聪明，学习能力很强，几年前才开始练习乒乓球，球技突飞猛进。他有一间宽敞的办公室，常年摆放一个球台，工作之余便挥上几拍，王欣老师也经常安排校队队员陪他练球。他学习摄影不到两年，作品便在北京的地铁站里展示。

每年在母校举行的联谊赛，胡家为的公司是承办方之一，安排工作人员，提供饮食，尽心尽力尽责。校友工作有句话：把校友变成朋友，把朋友发展成校友。十几年来我乐此不疲。老胡是校友，更是我多年的朋友。因为是同乡，我们有许多相同的地方，比如为人处事的方式、饮食习惯，也喜欢喝酒；而作为朋友，我们的三观相近。我的球技和酒量都远不如他，我们很少对练打球，却经常相邀喝上几杯。每次与他喝酒，大学时代的场景如在眼前，我们意气风发未尽，时光便已流走了。

众人拾柴火焰高。在协会的发展初期，朱成、高阳、黎毅、姜小英、王新新、瞿德刚等校友都是热心的拾柴者，用他们的付出让校友乒乓球协会这团火更加旺盛、更加亮堂。

邱邓联手，谁与争锋？

邱勇校长曾经拿过北京市高校校长杯乒乓球亚军，而他现在的水平则比当时又升了好几级台阶。乒乓球运动在中国能够普及不仅仅是由于它的"国球"身份，更主要是它的方便，一张球台、两个人以上便可以进行。我想，乒乓球对于工作繁忙的邱校长而言，是一项简便且可锻炼身体的首选运动项目。

清华校友乒乓球联谊赛自 2011 年成都首届以来，至今已经举办了 9 届，2020 年因为疫情停办。邱勇校长参加了其中的 6 届，大家也见证了其球技的日就月将。比赛以组队成绩排名，采用混合团体赛制，邱校长所在的队获第二届冠军、第三届一等奖、第四届冠军、第六届第三名、第八届第五名，第五届因时间安排不开，他与邓亚萍参加了混双表演赛。这样的成绩实属不易，因为是在有许多不同时期校队主力的校友参加，且不分年龄段的混战中取得的，而清华乒乓球校队的水平一直处在首都高校的第一梯队，男女队拿过多次冠军，有几次还是大满贯。

按照王欣教练的评价，邱勇校长打球悟性高、反应快，身体素质好，是自学成才的业余高手。如果在启蒙时得到专业人士的点拨，他的球技将不可限量。

邱勇校长的积极参与，给校友乒协的发展带来了强劲的动力。校领导中还有韩景阳副书记也是亲力亲为扶持校友乒协，她总共参加了 9 届校友联谊赛中的 6 届，第二届、第四届、第六届作为比赛选手，第七届、第八届、第九届则作为颁奖嘉宾。

韩老师大学时期是

2016 年第六届清华校友乒乓球赛，邱勇校长和邓亚萍在比赛中

清华女排校队队员，所以她有优秀的体育素养。打乒乓球时，就能发现她有很好的运动节奏和敏捷的反应以及强大的韧性，她因此轻松获得了 2014 年首都高校校长杯乒乓球比赛女单冠军。第七届校友联谊赛于 2017 年在南宁举行，由广西校友会承办，也是广西校友会校庆活动的主要内容。那一届的比赛组委会希望邀请韩老师作为嘉宾出席，她的身份是清华大学校务委员会副主任、清华校友总会副会长。校友总会派我陪同韩老师前往，在路上我才得知，为了挤出时间，她不仅推掉了许多活动，还把这几天由她组织或主持的一些重要会议延后。她参加完活动即回京。这次南宁之行正可谓来去匆匆，却饱含了她对校友乒协的深情厚意。

2018 年 4 月 8 日，清华校友乒乓球协会顺利召开第二届理事会，奥运会冠军邓亚萍担任协会会长，清华大学体育部副教授王欣任秘书长，标志着协会工作迎来新局面。

传奇校友邓亚萍靠着超人的顽强拼搏精神，克服身体条件的不足，在 14 年的运动生涯中，拿到 18 个世界冠军，她在乒坛连续 8 年保持世界排名第一，是乒乓球史上保持世界排名第一时间最长的女运动员。20 世纪 80 年代末至 90 年代末，她几乎统领了世界和全国各大赛事的单、双打冠军，媒体称这个时期是女子乒乓球的"邓亚萍时代"。

邓亚萍 1996 年入清华外语系学习，2000 年取得英语学士学位，后在英国诺丁汉大学、剑桥大学分别获得中国当代研究专业硕士学位和土地经济学博士学位。在剑桥大学近 800 年的历史中，第一次有像邓亚萍这样重量级的世界顶尖运动员拿到博士学位。

第二届协会成立当天，邓亚萍来到清华大学气膜馆，与校友、同学和体育部老师分享了她的训练、比赛经历和感受："乒乓球是一门斗智斗勇的艺术，是节奏、速度、旋转的完美结合，乒乓球选手首先要学会控制自己，再控制对方。"作为新任会长，她认为清华校友乒乓球联谊赛的目的是以球会友，理事会需要建立有效的工作机制，为校友提供相互切磋和交流的平台。

2019 年 4 月 27 日，"欣诺通信杯"第九届清华校友乒乓球比赛（单项比赛）在清华大学气膜馆隆重举行，这是亚萍会长上任后亲自指导组织的首次比赛。比赛按照世界乒乓球锦标赛方式将单项和团体分开进行，在校庆期间安排单项比赛，设置男单、女单、男双、女双、混双 5 个单项，吸引了 153 名来自全球的校友参加，规模创历史新高。"欣诺通信杯"是首次以校友企业冠名，也是适当引入商业运作模式的尝试，力图促进协会的健康持续发展。同年 10 月份在上海举办了规模盛大的团体比赛，由全国清华校友组成了 24 支乒乓球队，共有运动员、裁判员约 200 人参加了比赛，这是自 2011 年首届清华校友乒乓球比赛举行以来规模最大、参赛人数最多的一次。在参赛的队伍中，除了历届比赛参加次数较多的北京、四川、广西、上海、江苏校友队以外，深圳、青岛、苏州、无锡等地校友也首次组队参赛。参赛校友以球会友，快乐乒乓，为清华校友乒乓球运动发展的好势头又添了一把火。

2021 年母校清华将迎来 110 周年校庆，第十届校友乒乓球联谊赛也计划在校庆期间举办。天地风霜藏，乾坤气象顺。祝愿 2021 年万物更新，逢十生辉，第十届校友乒乓球联谊赛为母校 110 周年生日庆典献上一曲华丽的乐章；也期待届时邱勇校长和亚萍会长再次混双联手，看看谁能与之争锋。

我在清华见证了乒乓外交

■ 陈志良（1964 级自动控制）

半月前，我刚从清华荷清苑家中走出，在小区路上听到一个和蔼可亲的声音在背后叫我，我回头一看，原来是受广大乒乓球爱好者尊敬的王欣老师叫我呢。王老师说："我们在准备出版一本有关清华大学乒乓球运动的书，里面有原清华乒乓球代表队队员的个人照片，没有看到你的照片，你找一找看有没有刚入清华时的照片，并写点你与乒乓球有关的事儿。"进行简短的交流后，我说，争取完成王老师布置的作业。

回到家里，翻开多年未动的老相册，找到了一张 1964 年刚入清华时的个人照和乒乓球代表队 1965 年参赛的男队员集体照。同时意外地翻到一本 1960 年国家体委颁发的乒乓球三级运动员证书。这些旧物勾起了我对乒乓球陪伴我近 70 年的一些往事的回忆。

从小学开始，打乒乓球就成为我最喜欢的业余爱好。特别是 1959 年容国

1965 年北京市高校乒乓球团体赛，清华男队获亚军
前排左起：刘守昭、孔宪章、潘则陆、陈志良
后排左起：邵启龙、张开功、李磊落、管伟康、江华中、朱以文、杨朴老师

团获得第一个世界冠军，引发了全国青少年的乒乓球热。我更加迷恋乒乓球了，在 1960 年获得长沙市十九中学男子单打冠军，同时获得乒乓球国家三级运动员证书。

1964 年考入清华大学，在填写新生情况调查表中有什么业余爱好时，我毫不犹豫地填上了乒乓球。经过比赛和选拔，我幸运地成为清华乒乓球代表队的一员，和老队员吃、住、练在一起，从老队员身上学到了许多东西。刘守昭、邵启龙、王芸、李磊落、高奇华、顾萍等老队员给我留下了深刻的印象。

1970 年从清华毕业留校后工作至今，已经整整 50 年了。50 年来，乒乓球一直陪伴着我。我多次参加全校教职员工乒乓球赛，获得过一次冠军、五次亚军，教练黄文杰老师让我担任重组后的校教工乒乓球队队长，男队主要队员有何介平、刘梦林、梁阿昆和李进宝，女队主要队员有谢复英、刘克音等。其间，我得到尊敬的黄文杰教练、原教练兼队长何介平老师多方面的支持与帮助。后来，李进宝调到广州工作，倪振伟、吕泽华、唐竞新、蔡永生、汪芙平等陆续成为新的主要队员和后来乒乓球协会的负责人。

1985 年在原清华教工乒乓球代表队的基础上，成立了清华大学工会乒乓球协会。因为担任清华大学工会交谊舞协会（现工会体育舞蹈协会）会长的工作，逐渐地，我打乒乓球的时间比以前少了。何介平老师不仅乒乓球打得好，网球也打得好，后来因为主要是打网球，他就很少打乒乓球了，但一些重要的乒乓球比赛，何老师仍然出来进行指导。我虽然打球的时间少了，但坚持经常参加乒乓球协会的练习和每年学校工会组织的乒乓球团体赛和单打比赛。每年我们基本上都能排在前几名的种子队和种子选手位置。对于比赛，我重在锻炼与学习，重在参与。

2019 年在清华大学离退休人员乒乓球团体赛中，我和其他四位同事代表微电子学研究所战胜多个强队，荣获团体冠军。2019 年参加清华校友乒乓球比赛，获得小组第一名和本年龄段第四名的成绩。2019 年 5 月下旬在南京大学举行了有清华、北大、复旦、浙大、中科大、上海交大、西安交大、哈工大、南京大学等高校参加的全国重点高校教职工乒乓球比赛，我校由工会主席王老师和主管文体工作的杨老师带队参加。因为清华工会乒乓球协会负责人汪芙平等部分年轻队员时间有冲突不能去参赛，让我入团参赛。在与北大主力队员的比赛中，我意外地先胜一局，由于实力相差比较大，我最后还是以 1∶2 败下阵来。但我不畏强手，不服老，敢打敢拼的作风，在一定程度上反映了清华大学教职员工的精神面貌，引起了北大教练、前世界冠军刘伟的注意，刘伟老师当场约我打球玩，我有幸得到她的指导和签名。

2019年全国重点高校教职工乒乓球比赛，作者与北大教练、前世界冠军刘伟进行友谊赛

回顾打乒乓球，让我记忆犹新的一段历史是"小球推动大球的乒乓外交"，即小小的乒乓球推开了中美建交的大门。我亲历见证了这次具有历史意义的重要事件。

乒乓外交起于1971年4月在日本名古屋举行的第31届世界乒乓球锦标赛。由于当时处于"文化大革命"时期，在中断了两届赛事后，中国乒乓球队收到国际乒联和日本方面的多次邀请。当时中国也需要通过体育运动交流增强与世界的联系。中国参赛牵涉到重要的国际关系问题，周恩来总理向毛主席写了一份报告，阐述了我国参加世乒赛的政治斗争策略，毛主席批示"照办"。这样，中国乒乓球队终于在1971年3月21日踏上了赴日参赛的征程，在男子团体比赛中力克匈牙利、捷克斯洛伐克、瑞典，并最终战胜东道主日本队，再次捧得冠军杯，在日本引起了轰动。

与美国运动员发生联系，是源于1971年4月4日中美两国乒乓球手的一次偶遇：美国队员科恩在体育馆训练太久，就快到比赛的时间了。他看到馆外还有一辆车，就上了车，但一上车却发现登上了中国队的车。当时中国队员庄则栋主动上前和他握手、寒暄，并送他一块印有黄山图案的杭州织锦留作纪念。下车时科恩手持织锦的情景，被在场记者抓拍。第二天，科恩准备了一件运动衫，专门在中国队的必经之路上等待庄则栋，回赠他，并与他拥抱。记者问科恩是否想去中国，科恩给予了肯定的回答。

当毛泽东主席的护士长吴旭君念《参考消息》有关此事的报导时，毛主席眼睛一亮，说了一句："这个庄则栋，不但球打得好，还会办外交。此人有点政治头脑。"关于是否邀请美国队访华的问题，大多数人认为时机尚不成熟，因为当时中美两国还没有建交。4月3日，一份暂不邀请美国队访华的报告，送给了周恩来总理，报告上指出支持蒋介石政府的美国政府的球队访华是不合时宜的。周总理又转给毛主席批示，毛主席想了很久，犹豫地画了个圈，表示同意暂不邀请美国队访华。但是，毛主席在反复思考后认为：中美关系已到了一个重大转折点，现在邀请美国乒乓球队访华，是最恰当和最及时的外交方式。毛主席对当时的国际形势，特别是对中国、美国和苏联三个大国之间的关系反复权衡斟酌后，终于决定邀请美国队访华。

美国总统尼克松在深夜得知这个消息后，立即发电报给美国驻日大使，同意中方的邀请。事后尼克松说："我从未料到对中国的主动行动，会以乒乓球队访问北京的形式得到实现。"

1971年4月10日至17日，美国乒乓球协会运动员4位官员和科恩、雷塞克等9位运动员以及一小批美国新闻记者经香港抵达北京。科恩等成为自1949年以来第一批获准进入中华人民共和国境内的美国运动员。期间周总理每天都有详尽明确的批示，应对各种突发情况。4月14日，周总理在人民大会堂接见美国乒乓球队时说："你们在中美两国人民的关系上打开了一个新篇章。我相信，我们友谊的这一新开端，必将受到我们两国多数人民的支持。"在周总理发表讲话的几个小时后，尼克松宣布了一系列对华解禁措施。中美两国乒乓球代表队在首都体育馆进行了友谊比赛，美国代表团还游览了长城，参观了清华大学等地。

美国代表团参观清华大学

1971年4月12日，清华教工乒乓球代表队接到一个重要任务，在学校西体育馆参与接待美国乒乓球代表队。在简短的欢迎仪式后，安排了美国乒乓球队和清华教工乒乓球队进行友好球艺交流。恰巧，我被安排和一位满头披肩发，左手横握球拍的美国运动员对阵，他就是周总理特别点名关注过的科恩。科恩主要是远台正手进攻，偶尔削两板，我主要是近台左推右攻。两人你来我往回合还算不少，总体比较默契，气氛也相当友好融洽。但打球之外，我们没有进行过多的交流，只是开始时礼貌性地互相问候了一下，结束时互相称赞了一下。虽然当时中美两国处于敌对状态，但我感觉，两国人民之间还是挺友好的，是球台上小小乒乓球的你来我往，开启了世界上两个大国人民之间的友好往来。作为回报，美国乒乓球队邀请中国乒乓球队访问美国。1972 年 4 月 11 日，中国乒乓球队回访美国。队员参观了底特律的工业基地，游览了迪斯尼乐园。

中美两国乒乓球队互访，轰动了国际社会，成为举世瞩目的重大事件，被媒体称为"乒乓外交"。中美两国 20 多年来人员交往隔绝的局面从此结束，中美和解随即取得历史性突破。1972 年 2 月 21 日，尼克松访华，中美关系终于走向了正常化，为后来新中国的国际发展奠定了重要基础。虽然现在一些美国政客出于对历史的无知和私利的需求，千方百计试图将中美两国关系引入歧途，但两国人民之间的友谊和往来是割不断的。

我在清华已经打了 56 年的乒乓球，见证了清华大学与乒乓球有关的一些事情。乒乓球运动帮我健体强身，助我结交朋友，让我为集体争光，小小的乒乓球是我一生的爱好。我已过古稀之年，已经亲身实践了"为祖国健康工作 50 年"，其中乒乓球运动功不可没！

乒乓博物馆中的清华元素

■ 袁帆（1975 级建工）

国际乒联博物馆原址设在瑞士洛桑。国际乒联于 2014 年 8 月决定将博物馆搬迁至中国上海，并与中国乒乓球博物馆两馆合一。经过三年多的筹备与建设，博物馆已于 2018 年 3 月 31 日正式开展。在这座总建筑面积 10389 平方米的乒乓殿堂中，收藏着成千上万件珍贵的实物、图片、史料，向人们展示着乒乓球运动一百多年来在全世界发展的历程。

乒乓博物馆里的各种展品琳琅满目，让人目不暇接，但作为一个乒乓球迷，一个曾经的清华体育代表队队员，我本能地辨别出了许多带有"清华"元素的展品。这些展品以及它们背后的故事，也为"无体育，不清华"的清华精神又一次提供了新的注解。

在展现中国乒乓球运动历史的"常青之基"展区，有两幅用 120 相机拍摄的泛黄老照片，表现的是"一九五二年全国乒乓球比赛大会"的开幕式。照片背景中体育馆的半圆形大窗户和悬廊让人眼前一亮，这不就是清华西体育馆的前馆嘛！1952 年 6 月 10 日，毛主席发出了"发展体育运动，增强人民体质"的号召，群众性体育运动蓬勃发展起来。在这一年的 10 月 12 日，全国乒乓球比赛大会开幕，比赛地点就设在当时北京最好的运动场馆，被誉为清华"四大建筑"之一的西体育馆。这次比赛也成为全国第一届乒乓球比赛，而且通过比赛选拔了一批男女优秀运动员，组建了中国国家乒乓球队，国球兴旺，由此发端。西体育馆不仅锻炼了一代代清华学子的体魄，也成为乒乓球运动在中国不断发展的见证者。

1959 年，容国团在第 25 届乒乓球世锦赛上夺得男子单打第一名的奖杯，成为中国体育运动历史上取得世界冠军"第一人"。从此，乒乓球运动在中国大地上普遍开展起来，并随着中国运动员在世界大赛上的不断夺冠成为经久不衰的"国球"。乒乓球在清华同样是广大师生热爱的运动项目之一，有着广泛的群众基础，同时也涌现出一批批"高手"，在历届北京高校比赛，乃至全国高校比赛中都一直有着优异的表现。

1981 年 4 月，中国乒乓球队横扫所有对手，在第 36 届乒乓球世锦赛上夺得全部七项冠军。消息传来，清华的乒乓球迷们同样欢欣鼓舞。国家队凯旋后，特意在"五四青年节"这天由代表团的李富荣总教练带队来到清华大学，在大礼堂前广场举行报告会，向清华师生汇报比赛的盛况。国手们创造历史的事迹，让所有在场的清华人听得群情激奋，感觉过瘾！虽然已经 40 年过去，但在博物馆中的那幅记录报告会场景的照片前，似乎仍然可以感受到当年的热烈气氛，令人倍感振奋！

李富荣总教练为清华大学的同学们讲述第36届世乒赛战况。

1981 年中国乒乓球队到访清华大学，李富荣总教练为清华大学的同学讲述第 36 届世乒赛战况

另外的一幅照片同样印证了乒乓球运动在清华园的开展。照片上的女运动员可以清楚地看出是著名国手乔红，而与她对阵的男选手是谁呢？图片上并没有说明，只说是"清华大学一名学生自告奋勇向世界冠军挑战"。疑惑最终被清华大学体育部副教授王欣老师解开。原来，这次比赛发生在 1996 年 5 月 3 日，当时

正值首届"中国乒乓球俱乐部联赛"期间。为了宣传和推动中国乒乓球体制改革，特意将部分比赛安排在一些基层单位，清华大学也在其中，比赛地点设在清华西大饭厅。比赛中间还特意安排了与球迷的互动，和乔红对阵的就是当时的清华乒乓球代表队员、1991级电子系学生刘立恺。

1996年，清华大学学生刘立恺挑战世界冠军乔红

　　根据多方回忆，著名体育解说人宋世雄主持了比赛，中央电视台进行了实况转播。而作为乒乓球国际级裁判，王欣老师执裁了这场比赛。辗转联系上了当年的挑战者刘立恺，时隔多年，虽然许多细节已经模糊，只有一个"小插曲"让他至今记忆犹新。原来在比赛前，宋世雄宣布组委会预设的规则，要世界冠军乔红先让三分，但被他这位清华乒乓高手当场"婉拒"了，表示不需要"照顾"！最后组委会认可了刘立恺的意见，比赛仍从0:0开始。虽然这只是一场带有娱乐色彩的比赛，采用的是一局7分制，但一名在校大学生，敢向世界冠军发起挑战，除了勇气，还必须具备相当高的球技。刘立恺两样都做到了。最终的比赛结果是3:7，刘立恺"光荣"告负并不意外，但他的这次挑战却成为清华乒乓球运动史上让人津津乐道的经典之战，被永久地定格在中国乒乓球博物馆。

　　在现代乒乓球运动发展的近百年来，涌现出许多著名人物。"国际乒联名人堂"就是国际乒联为表彰技艺超群的乒乓球运动员和为推动世界乒乓球运动发展做出杰出贡献的人士而设立。从1991年开设至今，共有66人进入名人堂。自1999年庄则栋、林慧卿、李富荣等三位中国运动员最先成为名人堂的成员后，先后共有32位中国运动员位列其中，约占总人数的一半。而在他们中间，也有清华人的身影，她就是被我们引为骄傲的邓亚萍校友。

萨马兰奇与邓亚萍（国画）

邓亚萍在其乒乓运动生涯中，共获得 18 次世界大赛的冠军，这也成为激励优秀后来者努力超越的标杆。她退役之后，于 1997 年进入清华外语系学习，从零开始，凭借世界冠军的勤奋和毅力，经过 11 年的不辍努力，不仅从清华顺利毕业，而且最终取得剑桥大学的博士学位。作为有着乒坛传奇经历的清华校友，邓亚萍 2018 年当选为清华校友乒乓球协会的新一届会长，她必将为推动清华乒乓运动的继续发展发挥无可替代的作用。

在博物馆里，有多件展品记录了邓亚萍为国争光，勇夺佳绩的光荣历程。其中包括展现她在国际大赛中搏击英姿的照片，还有她夺得冠军时所穿的"战袍"、用过的球拍，等等。特别令人印象深刻的是一幅美术作品，再现了邓亚萍在 1996 年亚特兰大奥运会上夺冠之后，时任国际奥委会主席的萨马兰奇先生亲自为她颁奖，并在全世界亿万双眼睛的注视下，像对待自己的小孙女一样轻拍她的脸颊表示祝贺的感人一幕。

在清华大学群众性乒乓球运动蓬勃发展的同时，也不断有在校师生和校友经过专业培训和严格考核后，在国内外乒乓球赛场上担任裁判工作，并出现多位国际级裁判和裁判长，这也成为清华乒乓的一道靓丽风景。在博物馆的展陈图片中，就有一幅照片，记录了清华体育部王欣副教授参加国际比赛裁判工作的历史场景。

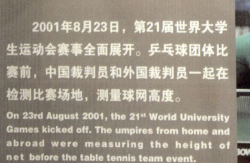

2001年8月23日，第21届世界大学生运动会赛事全面展开。乒乓球团体比赛前，中国裁判员和外国裁判员一起在检测比赛场地，测量球网高度。

On 23rd August 2001, the 21st World University Games kicked off. The umpires from home and abroad were measuring the height of net before the table tennis team event.

2001 年清华大学体育部副教授王欣（左）在国际赛场参加裁判工作

我们这一代人亲身见证了中国乒乓球运动兴衰起伏的过程，对"国球"有着深厚的感情。当我看到博物馆展出的乒乓球中缺少早期的国产"红双喜"产品时，忽然萌发了捐赠的想法。作为一个资深球迷，我有一盒 1970 年代初的 38 毫米"红双喜"球。这盒球保存完好，跟随我已经有 44 个年头，并曾陪伴我度过清华四年的学习生活。经过馆方的鉴定，很快决定收藏我的"宝贝"。当我的想法真要

2018年作者向中国乒乓球
博物馆捐赠红双喜乒乓球

落实的那一刻，不舍之情油然而生，但想到在这座世界级的乒乓殿堂中，今后又将多一个与清华有关的展品，我还是欣然于 2018 年 5 月 18 日正式向博物馆进行了捐赠，完成了我"让更多人分享红双喜"的美好愿望。

清华建校百余年来，用体育锻炼强健学生体魄，用体育精神培养学生自强不息的意志，光荣传统早已蔚然成风，并与清华精神融为一体。带着清华故事的展品一再出现在世界乒乓殿堂里，既是偶然，更是必然；既是乒乓运动在清华发展的写照，更在激励清华学子继续发扬"人生能有几回搏"的国球精神，努力研学，为国争光！这正是：

> 乒乓殿堂落浦江，
> 清华故事传久长；
> 为国立功需拼搏，
> 国球精神永发扬！

1930年代清华乒乓风云录 [①]

■ 钟秀斌（经管 2007EDP）

抗战前的 1930 年代，尤其是梅贻琦先生 1931 年 12 月到任校长后，清华校政稳定。尽管此时日军入侵东北，国势阽危，学潮云涌，但在梅校长和各位师生的齐心协力下，清华事业蒸蒸日上，迎来黄金时代。在短短的数年时间内，清华就从有名气无学术地位而跻身为国内顶尖大学之列。[②] 清华素来重视体育，主张通才教育的梅贻琦校长认为，"体育是发展全人格的一个目标"，强调"要将灵敏的脑力，寓寄于健全的体魄之中"。[③]

当时以马约翰教授为首的清华体育师资阵容强大，体育设施完善，清华师生踊跃参与，各项体育活动盛极一时。除了田径、足球、篮球、排球等传统强项外，清华园里的小球运动开展得不错。棒球、网球都曾取得过很好的成绩。1932年 10 月，体育部还设了一个女子曲棍球场，但这项运动并没有开展起来。当然，比赛成绩最好的小球要算乒乓球队了。1934 年初，乒乓球爱好者要求体育部多设置球台于体育馆，得到了学校的赞同。

1935 年北平五大学联赛 [④] 中，乒乓球作为表演赛，清华男队取得冠军。1936年又获北平五大学联赛冠军。同年 4 月底清华乒乓球队访问天津，4∶3 胜南开，5∶2 胜青友，3∶2 胜广东（天津一球队名，非广东省队），1∶4 负津锋（天津市冠军），3∶2 胜新学。队员们很高兴，认为从天津学回来很多东西，特别明白了发球和攻球的重要性。乒乓球要求运动员反应敏锐，机智灵活，战术多变，既要料敌如神，占尽先机，更要有良好的心理素质和坚定的自信心，因此乒乓球深得

---

① 本文由钟秀斌执笔综合而成。部分内容节选自叶宏开，韦庆媛，冯茵. 挺起胸来——清华大学百年体育回顾（上）[M]. 北京：清华大学出版社，2010。清华大学原副校长胡东成先生为本文提供珍贵史料和图片，清华大学图书馆于婷老师提供清华校刊关于清华校队比赛盛况的报道，袁帆学长（1975级建工系）提供《12级毕业纪念刊（1936—1940—1990）》资料，作者在此一并感谢。

② 黄延复，钟秀斌. 一个时代的斯文：清华校长梅贻琦[M]. 北京：中国广播影视出版社，2021.

③ 叶宏开，韦庆媛，刘波，田芊. 体魄与人格并重[M]. 北京：清华大学出版社，2011：42-46.

④ 1930年冬，在清华马约翰教授的倡导下，北平五所著名大学清华大学、燕京大学、北平师范大学、辅仁大学和北京大学成立北平五大学体育会，自1931年始每年举办五大学体育联赛，至1937年抗战爆发后中止活动。

很多同学的欢迎。1930 年代清华乒乓球男队队员有曹岳维（队长，9 级[①]）、钱三强（8 级）、王世真（9 级）、屠双（9 级）、徐舜寿（9 级）、胡鹏飞（9 级）、熊秉信（8 级）、王务义（9 级）、叶笃正（11 级）等。据胡鹏飞回忆，清华乒乓男队蝉联四届北平五大学联赛冠军。

当时校刊写道：钱三强攻球稳固而锐利，守球落点准确，王务义球出如炮弹，能在 0∶2 落后的形势下连胜三局反败为胜，徐舜寿被称为吾队小将，攻球猛烈，又善近挡，等等。

1935 年 6 月清华大学男子乒乓球队获北平五大学表演赛冠军
左起：钱三强（八级）、王世真、屠双、曹岳维、徐舜寿、胡鹏飞（均九级）、熊秉信（八级）、王务义（九级）、黄中孚（教师）

徐舜寿先生（1917—1968）是浙江吴兴县人，1933 年 16 岁时以优异成绩考入清华大学机械系航空工程组，1937 年毕业。在校期间，他是校乒乓球队和网球队队员，而且十分喜爱音乐。在人们的眼里，他是一位既有运动员风采又有音乐家气质的专家学者。他曾赴德国和美国进修，学习飞机设计和力学，1946 年 8 月奉召回国。在旧中国时期设计飞机希望渺茫（1948 年清华大学航空系的主任

[①]　1925 年，原为留美预备学校的清华学校增设大学部，当年 9 月招收大学普通科一年级学生，即为清华大学史上第 1 级学生，该学生 1929 年毕业。按此级序规则，清华大学 1932 年入学的学生，即为 8 级；1933 年入学的学生，即为 9 级；叶笃正先生 1935 年入学，即为 11 级。

甚至劝学生不要报航空系的志愿）。我国著名记者——《哥德巴赫猜想》的作者徐迟是他的哥哥。他曾对哥哥提出要到解放区去，1949年3月，在姐姐徐和及地下党的帮助下，到达解放区。他担任了中国第一个飞机设计室的主任设计师，领导了国产活塞教练机、喷气式教练机、轰炸机和运输机的设计。他领导了供热核试验用的取样器的设计任务和利用飞机投放氢弹的可行性研究。后来成为院士的顾诵芬、管德（1952级航空系）、屠基达、陈一坚（1952级航空系，飞豹总设计师）都曾是他的部下，所以人们称他为新中国航空事业的奠基人，航空界的一代宗师。中国航空第一集团第一飞机设计研究院内立有徐舜寿的铜像。在清华大学航天航空学院的大厅里，也立有他的塑像。

钱三强先生（1913—1992），浙江绍兴人，民国初年著名学者钱玄同先生的儿子。钱三强一直向往实业救国，在孔德学校毕业时，曾想报考上海交大，但因孔德学校学的是法语而止步。后来他决定上北大预科，并入北大物理系学习了一年，"在多次听了几位清华物理系教授来北大兼课后，他又觉得相比之下，北大物理系本科教授就教得比较逊色……"1932年，19岁的他考入清华大学物理系重读一年级。钱玄同先生对儿子的行为未加任何评说，只是别出心裁地书写了"从牛到爱"四个字送给儿子，勉励他在学习上不断努力，向牛顿和爱因斯坦学习。这四个字从此伴随他一生。钱三强逝世后，这四个字又刻在他的大理石墓盖上。清新俊逸、生机盎然的清华园，是物理学家钱三强的摇篮，这里老师介绍学科的最新发展，启发学生思考，注意培养学生提出问题、解决问题的能力。

1936年毕业后，他到北平研究院物理研究所工作。翌年，所长严济慈先生建议他参加留法考试去法国攻读镭学。录取后即赴巴黎，师从居里夫妇的女儿伊莱娜·居里和她的丈夫约里奥。他留法十年，在法国和同班同学何泽慧女士结婚。1947年，他们两人发现了铀核的三分裂现象，一时轰动物理界（何泽慧女士，1936年留学德国，1946年到法国，何女士性格坚强，卓有成就）。有人把钱、何两人称为中国的居里夫妇。"二战"胜利后，在英国留学的彭桓武在法国与钱三强再次相遇，他们心照不宣地说将来回去要好好干。彭是师兄，却对钱三强说："你是个帅才，将来你领头，我来帮助你。"

钱三强夫妇1948年回国，到清华大学任教，临行时约里奥·居里夫妇为钱三强先生的评议书中写道："……他对科学事业满腔热情，并且聪慧有创见……10年期间，在那些到我们实验室并由我们指导工作的同时代人当中，他最为优秀……钱先生还是一位优秀的组织工作者，在精神、科学与技术方面，他具备研究机构的领导者所应有的各种品德。"约里奥·居里夫妇真可谓知人！

中华人民共和国成立后，钱三强先生参加了我国原子能事业和中国科学院的创建工作，培养了一大批从事原子能事业的科技干部，领导促进了原子能科学事业和中科院的发展，为中国原子弹、氢弹的研制做出了突出的贡献，获"两弹一星"功勋奖章。

叶笃正院十（1916—2013），安徽省安庆市人，1935 年从著名的南开中学考入清华。他说，进校后"第一件事是选系，我本来想进物理系，可是当时物理系四年级的学长钱三强劝我学气象（钱三强先生和我一起打乒乓球，这样就熟起来的），他说气象也是物理的一部分，但比较实用，我接受了他的劝告，这就决定了我一生的事业"。叶笃正院士 1945 年留学美国芝加哥大学，中华人民共和国成立后立即回国报效。2003 年他获得第 48 届世界气象组织最高奖——国际气象组织奖（IMO），2005 年他获得了该年度国家最高科学技术奖。乒乓球桌旁的友谊决定了他一生的事业，清华的体育传统决定了他一生坚持运动。1950 年回国后，他每天坚持走路上班，到了晚年，散步成了他每天的锻炼项目。年近九旬的老人每天工作 8 个小时，靠的就是长期的体育锻炼。

胡鹏飞先生（1914—2004），祖籍安徽休宁，生于江苏常州。1933 年由上海南洋中学考入清华大学机械工程系。在校期间，他是校乒乓球队和棒球队队员，同时也十分喜爱滑冰、跑步、骑摩托和演话剧。毕业后任中央航校高级班机械助教、国民政府交通部造船处工程师。抗日战争胜利后，任青岛自来水厂技正（即总工）。1949 年常州解放回到家乡，先在常州市二中、常州市工专、南京教师进修学院等任教，后在常州自来水厂、常州市重工业局、镇江专署重工业局及专署农机局任工程师，参加筹建常州化工机械厂并任主任工程师。一生在不同领域多个岗位工作，都做出了出色成绩，许多科技成果获奖。

胡鹏飞先生一家有八位清华校友（他和夫人齐季庄、三个儿子以及儿媳和孙女），其中长子胡沛成曾任河海大学副校长，四子胡东成曾任清华大学副校长。据胡东成回忆，受父亲的影响，他们全家都喜爱打乒乓球，而且都打得不错。大约 1954 年，父亲和当时球艺最好的正读初中的二哥有过一次"父子较量"，最后父亲以 23∶21 取胜。父亲的举动让人回味无穷。胡东成本人上过少年业余体校乒乓班，中学时代是乒乓校队主力成员。在他考入清华大学时，父亲将自己当年胸前绣有紫色"清华"二字的乳白色运动毛背心传给了他，这也促使他读大一不久体育课分班时兴致勃勃地进了乒乓球专项班。胡东成的大妹妹因从小乒乓球不敌哥哥们而发奋努力，学习和接受了乒乓球专业训练，后来成为南京体育学院运动系乒乓球专项教师和乒乓球国际级裁判。大妹夫也在南京体育学院任教，并且是著名乒乓球世界冠军蔡振华在江苏乒乓球队当运动员时的教练。家人中还有一位女将，那就是胡鹏飞的二儿媳。她也是伴随乒乓球长大，中学时就获得无锡市比赛第一名，成为国家二级运动员。在南京大学读书时她是校乒乓队队长，获得南京市高校单打和团体冠军。前些年，在胡鹏飞的第三代中，也已出现了乒乓球二级运动员。胡鹏飞"夫妇清华，子孙清华；一人打球，全家打球"的清华与清华乒乓情缘一时传为佳话。

在胡东成的记忆中，见过1930年代父亲等清华乒乓队员拿着一面倒三角形的印有"北平乒乓常胜军"锦旗的照片，但现在找不到了。对此，他不知是否自己记忆有误，也希望知情者提供准确信息。

1930年代清华大学乒乓球女队也是一支不容忽视的强队。在一张老图片上，我们看到了清华乒乓女队员池际尚、高棣华、邵景渊、邵景洛、陈慈、刘佩兰等人1937年时的飒爽英姿。

池际尚（1917—1994），湖北安陆人，著名地质学家，曾任中国地质大学教授。1936年考入清华大学物理系，1941年毕业于西南联合大学。1949年获美国宾夕法尼亚州布仑茂大学博士学位。1980年当选为中国科学院学部委员（院士）。负责山东等地区域地质调查及北京南口花岗岩科研工作，提出中国金伯利岩的分类、命名原则和方案，总结了各类金伯利岩的岩石学特征，对寻找金刚石原生矿有重要指导意义。

高棣华就读清华中文系，1939年和著名测量学家陈永龄教授（1910—2004）结婚。陈永龄1927年考入清华工程学系，1929年转入上海交通大学土木工程系，1931年毕业后回清华任教。他是中国科学院、中国工程院两院院士，我国大地测量学的开拓者和奠基人之一，他提出测定珠穆朗玛峰高程的技术方案，测出当时世界上最为精确的珠峰高度8848.13米，得到国际公认。

陈慈1940年从清华外文系毕业。1980年她在《清华校友通讯》新71期（1980年4月）发表了《一晃四十年》。文章回忆了她当年考进清华的逸事："在我参加清华入学考试的第一天，当数学试题发下来时，我整个人愣住了，因为翻来覆去，我也找不出几道题是我会做的。虽然数学一向是我最喜欢的功课，而多年来我的成绩也都是班上顶呱呱的，但那一刹那，我完全投降了。我怀着非常失意落魄的心情勉强把其他科目考完……直到现在我也不明白我是怎么考上清华的。听说评审委员是先把国、英、算三科的分数拿来平均，如果及格，才继续看理化、史地等的试卷。也许如此，我才得救吧！"

胡东成尊称邵景渊为先生。他介绍说，邵景渊四姐妹都毕业于清华，四夫婿也都是清华校友。邵景渊是长女，邵景洛排行第三，都喜爱乒乓球。邵景渊是胡的英语老师。她原在清华西洋文学系读德语，她父亲邵文镕的至交好友鲁迅先生建议她学德语。新中国成立后邵改教俄语，"文革"前一两年恢复教英语，她的丈夫是清华名教授、机械工程教育家王遵明先生。邵景洛是著名历史学家何炳棣先生的夫人。

1937 年清华乒乓球校队

前排左起：陈慈、邵景洛、刘佩兰

后排左起：池际尚、高棣华、×××、邵景渊

在 1937 年第 46 卷第 1 期《清华周刊》的"国内新闻：乒乓世界"栏目中，一篇署名龙的文章，详细报道了 1937 年北平五大学乒乓球比赛中，清华队与燕京队、北师大队对决的盛况。作者生动精彩的描述，令人仿佛身临其境。让我们感受当年比赛现场的鏖战——

本校男子乒乓球队，自前年成立以来，连膺五大学冠军。实力强劲，名震平津。今年自入春以来，重整旗鼓。除历年老将以外，又增选新队员，正式成军。现五大学比赛第一循环已告完竣，我队屡战皆捷，迭克燕京师大辅仁等队，锦标在望，记者对于乒乓一道，特感兴趣，每战必往，作壁上观阵。归来后复因兴之所至，作赛后记一篇。兹特照录如下，以供同好。

第一周　清华对燕京（4：1 清华胜）

是役也，不异为五大学之主力战，胜败有关锦标得失。燕京自去岁刘骏俞德康二君入队后，实力陡然增强，已久怀夺标野心。惟我方除王曹屠等老将外，尚有鲍志一及叶笃正二支生力军，一为海上老将，一为津市名手，俱怀绝技，绝难雌伏，于是大战爆发，双方排开阵线，你瞧：清华 燕京 比较：

王务义　胜　张嘉会　3：2

曹岳维　胜　江大伟　3：0

屠双　负　刘骏　0：3

鲍志一　胜　俞德康　3：2

叶笃正　胜　蔡念苏　3：2

第一组　张嘉会为本年度燕大冠军，球艺较以前显有进步。王君虽久疏练习，但击球仍锋利无比，不失健将风度。王善抽左角，适能攻张之弱点。张发球

诡计多端，我方因之而失分者，不在少数。第一局王君胜来，并不费力。第二局至平等后使能获胜，球势已略有转变。第三第四两局，张反胜，成均衡之势。至此空气益见紧张，双方小心翼翼，各施其能。张因认真过度，反现慌张之态。王咬紧牙关，以5∶0换得开球权。结果以10∶6获得最后一局胜利，难能可贵。

第二组　江大伟亦为燕大健者，惟老曹球艺，确高一等。当时因情绪紧张，故胜来亦不太易。第一第三两局，均于平等后始获胜，可见其竞争之剧烈。

第三组　刘骏为北平市代表，被认为燕大之最强者。屠双虽大敌当前，但毫不气馁。第一局于再度平等后始告失败。入后刘君渐露锋芒，再下二局，屠君不幸败下阵来。

第四组　俞君亦北平市代表，擅长抽，惟左角方面，击球较弱。鲍能攻其弱点，是制胜之主因也。二人战来精彩百出，空气亦最紧张。鲍连失二局，入后反胜三局，已用尽"奶力"矣。

第五组　此组比赛与全队胜负并无关系，故双方各能施其所长。蔡为燕大队长，球艺亦颇老练，叶以3∶2胜之，大不易也。

第二周　清华对师大（4∶1清华胜）

师大球桌，弹性甚弱，我队队员，擅抽"硬球"，遇此弹性不强之桌子，均一筹莫展，成绩因以减色：

曹岳维　胜　曹世扬　3∶0

鲍志一　胜　宋达　3∶2

叶笃正　胜　苏明璇　3∶2

徐舜寿　胜　吴化南　3∶1

廖增武　负　刘敬琨　1∶3

二曹相遇，岳维艺高一筹，惟因未黯桌性，故自杀与出线者甚多，殊未能展其所长。鲍之球艺，远胜于宋，其战绩如此恶劣，实为意外，每因操之过急而反致误事。其始鲍先遭败北，惟因胸有成竹，终获最后胜利。叶苏之战，最为精彩。师大各队员中，以苏君较能利用攻势。叶除尽量施展其平日接球之技能外，尚能乘机反攻，出奇制胜，博得掌声不少。小徐战来，稳如泰山，其球"怪离怪起"，往往使敌方有不可捉摸之慨。"硬"后能"软"，"软"后能"硬"，吴君疲于奔命，只能甘拜下风。刘君为师大队长，左手执拍。我方廖干事，久疏练习，因小真眼部有病，故临时拉来客串。廖君虽负，打来却有意外妙处，平常左手握拍者，每以右方见弱，故其必先注意右方。廖以"实则实之"之法攻其左方，使其防不胜防，深得制敌之三味矣。

第三周 清华对辅仁（4：1 清华胜）

曹岳维　胜　刘学琦　3：1

屠双　胜　孙敏　3：1

鲍志一　负　支厚康　2：3

叶笃正　胜　徐文涛　3：0

王世真　胜　冯武光　3：0

老曹对阿刘，实力有余，让他一局，是客气。孙敏并非弱者，惟屠双稳健可靠，胜来不太费力。鲍君胆大包天，猛攻不已。支君远接，球艺有相当可观。鲍辛因自信过度，惨遭败北。叶君能攻擅守，徐君远非其敌，叶君胜来，毫不费事。冯武光球艺既弱，又乏经验。小真第一局以 10：0 胜之，不太过谦。"

1930 年代清华乒乓球运动已经普及，成为许多同学课余的最爱。1936 级经济系秦宝雄学长曾经讲过一则"院长捡球"的逸闻趣事："在校园里一片最旧的平房宿舍里（大概是二院），有一连串三间屋子，每屋都只放了一张乒乓球桌，专为学生做课余运动之用。我和室友邵循恺（3346）都嗜好打乒乓球，每星期必定要去打两三次。一个早春星期六的下午，我们打了半个钟头以后，汗流浃背，就把屋后两扇玻璃窗都打开通风。不巧一下子用力过猛，把球打出窗外。因为出去捡球要绕走很多的路，所以我们就到窗前去观望。刚好看见有一个穿着薄呢大衣的人，靠着屋边走过来，我们就指着落在路旁的球，说了一声：'Ball, please!'那位先生居然跑了几步，弯腰将球拾起，掷进室内。我们称谢之余，仔细一看那捡球的人，原来是工学院院长顾毓琇教授。"[1]

1934—1937 年连获四届北平五大学联赛冠军的清华乒乓男队
前排右起：马约翰教授、胡鹏飞、曹岳维、钱三强、徐舜寿；
后排右起：熊秉信、王务义、屠双、鲍志一、叶笃正

1930 年代，清华乒乓风云际会，一时多少豪杰！

---

[1]　秦宝雄，《清华园往事回忆及其他》《清华十二级纪念刊（1936—1940—1990）》。该刊系清华1936 级校友毕业 50 周年的纪念专刊，1990 年。

半个世纪的清华乒乓缘

■ 孔维章（1962 级自动化）

作者在 2019 年欣诺通信杯第九届清华校友
乒乓球团体赛上

我和清华的乒乓情缘要追溯到 1960 年代。那时出于爱好，我选修了体育课的乒乓球提高班。由于当时国家经济发展水平有限，清华也没有正规的乒乓球场馆，场地也是因陋就简，就设在当时的西大饭厅。尽管如此，老师和同学们却都极其认真地"教"和"学"，在艰苦的环境下尽情享受"国球"的魅力。记得我还用过那时很流行的 5 毫米左右的厚海绵拍子，匈牙利老将西多就曾凭此拍"红极一时"。

时光荏苒，时间一晃就来到了 21 世纪。有缘千里来相会，一个偶然的机会让我与清华乒乓重续前缘。2014 年 6 月我从清华"百年纪念册"上看到了照片，得知"清华校友总会乒乓球协会"已经成立，真是欣喜若狂，马上与学校有关单位联系。在他们的热情帮助下，我很快就找到了体育部负责乒乓球队的王欣老师，她给我回短信说："欢迎孔学长，有比赛就通知你。"这一下子就让我像人们常说的那样，"终于找到组织了"！

2015 年 9 月，王欣老师果然打来电话，通知我 10 月 2 号将在成都举办校友赛。但很遗憾我已在国庆期间安排了其他聚会，只得与这次机会"失之交臂"。大半年后，2016 年 4 月 23 日校庆时，我终于回到母校参加了第六届清华校友乒乓球联谊赛。这一切恍惚是在梦中，让我万分兴奋！

由于我没有在乒乓校队训练过，水平当然有限，但王欣老师还是想方设法把我安排到"爱乒乓队"参赛。虽然这个队当时已有四名队员：佟永骏、张开显、胡其鸣和龚杰，队长和队员还是欣然安排我两次出场。清华园的变化与当年相比"翻天覆地"，时隔50多年后能重回母校与校友们同台竞技很不容易，因此我非常认真地对待这难得的机会，并使出"浑身解数"，最终取得了一胜一负的成绩。能够参赛我很激动，为了表示感谢，我请四位队友签名，留下了首次参赛的美好记忆。除此之外，这次回校参赛我还结交了许多热情的校友球员。使我感到荣幸之至的是和邱勇校长、奥运冠军邓亚萍、唐杰秘书长和王欣老师都有合影留念呢。

2017年第七届清华校友乒乓球联谊赛在广西南宁举行，我从遥远的内蒙古来到了南方边陲城市南宁，为的就是续写清华乒乓情缘。这次参赛前我萌发了自己组队参赛的想法，名字早就想好了，就叫"乒乓情缘队"。我在网上一吆喝，当即就有谭文和费建军"落网"，之后又由谭文就地"取才"，招募了广西校友梁冕和郭芳群，终于组队成功啦！这一方面说明了清华人重视乒乓球运动，而且爱好者颇多，另外也说明了改革开放40年来科技发达，使得天南海北的五个人能迅速组队成功参赛，这在以前是完全不可想象的。

这次联谊赛中我打了多场比赛，逐渐被大家了解，也结交了更多的球友。我在团体赛中与青年组冠军黎毅比赛，取得了6：11和8：11的"好"成绩，还与青年组亚军赵洁进行了15分钟的练球。最终，我队获团体第九名，谭文获50岁组第三名，郭芳群获青年组第六名，我单打也进入了前16名。我队成员都没进过学校乒乓球队，是一支临时组合的"散兵游勇"队伍，能取得这样的成绩，大家都很高兴。

比赛期间，我有幸接受了学校代表队队员林嵘净和另一个记者的采访。主办方还制作了一个帖子，特别介绍了我们"乒乓情缘队"、参赛男选手中年龄最大的我，还有女选手中年龄最大的邹吉芳。我还有幸和不同年龄组的四位男女单打冠军林嵘净、龚杰、黎毅、刘文驹合影留念。总而言之，是收获满满！

2018年第八届清华校友联谊赛是在清华大学西体育馆举行，我们仍然以"乒乓情缘队"报名参赛。这次参赛我队更正规了，领队是李几招，队员是唐莉华、谭文、孔维章、李志超和董峰。实力也比上一次有所提升，赛前我还特地从内蒙古去北京进行了集体练球。这次比赛我和队友配合，取得了两场双打胜利。

这次参赛对我来说意义非凡。由于我是参赛校友中年龄最大的队员，因而被荣幸地选为运动员代表，在开幕式上进行宣誓。此外还安排我和奥运冠军邓亚萍为比赛"开球"。我还借此机会当面向邓亚萍请教一个技术问题，加上我后来在几个视频里看到了她的相应动作，对帮助我提高球技起了巨大的作用。

　　为了增强清华老年校友间的凝聚力，体现出清华老校友对乒乓球运动的热爱，展示我们的健康风采，我从北京参赛结束之后，就开始在我们自动控制系62级同学中发起组织一个老年队，打算参加第九届清华校友乒乓球联谊赛。经过我的宣传与号召，现在已有三个男同学和三个女同学报名参加，组队成功啦！虽然我们的年龄都大于或等于75岁了，但由于我们热爱乒乓球运动，看上去都朝气蓬勃，状态就像60多岁的一样。届时我们仍将以"乒乓情缘队"参赛。至于我们的球技呢？联谊赛时见分晓吧！

　　自从参加了校友乒乓球比赛，令我一直非常激动的是，到了"夕阳红"的阶段还会有如此珍贵的乒乓情缘，时时刻刻让我牵挂，让我醉心于其中！这是我人生中极为宝贵的精神财富，我要终生珍惜！

　　愿清华乒乓情缘永续绚丽，不断续写多彩的新篇章！

清华乒乓助我成长

■ 邹吉芳（1972 级精仪）

1972 年，国家航天部给了我厂两个清华大学的保送名额。一男一女，各分厂共推荐出十多名优秀员工，我也在其中。清华招生老师来到厂里，对我们进行了考试，写一篇作文，做一张数学考卷。考后和每个人面试谈话，和我聊的话题很广。最后老

作者（右一）和文杰队队友在赛场上合影

师问："你是市体校乒乓队的，成绩怎样？"我说："'文革'前两年没参加过大赛"。老师"哦"了一声，有些许失望。

忐忑不安地等待一月余，收到期盼的入学通知书。5 月 4 日，来到梦寐以求的清华园，行李中有我心爱的乒乓球拍。

一进清华就开始了紧张有序的学习生活。课余，学校组织了各种新生选拔赛，几场篮球赛后，我被选到校篮球队试训。休息时，老师和我聊天，知道我在体校乒乓球队训练过，就把我带进西体乒乓队，交给黄文杰老师，入学一个多月后，我成为期盼的清华乒乓队一员。

每天下午四点半，锻炼的喇叭响起，放下书本，带上球拍，跑到西体。1972级乒乓队，三女四男七个队员，加上 0 字班的共十来人，在五张球台上，热火朝天地按计划训练。教练黄文杰老师非常敬业，把全部精力投入对学生的教育培养中，指导、陪练，长期下来肌肉疲劳损伤，手腕腱鞘囊肿，仍然坚持，每次训练都是最后一个离开体育馆。我们每个人的进步都凝聚着他的心血，他深受队员们喜爱和敬重。

女队长王青媛，球队灵魂，头脑清醒，技术全面，基本功扎实。和她对练，我必须精力高度集中才能跟上节奏，这大大地提高了我的对抗和应变能力。削球手魏慧敏，把各种旋转球准确送到台上各个落点，宛如"打不死的小强"，极大地磨炼了我的耐心、手感、跑动能力和连续击球的体力。何介平老师带领的教工队谢福、刘天慧、刘雪音，也常和我们共同训练。她们凶悍的打法，让我们受益匪浅。男队员的陪练更是助了一臂之力，几个月训练下来，大有长进。黄老师又组织我们去北京体育学院，国家青年女队比赛。赛后认真找出不足，进行针对性的训练。大家实力大增，进步神速。

1972年底，"文革"开始后第一届高校乒乓球赛在清华举行。各校高度重视，强手如林，我们队每个队员都憋足了劲，想打出好成绩，为学校争光。在黄老师的指导下，女队三人团结一心，不畏强手，认真打好每场比赛，以全胜的战绩，夺得高校女团冠军。男队长洪晓狮带领白延斌、李泗长、王燕生荣获男团冠军。

团体夺冠让我们成了众矢之的，接下来的单项比赛，竞争更加激烈残酷。黄老师要求我们从零开始，一场场拼。两位队友都有问鼎的实力，我运气更好些，闯过三关后，打入前4名，半决赛和决赛在北大体育馆举行。

那时球队外出比赛，基本上是自行车出行。女队员坐二等车的多，一路欢声笑语，来到北大体育馆。已经回忆不起半决赛我胜了谁，决赛对手孙晓红（北京工业大学），早在八年前我就是她的粉丝。1964年全国女子少年比赛，她赢了我在重庆体校的师姐彭德嘉，获得单打第三名。在全国人民极度热爱乒乓运动的年代，这届比赛被广泛宣传，孙晓红是当年少有的两面攻女选手，更是我喜欢和学习的榜样。8年后，我穿上清华的战袍，和她相逢在决赛场上，真是一种难得的缘分和机遇。

赛前，黄老师和我仔细分析了对手，根据我的技术特点制定了相应的战术，鼓励我不畏强手，敢于夺取胜利。队友们坐在场边为我加油。比赛打得很艰苦，孙晓红实力强，经验丰富，一开局，发球抢攻占了主动，两面进攻频频得手。体育馆里只听见工大啦啦队的加油声，在比分落后的情况下，我稳住情绪，排除杂念，坚决执行既定的战术，推出略带下沉的底线球，遏制她的反手攻球；加强正手对抗，坚持发下旋球，在搓球中，我发挥起板命中率高、落点好的优势，把比赛拉入我的节奏。几度反复之后，我慢慢地扭转了局面、掌握主动，以2:1的比分赢得了比赛。队友们高兴得跳起来，邻台又传来男队友的欢呼声，"洪晓狮夺冠"，那晚的北大体育馆，成了清华乒乓球队的"主场"。

1972年高校乒乓球比赛落下帷幕，清华队囊括男女团体、男女单打四项冠军，实现了开门红，为学校争得了荣誉。在这次比赛中，整个球队表现出的团结互助、不畏强手、勇于胜利的精神，顽强的意志和较高的临场应变能力，都成了球队建设的宝贵财富。

进校以来，学习任务非常繁重。打乒乓球既锻炼了身体，磨炼了意志，又释放了压力，浑身有使不完的劲，左右半脑的交替使用，大大提高了学习效率。在比赛结束后的数学考试中，我取得了优秀的成绩。

乒乓运动还增进了各校运动员之间的友谊，场上是对手，场下是朋友。1974年，我和孙晓红都入选了高校代表队，代表北京高校参加北京市第四届运动会。何介平老师任教练（黄文杰老师支教绵阳分校一年），各校队员吃住一起，互相切磋球艺，赛场上同心协力，在各系统许多专业运动员加盟的情况下，高校队获得北京市第四届运动会女子团体第三名。此外，我还和北京大学的王莉一起获得女子双打第五名。

时至今日，回忆在清华的那段时日，点点滴滴或许已不能悉数记得，但与清华乒乓有关的画面，却始终历历在目。感谢清华乒乓，让我经历了那么多精彩而有趣的故事，助我成长，留下在校期间最闪光的回忆，以及老师、队友之间几十年永恒的友谊。

（本文由肖靖林协助整理）

我教社区孩子打乒乓

■ 刘爱文（1973 级化工）

作者在清华校友乒乓球赛上

一

我和乒乓球的缘分是从 8 岁开始的。

那一年我开始接受乒乓球系统训练，一年后就代表市里参加省乒乓球比赛。一年的训练时间虽然短暂，但是当年训练的强度却让我记忆深刻。每天从早上 6 点起床就开始训练，30 圈的体能跑步，挥拍 5000 下，一天三到四次连续 1 个小时的对打，一直到晚上 8 点才能回到宿舍。那段时间上床时连腿都抬不起来，躺下就能马上睡着。一年多的艰苦训练，让我在参加省级比赛获得了不错的成绩。

长大后我才慢慢意识到，我骨子里坚忍不拔、不服输、能吃苦的劲儿，也许就是在那段时间形成的。

二

就这样，乒乓球一直陪伴着我走到了 17 岁。因为我乒乓球成绩优异，那年当地的橡胶厂将我作为运动人才吸纳进厂。我的加入，使橡胶厂乒乓球队如虎添翼，在当年的市乒乓球运动会上夺得了冠军。

进入工厂，我的职业生涯就开始了。

由于之前没有工作经历，所以我是从学徒做起的。一接触实际，就发现我不知道、不懂的事情太多了。如果不尽快搞明白，我很难去完成自己的工作，更别说帮师傅分担工作。那段时间，为了尽快掌握各种材料的性能参数、特点和用途，以及在生产过程中搭配合适的模具，我几乎吃住都在车间。半年后，我达到了正常工作两年学徒的水平。

那一年，国家号召"备战、备荒、为人民"，我们厂组织挖防空洞。当时在场的好多同志都还在犹豫不知如何上手的时候，我一个十八九岁的女青年，直接跳下去开始挖，开始铲土。我当时想法很简单，别人不敢做，那总得有人去做，我不怕，那就我去。然而这样一个简单的举动，让我当年获得了很多荣誉，厂里给了我"青年突击手"的称号。同年，我当选为代表参加省团代会。第二年，也就是1973年，我被厂里推荐为工农兵学员。这样，我进入了影响我一生的母校——清华大学。

三

19岁那年，我刚下火车，出了北京站迎面就看到了"欢迎你清华学子"的横幅，那一刻的荣誉感让我一下子热泪盈眶。上了校车去学校，路过天安门，看到了毛主席巨幅画像，一切让我又震撼又激动。等到了学校，下了车，一眼就看到几个大字"人民送我上大学，我上大学为人民"。从那一刻起，这句话就深深地烙在我的心里，成为我一生牢记的信条。

依稀记得我第一次去乒乓球队报名的情景。那天是何介平老师找到我，让我去学校西体育馆打乒乓球。我到了体育馆，见到了黄文杰老师、72级的王青媛、邹吉芳和魏慧敏等几位学姐，还有0字班的男球友，2字班的洪晓狮、白延斌、李泗长等人。他们整齐地穿着校服，个个精神焕发，让我眼前一亮。于是我也兴奋地拿起拍子开打。从那天起，我们这一群人的缘分就开始了。

球队对我的帮助是巨大的。从刚开始上学补课，到后面的开门办学，只要我遇到不开心的事儿，感到沮丧、无助的时候，我就会去打球，找师兄师姐们聊天。他们每次都是耐心地开导我，只有认真学习知识最重要，其他的事情不过是人生的插曲，要学会用知识来武装大脑，丰富我们的人生。

时至今日，每每回忆这段时光的时候我都在想，或许正是因为乒乓球队，让我更好地理解了什么叫"自强不息，厚德载物"；也可能正是因为球队训练体能要在操场跑步，让我在一圈又一圈的奔跑中，领悟到什么是"为祖国健康工作五十年"。这些都成为我在后来岁月中的强大精神力量。

四

人生永远是在不停地奔波。大学之后的日子，我肩负了更多的责任。有很长一段时间我都没有摸过球拍，但是我从来都没有忘记自己是一名清华学子。也许正是我们这代人没有丰富的物质，所以我们的精神是纯粹的，我们做事的原则和标准就是不能给学校丢脸，要自强不息，要一直认认真真、兢兢业业地工作下去。

1997年，厂子倒闭，我失业了。

我突然觉得自己成了被社会抛弃的人。现在人说"中年危机"，但是这件事于我，不是危机，而是几乎摧毁了我一直以来的自信和优越感。

生活要继续，人生要继续。在经历了一系列的"精神突围"之后，我开始自己创业，一切从零开始。没多久就被蛇口工业区电视台发现，给我做了专访。结果我的经历在社会上产生了很大的共鸣，当年我就当选为深圳南山区人大代表，第二年获得"三八红旗手""文明市民"等荣誉称号。

当时很多工业区的下岗职工找我聊天。他们说，很难想象我作为一个厂长被迫下岗后，还能勇敢面对人生，再度起航，重新创业。他们觉得像我这样的大起大落都能挺过来，他们也一定可以。我笑着说，我也不是勇敢，只不过我是清华人，清华人不会给国家添负担。所以，失业后只要我做的事情是为大家好、为社会好，我就觉得有价值，有价值就不会给国家添负担，有价值就不会给母校丢人。

那些年，刘欢唱的《从头再来》，激励了很多像我们这样的工业区职工，刘欢的歌声经常回荡在各个大街小巷：

昨天所有的荣誉，已变成遥远的回忆。辛辛苦苦已度过半生，今夜重又走进风雨。我不能随波浮沉，为了我挚爱的亲人，再苦再难也要坚强，只为那些期待眼神。心若在梦就在，天地之间还有真爱。看成败人生豪迈，只不过是从头再来。

五

随后的日子，我退休了。

人有时就是这么奇怪，年龄越来越大，可是心态却越来越年轻。总觉得还能再发点儿光，发点儿热。而且一想到自己还能发光发热就觉得全身有使不完的劲儿。于是，就有了我们社区的"假期乒乓球训练营"。这是一个公益活动，就是想培养孩子的运动热情，让他们感受体育精神，明白身体好才能更好地学习，更好地建设祖国。

说真的，我一开始做好了孩子们会非常调皮的心理准备。但是，第一节课却让我大吃一惊。孩子把他们所有的注意力、能量，都集中在了听我传授和打球上，没有嬉戏喧哗，更没有调皮捣蛋。

我一直相信教育是相互的，在我和孩子们的互动中，他们真的让我受益匪浅。他们对目标的义无反顾，他们的执着，让我吃惊：他们小小的身体怎么会有这么巨大的能量！曾经有个二年级小男孩，开始一直打不到球，每天训练都是皱着眉头，我都能感受到他的苦恼和着急。有一天训练结束以后，我告诉他，不要怕，你每天回家挥拍子200下，只要坚持下来，就能打到球了。就这样，等到结业时，小男孩已经是队里的佼佼者了。

训练一开始，我就定下了集训口号和团队目标，目的就是想让他们从小树立这种目标感和团队意识。而且还要求他们每天写日记，记录自己一天天的变化。结业时，我问孩子们，训练要结束了，你们有没有什么想说的？一个三年级小女孩，拿着她的日记本让我读给大家听，我拿过来一看，瞬间热泪盈眶。上面写着"从刘奶奶的身上，我看到了'自强不息，厚德载物'，我明白了只要坚持，什么困难都能克服。"

此后，我成了所有孩子们口中的"刘奶奶"。

这个公益活动每年进行两次，寒假、暑假各一次，已经连续举办了3年。我们小区对这件事情，也从开始认为是炒作的怀疑态度，转变为后来的认可和感谢。我从不责怪他们，因为善心的传递是需要过程的，如同当年清华给我"自强不息，厚德载物"的精神也是需要传递的。也许从某一个层面看，清华学子存在的意义就是向社会传递这种精神，让这种精神一代代地传递下去。

后记

从当年的"小爱文"到现在的"刘奶奶"，我一直践行为"祖国健康工作五十年"的信条。我愿意继续完成公益使命，希望我这颗星星之火，与大家一起汇成燎原之势，为了中华民族的伟大复兴！

无体育，不清华

——清华与我的乒乓人生

■ 张玲承（1975 级水利工程）

作者（左一）在 2014 年 5 月 31 日第四届清华校友乒乓球赛上

1975 年 10 月，在经过两年的农村锻炼、两年水利工程的中专学习、三年的水利工程工地现场施工实践后，我终于由安徽水利厅保送，来到清华大学水利系水工专业学习。不得不说，我在同龄人中算是幸运的。"文革"期间，1941 年参加革命的父亲和 1948 年参加革命的母亲同时被批斗，下放参加劳动改造。好在不久父母又都被"解放"重新参加工作，这才使得我在入学政审中得以顺利通过。

启蒙在小学

我打乒乓球的历史要从小学三年级算起，是那时学校的体育教师给予我乒乓球运动的启蒙训练。也是自那时起，我便逐渐迷恋上了乒乓球运动，直到现在始终不离不弃。记得小学三年级那年寒假，县里举办乒乓球培训班。有一天下了大雪，我赶到培训班时，竟无一人到场，我独自一人发球、捡球练了一上午。由于对乒乓球运动的痴迷和不懈的努力，在初一时我获得全县乒乓球男单冠军。

"文革"开始后，正常的练球被迫终止。经过两年上山下乡锻炼后，我被推荐到安徽水电学校水利工程专业学习。我参加了学校的乒乓球队，并担任队长。幸运的是，那时安徽省设立了一个少年乒乓球培训基地，就在我们水电学校附近。于是每天下午课外活动开始时，我就跑去参加他们的培训和练球，在那里得到了一些乒乓球的正规基础训练。中专毕业后，我参加过 1973 年的安徽蚌埠市工人乒乓球比赛，获得了蚌埠市男单第一名。同年北京体育学院（现北京体育大学）乒乓球专业招生，蚌埠市体委准备推荐我去北体乒乓球专业学习。由于不舍得放弃我所学的水利工程专业，考虑再三后，还是恋恋不舍地放弃了这次专业学习机会。

在三年的水利工程现场施工期间，我把业余时间全部用到了乒乓球运动上。每逢星期天，早上进乒乓球房直到晚上 11 点钟，除了吃饭之外，其余时间都在打球。

走进清华园

我到清华大学水利系报到时，除了背着非常简单的行李外，就是带着一直与我形影不离的乒乓球拍。在美丽的清华园，翻开了我乒乓人生中的"清华篇章"。

到了清华以后，我立即向学校乒乓球队教练黄文杰老师提出要求参加校乒乓球队。当年学校组织了全校 75 级新生乒乓球选拔赛，在决赛中我和许定宝分获男单第一名和第二名。在黄文杰老师的推荐下，我们两人都加入了清华大学乒乓球队。从此我在清华接受了三年多的乒乓球正规训练，参加了大大小小的许多乒乓球赛，取得过一些成绩，对乒乓球运动的丰富内涵也有了更加深刻的理解。

进入乒乓球队是要经过严格挑选的。首先要基本功扎实，参赛时思想要过硬，学习成绩要好。记得我刚入队时还是临时队员，由临时队员转正，要经过球队到班级调查，了解学习成绩是否优秀，在班级的表现是否优秀，还要通过参加对外比赛考察是否有比赛经验，是否具有乒乓球运动员参赛时应有的素质等，才能决定是否可以正式参加清华大学乒乓球队。

那时我在班级里是副班长，并在系学生会工作。由于来清华前已经读过两年中专水工专业，我在班里的学习成绩比较好。通过对外比赛和队里常规的练习，经过两个月的考察期，我终于由临时队员转为正式队员，并于次年被选为校乒乓球男队队长。

在校期间，我们水利系一直住在一号楼，大部分上课时间是在新水利馆，就餐在四食堂，乒乓球训练和比赛则是在西体。球队训练非常严格，训练安排在下午课外活动时间，每周 2~3 次，每次约 2 个小时。为提高乒乓球台的利用率，我们基本功训练通常采用四个人对角练习，然后再针对每个人的特点进行专项练习。印象特别深刻的是黄文杰老师对我们进行过各种基本训练，包括步法、发球接发球、发球抢攻、弧圈球、中台相持、放高球攻防转换、体力达极限时的攻球，等等。

黄文杰老师为了提高我们的乒乓球技术水平，经常安排我们和校外的球队比赛。记得我们曾经与北京市女子乒乓球队、北京体育学院（现北京体育大学）乒乓球专业球队、北京师范大学体育系乒乓球专业球队、北京大学乒乓球队、北京钢铁学院乒乓球队、北京东城区乒乓球队、西城区乒乓球队等各类球队进行过比赛。特别是在参加北京高校乒乓球赛之前进行的这些实战训练，丰富了我们的比赛经验，是我们在历届高校比赛中取得优秀成绩的重要因素。

北京体院乒乓球队的专业水平很高，其球队的队员大部分是各省乒乓球专业队的运动员。我们经常和他们进行比赛，通常总是他们胜出。但记得有一次他们乒乓球队的一号运动员在进行篮球训练时摔伤了胳膊，于是他们的二号排一号，三号排二号，另选了一名运动员作为三号运动员。我们抓住这次机会苦战九盘，最终以 5∶4 赢了北体乒乓球专业队。当时观看比赛的全体体院学生都为我们鼓掌喝彩，当时的场景令人印象深刻，让我们清华乒乓球队的信心受到极大鼓舞。

1976 年上半年黄老师还为我们联系了一次难得的学习机会，就是去国家乒乓球队集训基地观摩和训练。徐寅生、张燮林等许多著名国手热情地欢迎我们。当时我们球队每个队员在现场都和他们打了几分钟球，记忆深刻的是，时任国家女队总教练张燮林还表扬了当时的清华男一号杨初坤同学，说他动作标准，并且摆速快，动作还原快。张燮林还为我们讲解了乒乓球技术，并提出了他个人对乒乓球发展的一些看法。当时乒乓球界对于是以快攻为主还是以旋转为主有不同的看法，而张燮林认为将来乒乓球技术的演变将会以旋转为主。40 多年来乒乓球技术的演变已经证实了他那时的观点是正确的。张燮林还指出，由于运动员的身高等因素，关于攻球动作的标准并不能要求完全一致，只要能够很好地发力就行了。

那时市场上优质的乒乓球拍和胶皮稀缺，"729"乒乓球拍底板和胶皮市面上根本买不到（当时"729"乒乓球拍比"红双喜"乒乓球拍名气大）。为此黄文杰老师专门从学校开了介绍信，多次去天津乒乓球拍厂为我们挑选"729"乒乓球底板和胶皮，从而我们每一个队员都有了"729"乒乓球拍（包括长胶套胶）。时至今日，"红双喜""狂三"套胶和各种进口底板盛行，但我依然对"729"底板和套胶"情有独钟"，一方面是对黄文杰老师的深深怀念，另一方面也包含着我对那段清华乒乓球队美好时光的眷恋。

球队的工作离不开队员所在班级的支持。记得有一个星期天，我们在西体的排球馆和北京东城区乒乓球比赛，黄文杰老师专门邀请我的班主任濮家骝老师在二楼观看，当时我并不知道这一情况。在那一次的激烈比赛中，我在比分落后的情况下反败为胜。看到自己的学生在比赛中的表现，班主任濮老师很高兴。大家都知道清华人特别珍惜时间，我的班主任在百忙之中抽时间专门看比赛，表现出对我们球队工作强有力的支持。

黄文杰老师还经常利用业余时间为我们冲洗球队活动的照片，在我们毕业时又专门带我们到当时北京最好的王府井照相馆合影留念，这才有了我们1979年球队队员毕业离校的珍贵历史照片。

作为球队的队长，需要付出更多的努力。在训练之前，我经常提前到体育馆为大家清理场地，做一些准备工作。由于对乒乓球的痴迷，有一天下午我没有上英语课，就去了体育馆，训练时也多练了一会，错过了吃饭的时间。当我带着一身汗水，拿着几个馒头，边吃边走回到宿舍时，没想到我的英语老师李淑贞却饿着肚子一直在宿舍等我，直到为我补完了当天的英语课才回家。这次经历让我终生难忘。从那时起，我开始重视英语学习。毕业后我在国外近30年的职业生涯中，清华打下的外语基础对我帮助很大。

走出清华园

从清华毕业后，无论我身在何处，无论工作如何变换，我都没有放下手中的乒乓球拍。1984年夏，全国行业乒乓球赛（华东赛区）在上海举行，我代表安徽水利乒乓球队参加了比赛，比赛地点在上海市莘庄体育馆。在单打比赛中，我作为安徽水利一号种子选手，第一轮轮空。第二轮遇到上海电管局运动员，在决胜局中我15∶20落后。关键时刻，清华球队训练出的良好心理素质起了作用，我连扳7分，最终以22∶20反败为胜。

1989年起，我开始参加一系列的国家援外工程项目，从事过多项驻外使领馆工程项目和其他国际工程承包项目的工作。在近30年的国外工作中，我对"无体育，不清华"的口号有了更加深刻的切身体会。

1995年我跟随原清华水利系胡家博老师（时任安徽水利设计院院长和伊朗零号高坝项目组总经理）参加了伊朗水利设计院的大坝设计工作，在坝址调查工作中，连续一个多星期在崇山峻岭中徒步工作。在无路、无水、酷热酷冷、荒无人烟的环境下，每天爬山近10个小时，没有强健的身体是无法胜任工作的。

1997年我率领39人执行以色列U-Dori建筑公司的土建工程。为了节省成本，我一个人担任了项目经理、总工程师和翻译三项工作，工作异常辛苦。刚到以色列的第一周，正好遇到在以色列不准使用车辆的连续假日。我在 40 多度的高温下连续步行 6 个小时，一个人徒步从首都特拉维夫赶回施工现场。如果没有强健的身体，这是根本不可想象的。

2013 年我担任中国援建加纳国防部项目的专家组组长，当时的西非疟疾盛行，疟疾致死的情况很多，大家几乎谈疟色变。在项目进行的四年期间，几乎所有的人都被疟疾感染过，而唯独我是例外。经医院多次化验，直到项目结束，我也没有被疟疾感染过。这其中的一个重要原因，就是乒乓球运动给了我一个强健的身体。

在国外工作期间，乒乓球还是帮助我建立良好人际关系的纽带。我国许多驻外使领馆的大使、参赞和外交人员都喜欢打乒乓球。而这正给我发挥"强项"提供了机会。几场球打下来，彼此的感情很快就被拉近了，这为我的工作带来了很大的帮助。

时过境迁，初心不变。由于经常参加乒乓球运动，我的体重和毕业时的体重基本一致，始终在 65~70 公斤之间，身体从没有过"三高"现象。除了强身健体，我的乒乓球技术也有了很大的进步，对乒乓球运动的热爱和研究也从未停止过。有一次我在武汉转机，由于全神贯注地阅读《乒乓球运动双语教程》（清华大学王欣副教授著），竟然没有听到乘机的呼唤，错过了登机。

今年恰逢我们 75 级毕业四十年，特别感谢母校给予我清华精神，始终催我奋进向前；感谢乒乓球运动给了我强健的身心，在我的职业生涯里，战胜了无数的困难。现在距离"为祖国健康工作五十年"的要求，我还差十年。在今后的人生旅途中，我将一如既往地坚持乒乓球运动，继续以健康的身心，感恩清华，报效国家。

在清华乒乓球队的记忆

■ 郭小平（1975 级化工）

刚踏进清华校门，连班里的同学还来不及认识，我就先认识了校乒乓球教练黄文杰老师。

那天黄老师来找我，让我参加备战高校比赛的乒乓球集训，我太高兴了。我从小就喜欢打乒乓球，打球对我来说不仅是锻炼身体、增强体质，更是一项磨炼意志、让人身心快乐的运动，它伴随着我的成长。没想到刚进大学我就拿起球拍，走进了校乒乓球队这个团结、快乐的集体。那时每天和师哥师姐们同吃同住同训练，感受着球队的温暖。

在我看来球队就像一个大家庭，黄老师既是教练又是大家长。他全身心地投入工作，细心照顾队员们的衣食住行，对生病队员的关切更是无微不至。在训练时他总是恪尽职守，身体力行，尽心尽责，他是一位值得尊敬的老师和教练。

在黄老师带领下，球队里师哥师姐训练时都非常认真刻苦。他们切磋球艺，相互指教，精湛球技让我佩服无比。整个球队洋溢着团结、快乐、拼搏、向上的青春气息。从黄老师到每个队员都在努力地发扬和传承清华体育精神。我进校的第一场乒乓球赛事，黄老师带领我们团结拼搏，取得男子团体第一、女子团体第二的好成绩，圆满地完成了年度高校比赛任务。

我和师哥师姐们集训、比赛，仅相处了短短几个月时间，他们就完成学业，离开学校，走上新的岗位。对我来说，能一进校就融入这个快乐集体之中，倍感荣幸，受益匪浅。在他们身上，我看到了清华体育精神的光和热，听到了"锻炼身体，为祖国健康工作五十年"的庄严承诺。谢谢黄老师，谢谢师哥师姐，你们的言传身教和青春斗志，激励我不断前行。

师姐们离校后，我成为女队队长。在学习和乒乓球训练中，我始终不忘对自身严要求。在努力学习文化知识同时，我发扬老队员留下的刻苦训练的精神，抓紧时间认真练球，不断提高球技。当时每到训练时间，乒乓球馆里都会看到队员们积极训练的身影，黄老师常常加大训练难度。球台不够，大家互相帮助，四个人在一个台子上进行练习，切磋球技。黄老师大胆选拔人才，使乒乓球队日渐强大。球队团结友爱、敢于拼搏、朝气蓬勃，在教练黄老师的带领下，我们在1977年北京高校乒乓球比赛中勇夺女子团体第一、女子双打第一；男子团体第二、男子单打第二和第四。1978年北京高校乒乓球比赛中荣获女子团体第一、男子团体第一、男子单打第一、第三和第五的好成绩，为学校争了光。为此，我们受到了校领导接见，表扬我们为发扬和传承清华体育精神做出的努力。

　　1972级到1976级的队友们早已走出了学校，但我们每一个学子都将牢记清华校训——自强不息，厚德载物。无论在哪儿，队友们从未忘记"无体育，不清华"，永远快乐乒乓！

1972级照片，老师：黄文杰，女生：王青媛、邹吉芳、魏慧敏，男生：洪晓狮、白延斌、李泗长、王燕生

1973级照片，老师：黄文杰、何介平，女生：王志军、刘爱文，男生：周宝华、张胜利

1974级照片，老师：黄文杰、何介平，女生：闫笑虹、葛坤英、薛未娥，男生：杨初坤、陈焕卓、满国兴、蔡洪宜

一次意义特殊的校领导接见

■ 袁　帆（1975 级建工）

2014 年 5 月 31 日，第四届清华校友乒乓球联谊赛在清华西体育馆举行，来自全国各地的清华乒乓球队老队员欢聚一堂，曾经也是清华体育代表队队员的清华党委书记陈旭特意前来看望大家。当年的球队教练黄文杰老师特意向陈旭书记赠送了一幅放大的老照片，她非常高兴地代表学校接受了这件珍贵礼物。

1978 年 12 月 31 日，清华大学校领导集体接见清华各运动代表队，与乒乓球队合影

这究竟是一幅怎样的照片？照片传达的信息又有什么重要意义呢？原来，这张照片记录的是一次校领导的集体接见。这次活动发生在 1979 年元旦的前一天，当时的清华大学领导班子集体接见了在 1978 年北京高校体育比赛中取得优异成绩的各个运动项目代表队。清华乒乓球队在这一年的北京高校乒乓球比赛中，技

压群芳，取得了男、女团体第一名的好成绩，因此也名列其中。

"无体育，不清华"，体育运动在清华历来被当作培养学生的科学与人文精神，实现"体魄与人格并重"的重要途径。特别是在 1954 年 10 月 23 日成立学校体育代表队以后，清华的体育运动水平更是提高到一个新阶段。在蒋南翔担任校长期间，提出了"为祖国健康工作五十年"的口号，学校领导经常接见清华体育代表队，给予学生运动员们极大的鼓励，代表队在各个项目上创造了许多好成绩，成为推动学校开展体育锻炼的主力军。

然而，在十年"文革"期间，清华的体育运动发展也受到极大损害，虽然代表队仍然存在，但无论是组织形式还是训练水平都与以前不能相提并论。不过即使这样，学生运动员们在清华体育老师的带领下，仍然克服困难，积极锻炼、努力拼搏，在当时北京高校的各个运动项目比赛中照样名列前茅。最重要的是，在那个特殊历史时期里，保存了清华体育精神代代相传的不灭薪火！

1976 年 10 月的历史转折之后，党中央为清华大学重新配备了领导班子。新任校领导成员基本都是教育内行，他们忠诚于党的教育事业，为"拨乱反正"、全面恢复清华优秀传统做出极大努力。在 1977 年 5 月、1978 年 5 月两次集体接见参加高校运动会的清华运动员之后，又在 1978 年 12 月 31 日下午再次集体接见各单项运动代表队，充分表达出对恢复清华体育运动发展的极大决心。1978 年在中国历史上本身就是极其不平凡的一年，因此说这次接见活动具有"划时代"意义毫不夸张。

这次接见是在校领导办公地"工字厅"进行。当时，校领导除了祝贺代表队在 1978 年取得的优异成绩以外，还分别与各个代表队合影留念。在这张与乒乓球队的合影中，总共有 35 人。我们可以看到，出席的校领导包括：刘达、林克、何东昌、井田、张健、张维、高景德、方惠坚、张光斗、贾春旺等 11 人。参加接见的学校体育部领导和老师有：夏翔、杨道崇、翟家钧、黄文杰、何介平、关仁卿等 6 人。被接见的乒乓球运动员共计 18 位，分别是：郭小平、阎新凤、张玲承、张瑞峰、侯建群、袁帆（75 级），路星、刘文驹、马天颖、郭举（76 级），谢劲红、赵琪华、刘颖刚、张开显、陈焕倬、胡其明、徐蜀忠、张敏清（77、78 级）。

那时候，我在清华体育代表队中先后参加了两个项目的训练，一个是长跑，一个是乒乓球，两个代表队在 1978 年都取得了优异成绩。因此，在当天的领导接见活动中，我也十分幸运地成为唯一参加两次合影的运动员，两张合影照同时成为我的珍贵记忆。

如今，距那次接见过去了 40 余年。当年接见我们的许多老领导和老师都已经离我们远去，但他们的音容笑貌和历史功绩却随这张老照片永远留存在我们的记忆中，留存在清华的历史中。这正是：

拨乱反正挽狂澜，清华体育再发展；前辈希望永不忘，健康工作五十年！

附：参加接见的领导和老师

1. 刘达（1911—1994），著名教育家，清华大学历史上唯一的"名誉校长"，时任清华大学党委书记兼校长

2. 林克（1923—2011），时任清华大学党委副书记，后曾任复旦大学党委书记

3. 何东昌（1923—2014），时任清华大学党委副书记、副校长，后曾任教育部部长

4. 井田（1919—2006），时任清华大学副校长

5. 张健（1919—2011），时任清华大学党委副书记、副校长

6. 张维（1913—2001），著名科学家，时任清华大学副校长

7. 高景德（1922—1996），著名科学家，时任清华大学副校长

8. 方惠坚（1933—　），时任清华大学党委学生工作部部长，后曾担中华人民共和国任清华大学党委书记

9. 张光斗（1912—2013），著名科学家，时任清华大学副校长

10. 贾春旺（1938—　），时任清华大学团委书记，后曾任中华人民共和国最高人民检察院检察长

11. 夏翔（1903—1991），著名教育家，时任清华大学体育部主任

12. 杨道崇（1912—2009），清华大学体育部教授

13. 翟家钧（1923—2002），清华大学体育部教授

14. 黄文杰（1940—2018），清华大学体育部教师，时任乒乓球队教练

15. 何介平（1941—　），清华大学乒乓球队教练

16. 关仁卿（1936—　），清华著名学生运动员，时任清华大学体育部党支部书记

17. 胡贵增（1936—2016），清华大学体育部教师，时任田径队教练

18. 陈兆康（1937—　），清华大学体育部教师，时任田径队教练

19. 孙建国（1953—　），清华大学体育部教师，时任田径队教练

我在清华学打乒乓球

■ 韩景阳（1977 级自动化）

记得应该是 2009 年五六月间，北京市大学生体育协会会长、曾担任北京市教委副主任的杜松彭老师给我打电话，问我会不会打乒乓球？我说不太会，他说一起来活动活动吧。起因是全国高校有一"校长杯"乒乓球比赛，参赛队员要求是高校副校级以上的领导干部。以省市自治区组队进行团体赛，每队参赛队员为 7 名，其中至少有两位是女性。2009 年比赛在北京举办，举办地可以派出两支队伍。杜会长正在召集人员，以便北京能组成两支参赛队伍。经不住杜松彭老师的热情邀请，我答应先跟着练习练习。

作者在 2014 年首都高校世纪二千年乒乓球锦标赛"校长杯"乒乓球比赛中获得女子单打冠军

我出生于 1950 年代中期，少年时的 1960 年代是中国乒乓球的黄金时代，庄则栋获得了世界乒乓球比赛冠军，再度燃起了全民的乒乓球热。记得我上小学时是在学校的水泥台子上学打乒乓球，后来也曾偶尔找机会在好一些的正规一点的乒乓球案子上，学习打乒乓，但终归条件不是很方便，基本上算是不会打。

上大学以后，我的同班女同学谢劲红曾经是北京什刹海体校的乒乓球队员。听说她还与日本青年队打过比赛，到清华后她加入了学校乒乓球队。我曾去看过她打球，她熟练且专业的动作，让我佩服得不得了。但后来我令人不可思议地加入了学校的女排，连羡慕和欣赏的机会也很难得了。

在杜松彭老师的召集下，北京高校参加全国"校长杯"乒乓球比赛的队伍开始了训练，主要安排在北京大学体育馆。教练是曾经获得乒乓球比赛世界冠军的刘伟老师，她退役后在北京大学做体育教师，带北大的乒乓球队，刘国斌老师做她的助手，也指导我们训练。我们利用周末下午进行训练。男队有十多位书记校长参加，女队只有原来参加比赛的北大岳素兰副书记和北京青年政治学院的梁绿琦院长，还有就是这次新加入的外经贸大学副书记陈建香和我。前面两位一直代表北京队参加全国比赛，球打得很不错。而新加入的我们俩，确实没有多少打乒乓球的基础。但如果没有打得更好的人加入，我们也真要赶鸭子上架参加比赛了。训练主要是由北大学生陪我们打球，教练也会提一些要求，有时还让我们试着去记一下比分。

那一年的"校长杯"比赛很隆重，北京大学的乒乓球馆是2008年的奥运会乒乓球比赛场馆。奥运会结束后，许多比赛就能移师到这里。全国各地高校的选手们也都很期待、很兴奋。我作为北京二队队员参加了比赛。尽管我的水平不高，但居然还赢了一场球，这对我也是很大的鼓舞和激励。那年北京一队获得了第4名，是前后多届比赛中的最好成绩，我们北京二队得了第17名。我笑称是"第三世界的第一名"，第一世界是前8名，第二世界是第9名至第16名。

2014年首都高校世纪二千年乒乓球锦标赛"校长杯"乒乓球比赛，作者（右三）与邱勇校长（男单季军，左四）、裁判长王欣（右二）、清华体育部主任刘波（左三）及裁判们合影
左起：张颖洁、刘静民、刘波、邱勇、韩景阳、王欣、刘爽

此后，由于北大岳素兰副书记受伤不再参加比赛，我就一直作为北京队成员参加全国高校"校长杯"的乒乓球比赛。我平时基本不太打球，只是在每年比赛前，有一两个月训练的时间，在周末能打上一两次球，根本谈不上认真训练，更

何谈刻苦训练了。我被刘伟教练戏称是"最享受打乒乓球的队员"。由于我打球水平不高，也有自知之明，在高手云集的"校长杯"比赛赛场上，我没有太大的心理负担，精神比较放松，反而能够发挥出比较好的水平，打出好的状态。如果遇到对手水平不太高，或者发挥不太好的时候，偶尔也能赢上一两场球。

最让我引以为豪的是，2014年5月首都高校"世纪2000杯"乒乓球锦标赛及"校长杯"乒乓球比赛，在我们清华大学综合体育馆举行，我也参加了比赛。"校长杯"的比赛都是单打，进行得很激烈。北京青年政治学院梁绿琦院长应该是打得非常好的，她曾获得过全国高校"校长杯"比赛的最佳运动员奖，获奖者需要参加本队全部场次的比赛，而且保持所有参赛场次均获胜。我记得她获奖的那年还曾打败过一个曾经受过专业训练的对手。但她因故2014年没能参加首都高校的"校长杯"比赛，所以其他高校的校领导们就有了机会。大家都很想在那一年争取夺得一个冠军。2014年我的运气特别好，一路比较顺利地进入了半决赛。半决赛打得有点紧张，但好在险胜进入了决赛。决赛的对手是挺熟悉的教育部一位司局级女领导。据说她经常打球，基本功非常好，球也打得很熟练，一看就比我水平高。但是不知道她是由于太紧张了还是怎么回事，反正经过一场激烈的角逐后，最后的结果居然是我赢了。我一点都没有想到，鬼使神差般地，我竟然能够获得首都高校"校长杯"乒乓球比赛的女子单打冠军！我想这可能也是天时地利人和吧，本该拿冠军的高手没有参加比赛，应该算是天时；那一年比赛是在清华的体育馆举行，绝对是地利；在自己的学校参加比赛，还有王欣教练和老师学生们给我鼓劲儿加油，当然是人和啦！这些都起了极大的作用。这一次得了个冠军，我也特别兴奋、特别激动！另外，时任副校长的邱勇参加了男子单打的比赛，获得了亚军，也是非常好的成绩。我们两个人都十分高兴，还一起在比赛活动的背景板前面照了合影。我们捧着各自的获奖奖杯，把那一刻定格了下来。

其实，乒乓球运动是一种非常好的体育锻炼的形式，年龄稍微大一些也可以参加。但我遗憾地没有能坚持锻炼。后来，我参与校友会的一些工作，也多次给校友们的乒乓球比赛助兴，能看到我们的校友里面乒乓球打得非常好的大有人在，有当年的校队队员，也有后来一直特别有兴趣坚持打乒乓球的校友，他们的执着和拼搏精神特别令我感动。有好几次，我们的校友、世界冠军邓亚萍也受邀来到校友乒乓球比赛的现场，给参赛选手们很大的鼓舞。她不仅给参赛队员们进行指点，有时还拿起球拍跟大家打上一会儿。希望我们的校友们能够在乒乓球的球台上坚持锻炼，一方面是保持良好的身体状况，以一种自己喜爱的方式参加体育锻炼；另外，体育运动对自己的精神状态、心理状态都是一种很好的调节，使人能保持积极向上、乐观健康的心态，无论对事业、对工作、对生活都是极为有利的。

在清华我与乒乓球结缘，以我并不太好的基础，作为北京队队员参加了多次全国高校"校长杯"乒乓球比赛，还在 2014 年的首都高校"校长杯"乒乓球比赛中获得了女子单打冠军，这与清华大学高度重视体育锻炼有密切关系。学校强调"健康与人格并重"，号召广大师生"争取至少健康地为祖国工作五十年"，正是这种精神和传统感染着我、激励着我，使我对体育活动有一种发自内心的热爱，也有着喜欢尝试各种体育活动的愿望和兴趣，更培养了我的意志品质和拼搏精神。愿清华的这种体育精神代代传承，愿我们在乒乓球以及各种体育锻炼中收获身体健康，更享受其中的友谊和快乐！

小球大世界，快乐你我他

■ 张春生（1978 级工程物理）

2019 年 12 月 15 日的夜晚，对于像我一样的乒乓球迷们来讲，如同基督徒们所期盼的圣诞，亦如孩童翘首以盼的农历新年，注定是一个充满激情的节日盛典。

国际乒联 2019 年世界巡回赛总决赛，最后一场男子单打冠军的争夺战，如期在樊振东与马龙之间上演。此刻我端坐在家中温暖的客厅，欣赏着央视体育频道直播的这场经典对战。银白色的小球在赛场上跳动飞舞，大满贯退役国手邓亚萍的现场评点更是经典，整场比赛高潮迭起精彩不断，运动员与解说嘉宾共同为乒乓粉丝们呈现了一桌丰盛的节庆大宴。

夜渐深室内静，恍惚间，小小银球似一道黑色的闪电，不停地跃动在太平洋的东西两岸，人生如梦星球相连，过往小球大世界的一幕幕景象隐隐在脑海中浮现……

1969 年夏的青岛，正值"文革"期间，小学 4 年级的我，每天仅有 2 节文化课。课后常常与小伙伴们在校外四处游荡。为了参加全区小学生运动会，我所在的青岛市北区上海支路小学决定尽快选拔学生成立校田径队、足球队、乒乓球队等。

记得当时乒乓球队选拔队员的方式是自愿报名，班主任推荐，然后由体育老师逐个测试——用球拍颠球或对墙击球，看谁手感好控球能力强。为了参加几天后的这次选拔，我回家嚷嚷着非要家长花了 3 毛 8 分钱，买了一块青岛球拍厂生产的只有海绵没有胶皮的流星牌球拍，成天没白天没黑夜地练习颠球或对墙击球。不仅把家里的一面墙壁弄得脏痕累累、凸凹不平，甚至惹得隔壁邻居家的大人几次跑来我家，非要没收我的球拍。经过几天的突击练习和自有的天分，我在近百人的参试小伙伴中脱颖而出，成为校乒乓球队首批总共不到 10 名队员中的一员。

在球队老师的调教训练下，经过不到两年的努力，我在 1971 年市北区小学生乒乓球比赛中获得团体第四名和男子乙组单打第三名的好成绩，为学校争得了荣誉，并因此而非常荣光地由驻校军代表在全校师生表彰大会上亲自颁奖，赢得了小伙伴们羡慕的眼光和一片赞扬，自此也打下了最基本的乒乓球基础，为我以后的乒乓人生带来了无穷的乐趣。

与我同时入选校队的另一位同班女同学胡风兰，后来走上了专业的道路并一直打到山东省队第一主力，至今仍活跃在业余乒乓球赛场，并夺得美国拉斯维加斯 2018 年世界业余乒乓球比赛相应组别的单打冠军，更是在郑州 2019 年国际乒联职业巡回赛总决赛和同时举办的 2019 年中国乒协会员联赛总决赛中，夺得相应组别的单打冠军。

1971 年 9 月作者获得青岛市北区小学生乒乓球赛男子乙级单打第三名

升入中学后因当上了班长，班主任老师强烈反对我参加校乒乓球队训练，并通知球队老师只要见到我去打球必须坚决驱离。无奈之下，我只能放下了心爱的乒乓球，潜心学习，安心当好班主任的小助手。1978 年我幸运地考进了清华大学工程物理系加速器专业，也曾想抓紧恢复球技寻机报考校乒乓球队，但在入校不久后的秋季运动会上却因 400 米第二名的成绩被校田径队老师提前选中，因而在清华的五年里彻底与乒乓球无缘。

再摸球拍已是毕业后被分配到国防科工委新疆核试验训练基地。因赶上基地筹办首届大型运动会，项目包括田径、足球、篮球、排球、羽毛球、乒乓球等，使得我的足球、田径、乒乓球等运动特长，又有了大显身手的机会。

当时基地研究所有不少乒乓球高手，常年占据所里前几名的交椅，对我们这些刚分配来的大学生根本瞧不起。对此我心有不甘，充分利用科研间隙或周末业余时间，与几位球友一起在实验室里一张破旧的球台（平常当画图桌子）上，挥汗如雨刻苦练习，功力很快得以恢复。与这些高手们过招时，时常也会让他们感到些许的压力。

起初所里公布参加基地乒乓球比赛的男队名单时，压根就没有考虑我们这些新来的大学生们。对此我悄悄鼓动像我一样喜欢打乒乓球的几位球友，一方面公开表示严重不满，一方面私下积极游说所里分管体育的领导，并以拒绝代表所里参加其他体育项目的比赛相要挟，最终劝说领导勉强同意再上报一个队。这样原来已经上报的 5 人组成研究所一队，我和另外 4 个新来的大学生则组成了研究所二队。

按照赛程，团体比赛每个小组的第一名对阵另一小组的第二名，而分组循环赛后恰巧一队获得小组第一，二队获得另一小组的第二，这样我们研究所自己的两支队伍就要为进入决赛而提前火并。本来我们二队打到这个程度，已经超额完成了任务，大家毫无精神压力，准备好好跟一队较量一下，拼出个高下。但所政治部宣传科的领导考虑到最后夺冠的概率，认定我们二队无法完成任务，没必要过度消耗一队的精力体力，遂逐个做我们二队队员的思想工作，主旨只有一个：必须让一队进入决赛，以确保研究所最终夺冠。尽管我们二队的队员极不情愿，但也无可奈何，只能以大局为重目送一队最终夺冠，而我们二队也因此情绪受到影响，加之实力略欠，最终未能夺到铜牌，以第四名的成绩收场。

赛后一队的队员常以连第三名都打不过还想挑战他们为题，对我们二队队员讽刺挖苦，着实让人不快，令我心中憋着一股劲，发誓单打中再见高低。单打的赛制是分成 24 个小组，每组 5 人先内部循环，然后每个小组前 2 名出线，出线的 48 人进行两轮交叉淘汰，最后晋级的 12 人再进行大循环排出前 12 名的最终名次。经过一番厮杀，研究所一队有 3 人进入大循环，二队则只有我一人入围。当时的比赛每局为 21 分且是 5 局 3 胜，因此大循环对体力、精力的要求，到最后阶段甚至超过单纯对技术的要求。

由于我有田径、足球的老底子，加之非常重视这次比赛，因而每一场都是精力集中，全力争胜。期间最难打的就是一队的几个队员，如外号"一板死"的六队王参谋（直拍正胶打法），两弹元勋程开甲的小儿子程助理（直拍反胶打法），特别是研究所加工厂的"大苹果"更是号称"刀枪不入"（横拍攻削均衡），真是一个比一个难缠，一个比一个打球刁钻。但凭着坚韧的意志和必胜的信念，加之相对不错的功底，这一场场硬仗最终我都赢下来了。

最为绝妙的是，循环赛的最后一场正好是一场未输的我，对阵另一位未输一场的基地技保营的杨副营长，他是一位技术功底深厚、有过辉煌战绩、近乎专业或至少半专业的实力选手。为了这场事实上的冠亚军决赛，技保营甚至利用基层连队的便利，调动了近百名着装齐整的连队战士现场加油助威。整场比赛口号声呐喊声此起彼伏，令人兴奋和震撼。尽管我确实拼尽了全力，也发挥出了超水平，但实力差距，让我从这位杨副营长身上拿到仅有的一局，已是天方夜谭般的奇迹了。最终我以基地亚军的成绩笑傲研究所，碾压所有一队队员，不仅为我们二队那帮弟兄们出了口气，也让一队这些高手们以后再也不敢小觑我们二队了。

比赛后我获得了研究所的通令嘉奖，并且入选了国防科工委乒乓球队，准备集中训练参加来年的全军乒乓球比赛。后因家庭原因我提前转业回乡，与此次全军乓球比赛擦肩而过，说来也算是一个小小的遗憾。

转业到地方以后，我继续发挥自身的体育特长，当年就与单位的队友们一起夺得了青岛市足球联赛的冠军。之后随着出国留学加之年龄增大、工作繁忙，乒乓球就真正成为我主要的健身运动项目。我常年活跃在乒乓球赛场，甚至参加了2018年在美国拉斯维加斯举办的世界业余乒乓球锦标赛，获得小组第一，后在第三轮64进32的比赛时被淘汰。我在其他比赛中曾多次夺得山东省外经贸系统男单冠军、2011年第三届青岛市体育运动大会乒乓男子丙组（50~55岁）第二名、

2019年第七届中国联通乒乓球挑战赛（青岛赛区）男子46~60岁组第一名、2019年首届清华校友"马约翰杯"运动会乒乓球男子单打第一名、双打第二名、2019年"中联水泥杯"全国历史文化名城乒乓球赛男子60岁组单打并列第五名等。

通过乒乓球让我与母校再次紧密联系起来

2018年6月21日，在美国拉斯维加斯举办的国际乒联第十九届世界元老乒乓球锦标赛上，作者与前世界冠军瑞典名将佩尔森合影

的最大功臣，当属首届清华校友"马约翰杯"运动会。

这次运动会由清华校友总会和北美清华校友会联合主办，加拿大南安省清华校友会承办，于2019年9月20日在加拿大多伦多举行。由于是全球首届，所以这次清华校友"马约翰杯"运动会意义非凡，来自全球5个国家和地区的375名校友和家属报名参加运动会，上自1958级的老学长，下至2018级的年轻学弟学妹，覆盖了全校32个院系和43个地区校友会。本次运动会共设立了乒乓球、网球、羽毛球、高尔夫和长跑五个大项目，我本来只想报名参加乒乓球单打一个项目，但因为是专程从国内前往多伦多参加比赛，组委会建议最好能同时参加双打，这样可以多打几场比赛，如果自己不能配对，组委会还可代为随机配对。

后来通过单打的报名我发现有工物系77级的王永智，在校时我是系学生会负责体育工作的副主席，多少对王永智的名字还有一点印象，隐约记得他在校时好像擅长武术和长跑，于是主动微信联系邀他与我一起配对参加双打，就这样我们两人在彼此并不知道对方水平的情况下，远隔重洋决定搭档参加双打。事后王

永智曾对我说，当时他已经被当地女校友约了准备参加混双的比赛，但因为我是发自中国的邀请，且因华为孟晚舟事件中加两国关系正处敏感时刻，他觉得应该力所能及地做点什么，因而婉拒了女校友的邀请，坚定地成为我的搭档。事后证明他的这一选择无比英明和正确。

参加本次乒乓球男子单打比赛的总共有 27 人，双打则有 12 对。赛制为第一阶段分组循环，第二阶段交叉淘汰，各轮比赛被淘汰的选手都要参加下一轮的附加赛以决出所有比赛名次。不巧的是我与王永智分在同一个小组，而王永智第一场就输给了他的对手，尽管第二场获胜，但出线已经颇为困难；而我则连胜两场，已确定小组出线，最后一场对阵王永智即便输掉，我也可以与他一起晋级参加下一轮的淘汰赛，而且只要我能赢下一局，那么小组第一仍旧归我。其他参加比赛的队员特别是小组其他两位深知这一玄机，纷纷站在台前审视我们的比赛。体育比赛绝不应该弄虚作假，不远万里参加首届"马约翰杯"运动会，绝不能仅仅为了名次或为了搭档而牺牲公平公正的体育精神，尊重每一位参赛对手的最好方式就是认真对待比赛，正常发挥自己的真实水平，我确信王永智也会认同这一点。比赛中我正常发挥，战胜并淘汰了王永智，之后一路过关斩将，几轮过后与多伦多当地著名的清华高手杨志中相会于决赛。

75 级机械系的杨志中，直拍正面长胶反面反胶，典型的快攻打法，比赛中能快速倒板，不仅发球怪异击球有力，而且头脑清晰步法灵活，占尽天时地利人和，又有雄厚财力，系此次运动会的赞助商之一。他的球技好，人缘人品也是极好，加之最后一场决赛，所以引得众人将比赛场地围得水泄不通，摄影摄像林林总总热闹非凡。好在我经历过类似的场面，特别经历过新疆原子弹基地百多人连队战士的呐喊助威，此时反而兴奋异常。加之年轻几岁，体力更好求胜欲望也强，基本正常地发挥了自己的水平，最终 3∶1 取得了这场比赛的胜利，如愿以偿拿到了首届清华校友"马约翰杯"运动会乒乓球比赛的男子单打冠军。作为赞助商，赛后杨志中还颇为高调地为我颁发了由他赞助的特别奖品——加华俱乐部运动衫以及产自中国的高营养玉米糁。

接下来的双打比赛我与王永智密切配合，越战越勇，最终进入冠亚军的争夺战，而与我们对阵的正是杨志中，他的搭档是此次只参加混双和男双的多伦多当地乒乓球高手 02 经管王彤。或许杨志中赛前预测到这次他一个人可能打不过我，因此提前准备了救兵两人合围，真可谓老谋深算、机关算尽。经过非常戏剧化的 5 局过招，我和王永智最终 2∶3 败北获得亚军，留给我们一场终生难忘的比赛。其境其况如电子 81 的陈苑生（笔名园子）赛后直言："比赛之紧张激烈和最终结局也是特小概率事件和特大惊奇，5局3胜足足打满了5局，而每一局的赢家都是在大比分先落后的情形下翻盘逆转而来，最后南安组合是在大局比分先落后的情况下追成平局，又在第五局0∶6落后的局势下反败为胜夺得冠军的。"园子本人其时被临时抓了公差当值裁判，赛后坦言："差点看爆了一颗小心脏。"

　　而这枚银牌对于在单打比赛中被我亲手淘汰的搭档王永智来说，却是弥足珍贵。因为它是此次"马约翰杯"运动会上77级所有参赛选手获得的唯一一块奖牌，算是给曾经风光无限、驰骋清华东西体育场多年的上千77级校友们保住了一点颜面，并且让他和我一样，都因此次"马约翰杯"运动会上的优异成绩，得到了与邱勇校长单独合照的殊荣。

2019年9月20日在加拿大多伦多参加首届清华校友马约翰杯运动会，作者获得男子单打冠军，与王永智（右）搭档获得亚军

　　荧屏上颁奖典礼正在进行，国歌声中家国情怀油然而生，窗外夜空忽闪忽灭的繁星，似跳动的小球，点缀着我快乐乒乓的跃动和声：岛城萌动的乒芽，新疆核基地绽放的乒将，多伦多加华马杯赛场，上海松江"欣诺通信杯"的欢快时光。爱我清华，爱我中华，清华校友是一家，小球大世界，快乐你我他，大家都来打乒乓……

两代人的清华乒乓情缘

■ 姜小英（1979 级电机）

我是姜小英（曾用名：孙小英），我与清华的乒乓情缘可以追溯到我的父母。我的父亲姜永宁、母亲孙梅英都是新中国第一代乒乓"国手"，是中国乒乓球队实现从世界乙级末位进入甲级前三名的主力队员，也是新中国体育事业的开拓者与功臣群体中的一员。要说我的血液里流淌着"乒乓"基因，天生就和清华乒乓有缘，这并不是夸张。因为 1952 年 10 月举办的新中国第一届乒乓球比赛是在清华西体育馆进行，我的父母亲分别代表西南区、华东区参赛，他们就是在清华园里双双取得男、女单打第一名。更特别的是，他们也是从这次在清华的全国比赛中开始相互认识的。

在"文革"结束之后，我终于可以有机会通过高考上大学，而能够进入清华园学习则是我梦寐以求的愿望。早在高考准备期间，当时清华乒乓球队的教练黄文杰老师就多次与我联系，鼓励我好好复习，争取考出好成绩能够到清华大学球队来。我和我的家人被黄老师的真诚力邀所打动，最终在填写报考志愿表时，我记得我所填写的志愿全是"清华"，只是专业不同而已。在我历经三年连续高考后，终于如愿以偿，在 1979 年 9 月成为清华大学的一名学生，同时也成为清华乒乓代表队的一员！

来到西体育馆，眼前的场景对我来说似曾相识，能在我父母亲二十多年前夺冠的场地上打球，我感到非常激动！第一次训练课后我被指定为球队新一任的女队队长，我深知队长的责任就在于既要让自己保持良好的技术状态，又要带领队员们认真训练，共同提高技术水平。这里面最重要的一点，就是如何在紧张的学习中保证训练和比赛的出勤率。那时每天的训练是从下午四点半开始的，只要操场上锻炼的音乐声一响起，我就会放下手中的书本，带头全身心投入到训练中，做到基本功训练不懈怠，实战训练抓特点，几年下来自己的身体素质和个人成绩也得到了提高。

记得每年的北京市高校乒乓球比赛都是在年度期末考试前，历时 20 天左右。这就要求我们既要抓紧时间复习迎考，又要加紧训练应战。学习和训练的负荷虽然很大，但蒋南翔校长"为祖国健康工作五十年"的名言，一直激励着我们刻苦备战。在黄老师的带领和指导下，我们在校期间曾经征战了历年的北京市高校比赛，在其他校均有省市级退役球员的情况下，女队一直保持着前

作者（前）1982年与队友李翎翔在高校比赛中

五名的好成绩，包括1982年团体季军、1983年团体亚军，李翎翔还获得了1981年度女子单打冠军。

　　给我留下深刻印象的是1981年的高校比赛。由于紧张备考和高强度运动，已患重感冒的我到比赛后期更是高烧不退，近40度的高烧导致头疼、浑身酸软无力。在团体赛与北大的对抗中，第一场对阵对方第一主力张然时，我感觉自己从头到脚提不起一点精神，特别是两条腿像灌了铅似的，头懵懵的反应迟钝，结果对手很轻松地就把我击败了。下场后黄老师一边安慰我，一边送上一罐准备好的红糖姜茶让我喝下，队友们更是腾出一块地方让我能够稍稍休息一下。就这样在我第二次出场对阵高朗时，精神和体力得到了一些恢复。上场后队友们为我加油助威，我也努力打起精神，经过苦战拿下了艰难的一分。下场后我隐隐约约听到那边的高朗说："怎么跟我打的时候她像换了个人。"这与我自己赛后的感觉竟是那么的相似。

　　1984年高校比赛增加了双打项目，最终的成绩更是体现了我队的技术特点和在配合上所下的功夫。黄老师结合我队的实际情况，在双打和混双比赛中大胆起用年轻队员，采用了快攻选手与防守选手搭配的组合，从而最大化地发挥出了全队的综合优势。这次比赛给我留下的最深感受，就是每个上场的快攻队员都敢于上手主动进攻，打得张弛有度，保证了较高命中率；防守的队员紧密削防，大角度逼迫对手跑动，把球稳稳地、低低地回过去，给进攻队员创造良好的进攻机会。在比赛中，每对组合都是配合默契、跑动积极，进攻大胆、防守稳健，打得是前后呼应、好球连连。这是我毕业前最后一次参加的重大赛事，我队最终收获了混合双打冠亚军、男双第二名、女双第三名的优良成绩，我的"收官"之战圆满结束。

　　在毕业后的 30 多年里，清华五年的美好时光会常常出现在我的脑海里。我特别感恩黄老师的教诲，难忘与乒乓球代表队同学们一起团结合作、拼搏奋战的青春时光，珍惜我们所结下的深情厚谊。五年清华乒乓队的训练，让我在汲取专业知识的同时，既锻炼了身体、增强了体魄，又培养了团队配合与担当意识，这些宝贵的人生经历使我在之后的工作中一直受用。虽然我在乒乓球技术上始终没有达到我父母的高度，但我们两代人与清华乒乓情缘的一脉相承却令人无比欣慰，也为清华体育史留下了一段难得的佳话。

我打乒乓球的故事

■ 费永刚（1981 级汽车）

钟秀斌老师说母校要编本关于乒乓球的书《小球大世界》，要我写篇稿子，由于在这方面乏善可陈，一直拖着没动。今天他又催我，说是最近要截稿了，非要我写，没办法，就凑上几笔吧。

我打乒乓球，很早就开始了。应该是小学二年级吧！我家邻居祝老师当时是我们四川洪雅县体校的乒乓球教练，他儿子攀峰当时是乒乓球队的主力，也是我同学。凭着这关系，我也慢慢混进了体校。在县体校，我水平并不高，好像就没取得过任何名次。

作者在清华校友乒乓球赛中

1977 年春，我转学到乐山五中念初中，同时也就到了当时的乐山地区体校练乒乓球，一直练到初三。初中这两年，水平有点提高，当时省体校到乐山招生，据说还看上我了。但由于学习成绩太好，学校不同意放人，没去成，这样也就不再去体校练球了，直到高中毕业。

进入清华后（1981 级），我结识了我班（内 12）同学孙宇明。他来自吉林长春，也在业余体校练过。由于学校每天下午四点半用高音喇叭把学生轰出教室去体育锻炼，我俩结伴选择了去西体打乒乓球，这一打就是五年，我俩也成了最要好的兄弟！

当时学校教乒乓球的是黄文杰老师（后来去了深圳大学，去年过世了），现在都还很清晰记得他的音容笑貌。我俩体育课选的是乒乓球，所以也算黄老师的学生。这样说有点高攀的意思，因为黄老师当时是清华校队的教练。那时清华校队队员的水平在我们心目中是很高的，我们那级（1981级）清华录取了两位同学进校队（一位来自北京，张姓。一位来自福建，忘记姓什么了），都具有差不多省队的水平。我们汽车系有两位同学也在校队，一位是胡小健（汽0），一位是段昌理（内2），水平都比我们高很多。

五年下来，我取得过一次全校比赛的单打第三。不过这是在校队队员未参赛的情况下拿到的，但已觉得很是骄傲了，获得的铜牌多年前已遗失，十分遗憾。给学校反映过多次，希望补发，但未遂愿。我和孙宇明还发起过一次全校性的、以班为单位的团体比赛（2人参加，4单打，1双打）。由于我俩水平平均，取得了全校冠军，十分可贵。不知什么原因，拿了冠军，学校都没给金牌，很让我们委屈！要知道，大学五年，我们班在全校性的体育比赛中最好成绩也就是铜牌！

工作以后，打球的时间不算多。直到2010年，因各种原因，我成了四川省乒乓球队的赞助人，给了不少钱。为了摊薄成本，更为了锻炼身体，又拿起了乒乓球拍。这一打，就打了十来年。2011年，逢清华百年校庆，我发起并举办了首届清华校友乒乓球比赛，直到今年在上海举办的第九届，我年年参加！现在每周都要打两三次球。以前本来患有痛风等毛病，现在都一打而光了，每年体检，各项指标均达标。算算自己在乒乓球上的投资，光是身体这一项，就已经"大赚"了！

2015年10月2日第五届清华校友乒乓球赛上，作者与邓亚萍进行表演赛，邱勇校长（二排中）观战

2019年校庆，在学校举行的团体赛上，碰到了胡小健，我竟然把他给打败了，成就感油然而生！他可能是很久没打球了。2015年，我去美国华盛顿看望

孙宇明，和段昌理也打了比赛，可惜没打完。以后有机会一定还要较量较量，感觉他们在美国也一直在打。

举办清华校友乒乓球赛，学校给了我巨大的荣誉。我现在是清华校友乒乓球协会的常务副主席，主席是邓亚萍。现在还担任四川省乒协副主席，投资的四川省穹窿船石湖先锋若水居女子乒乓球俱乐部，是中国乒乓球最高水平——超级联赛的参赛队，四川女队 2017 年还拿了全运会的女团冠军（号称"宇宙最难冠军"）。看来这一生我和乒乓球结下了不解之缘，特别是和清华校友乒乓球赛的不解之缘！我会力争每届都参加这项赛事，无论它在哪里举行！

我的清华乒乓之旅

■ 丁青青（1982 级电机）

我从小学一年级进体校，断断续续上了两年半小学，其他时间参加训练和比赛，也曾获省市冠军，13 岁时与八一乒乓球队失之交臂。后来回到学校学习两年 8 个月，从一只小白幸运地考入清华大学电机系。

报到时我接到通知到西大操场加入体育代表队。三天后，邵怀义老师的训练让我的体能有了明显恢复和提升，中长跑成绩名列前茅。黄文杰老师来到操场边和我交谈，并把我带到西体育馆乒乓球训练场，见到了姜小英、李翎翔、龚杰、张敏清、张明、王学军、佟永俊。

黄老师和蔼可亲，性格温和儒雅，待人诚恳亲切，在语言上，温润似水，春风化雨，与竞技体育上的斗智斗勇、剑拔弩张形成鲜明对比，但是大家都非常尊重黄老师，并形成了高度默契，达到了"其身正，不令而行"（孔子语）的境界。在比赛中，黄老师指挥若定，云淡风轻，总能把大家的精气神调动起来，使每位队员斗志昂扬，拼劲十足，因此球队成果累累，战绩卓著。短短数年，黄老师带领乒乓球队多次在北京高校、全国高校乒乓球比赛中摘金夺银。在日常训练中，黄老师常常挥拍上阵，身体力行，并为每一位队员做详细的训练笔记，每次比赛都有翔实的记录。现在看到那一本本干净整洁的训练笔记，仍然能够感受到黄老师对乒乓球教育事业付出的心血。后来，黄老师不幸罹患渐冻症，病重期间仍然乐观顽强，从大家的留言中，感受到温暖和力量。2018 年 10 月黄老师离我们而去，我代表乒乓球队各位校友飞赴深圳，送了黄老师最后一程。

1986 年，黄老师支援深圳大学离开清华，乒乓球队的接力棒交给了王欣老师。王老师的父亲王家正是北京体育大学第一位乒乓球专业教授（猜想也是全国第一位乒乓球专业的教授）。当时北京体育大学校长的工作证号是 1 号，王家正教授的是 2 号。由于成绩突出，王老教授曾接受周总理接见和江泽民总书记颁发的国家奖。受父亲影响，王欣老师从小就由父亲亲授，在自家的三屉桌拼成的球台上练球，并成为海淀区业余体校的第一批学员。

　　王老师上任后，不断寻求新的突破，有力推动了群众性乒乓球运动的普及。2012 年成立了清华校友首个兴趣爱好者协会——清华校友总会乒乓球协会并邀请我国著名的乒乓球大满贯得主邓亚萍任校友乒乓球协会主席。2018 年，清华校友乒乓球协会召开第二届理事会，外语系校友邓亚萍任会长，汽车系校友、四川先锋汽车公司董事长费永刚任常务副会长；电机系校友、丝路规划研究中心李小琳，清华大学体育部主任刘波，电机系校友、《水木清华》杂志主编王正任副会长；王欣老师任秘书长，我和胡家为、王新新、周天睿等校友任副秘书长。

与邓亚萍（前排左 5）交流互动后合影，前排左 6 起：刘波老师、王欣老师、作者

　　初入代表队，没想到清华这样一所以教学、科研、学术闻名的大学，在体育运动的教学、训练、理念和传统等方面也达到了如此高的水平。队内的小英、翎翔、龚杰都是 9 字班的学姐，个个实力雄厚，身手不凡。小英直板快攻打法，风格犀利，是我国著名乒乓球元老姜永宁、孙梅英的女儿。我当时在地方体校，久闻孙梅英老师大名，她所倡导的"稳、准、狠、快"是我们在体校训练时所追求的目标。如今跟小英不仅是系友，而且同台训练，感觉非常奇妙。翎翔学姐是个川妹子，来自工物系，横板削球，刚柔相济，稳健中蕴含制胜的杀气，尤其擅长通过旋转变化，创造机会突然起板得分，是队伍中的灵魂人物之一。无线电系龚杰学姐也来自四川，手握直板，打法凶悍，大有男选手的风范。但在训练场之外，三位学姐则集颜值与才华于一身，而且对我关爱有加，至今依然亲如姐妹。

　　男队中，我印象比较深的有 1 字班张明学长，直板快攻，攻势凌厉，又准又狠又稳！他来自北京什刹海体校，曾经与数位国手同台训练。他学习成绩优异，在计算机系名列前茅，在北京高校、全国高校乒乓球比赛中，屡次获得男子单打和团体冠亚军。无线电系 0 字班张敏清学长也来自北京，手握直板，师出名门，战绩卓著，也是男队的主力队员，为男队取得优异成绩立下了汗马功劳。他因学业优秀在入学不久后便被公派到法国留学，这在当时是大家求之不得的。汽车系 0 字班胡小健学长来自湖北，横握球拍，进攻型选手，平时话不多，但做事认真，有板有眼。相传他还有一段"减肥"的经历：晚自习后跑步减肥，但是发现体重未减反增，经细细查问方知是减肥锻炼之后，加餐犒劳自己所致！

1983 年 6 月欢送刘颖刚毕业
前排左起：徐蜀忠、王学军、刘颖刚、段昌理、张敏清、胡小健
后排左起：姜小英、丁青青、何介平老师、黄文杰老师、龚杰、张小琳、佟永俊

王学军学长来自福建，横握球拍，以守为攻，攻守兼备，也是男队的主力队员，征战高校乒坛数年之久，屡立战功，来自土木系 1 字班的他，还画得一手好素描。

1983 年，欢送了刘颖刚学长，迎来了薛文黎、王新新两位来自北京的实力派新秀。薛文黎出身乒乓球世家，伯父薛绪初是国家乒乓球队元老级的核心人物之一，与姜永宁、傅其芳一道进入当年世乒赛男子单打前 16 名，也是和容国团同时代的中国乒乓球界风云人物之一。来自计算机系的薛文黎横握球拍，以拉弧圈见长，基本功扎实，腿长臂长，占尽了身高的优势，是颇有实力的新生力量，为清华男队一些重要比赛摘金夺银发挥了重要作用。机械系的王新新不仅乒乓球打得好，羽毛球水平也很高；多才多艺，而且为人处事也十分成熟老到。

在乒乓球队，让我大开眼界的事一件接一件：黄老师带队前往北京体育大学，与心目中的英雄——世界冠军张立、梁戈亮等原国手一起打球！跟随小英学姐去国家队观摩训练，与张燮林等前辈进行交流！后来，小英学姐还带我去她家，见到了心目中的偶像乒乓大师孙梅英老师！近年来，由于工作关系与邓亚萍的交流互动也时有发生。这一切都恍如梦境！

在乒乓球队的时光虽然短暂，但是记忆中却装满了丰富多彩的学习、训练、生活画面，不仅暖心，而且充实快乐。那时每周一至周四下午 4：30—6：00 是法定训练时间，在训练中大家一起挥汗如雨，切磋球艺。训练结束，大家聚在运动员食堂来一瓶师傅们精心准备的学校自制的酸奶，再掺入冰镇的北冰洋汽水，喝上一口，沁人心脾，简直神清气爽……聚在一起时，欢声笑语中不乏思想碰撞时闪现出的点点火花。在乒乓球队的日子里，我收获了满满的温暖、友谊和成长，尤其是大家不惧挑战、奋勇争先的精神更给了我坚定的信念和无穷的力量！

工作以后，我的体育锻炼并不系统，但是如果有校内外或校友的比赛我都会尽量参加。其实，多数比赛都是凭借经验和心理素质取胜的。在一场一场的比赛中水平逐渐恢复，常常就打到了最后。对校内马杯比赛印象比较深的一次是，我打的第一场比赛就遇到了化学系的马同学，她平时坚持训练，实力很强。有同学跟我说，马同学很厉害，让我放开打就行了，潜台词是，反正不指望我拿分了。这样反而激发了我的斗志，使我一开始就每球必争，占得先机，技术水平也得到了发挥，拿下了难忘的一分。这种激将法还真是有效，在 2020 年 11 月举办的全校教工乒乓球比赛中，小组赛上就遇到了挑战，我代表男队员出战，第一场比赛上场前就被告知，"这场比赛很关键，这一分丢了，咱们系就出不了线了……"最终经过全队奋力拼搏，再一次捧起冠军杯。

2019 年，我再次作为电机系师生校友联队主力队员之一参加"马约翰杯"乒乓球赛，实现了八连冠。成绩来之不易，都是一场场拼下来的。乒乓球运动在清华有着深厚的群众基础，其他院系也常有一些实力超强的乒乓球高手。

在 2018 年马杯决赛上，就遇到了强大的对手。电机系曾获福建省冠军的陈同学竟然也丢了一分，可见比赛是多么紧张激烈。到决胜盘时，我和吕博校友以"出其不意"的首次组合出战混双比赛，但对手有着长期配合的比赛经验。在强大的压力下，我们稳住阵脚，协同作战，在攻势凌厉的同时，确保命中率。当我最后一板搏杀得分之后，同学们激动地冲过来把我围在中间抱在一起。拍照时，陈同学抱住我的胳膊说

2019 年 4 月校友乒乓球赛，左起女单冠军丁青青、亚军王豫明、季军龚杰、陈伟强老师

要抱老师大腿！当时那个兴奋、激动的场面，真令人难忘……决赛之后，还要打一场甲、乙组冠军对决的"争霸赛"。难能可贵的是，电机系在历届"争霸赛"中保持了全胜的战绩。

2019 年第九届校友乒乓球赛也是一次印象深刻的经历。正值校庆，作为"留守"人员，接待任务很多，这次我照例准备打个照面就回到系里。一到赛场就有老师跑过来说喇叭里喊我半天了，单打比赛马上开始。于是我懵懵懂懂地输了第

一场。好在我及时调整状态，从第二场开始逐渐找到了感觉。小组出线后，一场比一场艰苦，选手中不乏从世界各地及国内回来的高手。幸运的是我一直打到了最后，而且在决赛时又遇到了第一场胜我的选手，终于报了"一箭之仇"。

近 40 年的清华乒乓之旅，给我的影响非常深远。乒乓球运动和清华的体育精神将坚忍不拔、敢打硬仗、勇于胜利的信念融入血脉，成为我努力奋斗、攻坚克难的不竭动力。

清华北大双雄争霸记

■ 薛文黎（1983 级计算机，1988 级硕）

1984 年清华惜败

1984 年北京高校乒乓球比赛于 11 月 5 日至 12 月 8 日在北大举行。我校男团在黄文杰老师的带领下，由张明（本届单打冠军）、王学军、我、胡小健和段昌理组成。这一年的北京高校乒坛有了变化，上届男单冠军北大的陈小虎毕业了，虽然北大阵容依然强劲，包括陈舜国（亚军）、刘冬日（第四）、张菁（第五），终究各校缩小了与北大的差距，使比赛更加公平。与此同时，我校实力有所提升，张明正值巅峰，王学军和我亦有进步。当时在对北大之外的其余各队，形成了我方一号稳拿三分、对方三号稳送三分的不败局面，对北大似乎也可用同样的方式战胜之。比赛进程像赛前估计的一样，清华、北大以不败战绩在最后一轮相遇。

当年高校乒乓球比赛先进行团体小组赛，然后进行单打淘汰赛，最后进行团体决赛阶段的循环赛。当比赛进行到单打阶段，我队出现了状况，张明感冒发烧，体温居高不下，他一度曾想放弃单打比赛，后决定坚持，第一轮惊险过关后，越战越勇，半决赛和决赛中分别击败北大的刘冬日、陈舜国，勇夺桂冠。这也大大地提高了我们战胜北大的信心。但单打结束后，他的病情并未立即痊愈，在接下来的团体赛中，张明一边打比赛一边治疗，就以这样的状态进入了团体决赛。

回到决赛赛场，经抽签北大选择了客队，排出陈（148）、张（269）、刘（357）的阵容，我队以我（159）、张（247）、王（368）的阵容迎战。第一轮前三场的重点之战是王对刘，虽然上届王负于刘，但一年过后，王学军进攻能力大增，在突击中能拉出一板力道强劲的弧圈球，这在两位削球选手的比赛中，起到了关键性的作用，最终战胜了对手。第一轮过后，我队 2∶1 领先。第二轮的重点之战是双方一号主力的对决，张和陈势均力敌，主要看临场发挥，但张明受生病的影响，竞技状态不在最佳，遂小负。第二轮过后，双方3：3战平。

接下来的两场比赛（张对刘、王对陈），以实力和以往的战绩判断，双方应各胜一场。如果是这样，冠军归属将由第9场我对张菁来决定。当时，我感觉完全可以战胜他，而且，还有一点点心理优势（待后说明）。比赛进入最后阶段，第7场张对刘，张明在此之前已连续击败过他，但这次比赛，张明生病的影响得以显现，由于状态欠佳，无法速胜，比赛被拖入胶着的状态，这对张明很不利，渐渐地张明体力不支，意外告负。第8场王对陈是下风球，但王学军打得很顽强，仅以接近的比分失利。至此，3：5遗憾地负于北大。

1985年清华完胜

在黄文杰老师多年的调教下，我队在专项技术和意志品质等各方面愈加成熟。1985年北京高校乒乓球比赛移师清华举行。正当我们跃跃欲试迎接挑战之时，那年夏天黄老师被调往深圳筹组深圳大学，我们一时没有了教练。这样，在比赛期间暂由羽毛球队教练翟家钧老师带领，我校男团由张明、王学军（本届单打第三）和我组成。这一年的高校乒坛延续了上一年的格局，仍由清华、北大争霸，而且双方主力队员（北大仍由陈舜国、刘冬日、张菁三将出战）没有丝毫的变动，不出所料，清华、北大再次以不败的战绩在最后一轮相遇。

虽然上届决赛我们惜败于北大，但过程中有很好的战胜他们的机会。再次相遇于决赛，双方都清楚这将是一场漫长而艰苦的战斗。赛前我们分析，三场关键的对位赛（张明对陈舜国、王学军对刘冬日、我对张菁）是决定本场胜负的"重头戏"，谁赢下其中两场，谁将获得最终胜利。进一步分析，这三场比赛我们并非居于下风，于是在排兵布阵上我们有了一个大胆计划。像上次一样，作为队长，我代表清华进行赛前抽签，抽签结果是由我们选择主、客队。根据他们偏爱客队的特点，我毫不犹豫地选择了——主队！

果不其然，北大沿用了上届的阵容，陈舜国（1、4、8）、张菁（2、6、9）、刘冬日（3、5、7）。我们则变了一下，我和王学军换了位置，把王放在第9场，以确保打到最后一场我们能获胜。更重要的是，这样的安排使得三场关键的对位赛提早在第二轮就全面展开。我们是有备而来，而他们未必能够料到，心理上一定缺少准备。比赛进程按着我们的预想进行着，前三场2：1北大领先，但真正的较量才刚刚开始。

第4场我队张明对北大陈舜国，这是一对老对手，此前共有过四次交锋，结果平分秋色，不分伯仲。张明右手直握正胶，技术全面，左推右攻的近台快攻打法，前三板突出。陈舜国则是右手横握反胶，两面弧圈打法，旋转强、力量大。他们俩人的比赛总是紧张激烈，扣人心弦。比的不仅是技术，而且还比气势、比心理。这场比赛也不例外，张明每得一分，都喊"好球"为自己加油，同时挥动起他标志性的左拳。通过不断的攻击逐渐掌握主动，最终战胜对手，2:2扳平了大比分。同时，他俩在高校乒坛的争斗也以张明3:2胜出画上句号。

第5场王学军对刘冬日。这一年王学军攻防运用更加娴熟，在单打阶段已显示出了良好的竞技状态，一路过关斩将，取得了单打第三名的出色成绩。这场比赛也一路领先，顺利拿下比赛，大比分3:2，清华超出。第6场我对张菁，这是一场我期待已久的比赛，虽然我和他在高校比赛中首次相遇，但其实在少年时期就有过数次交锋。如果那时的战绩对双方心理有影响，那么我占绝对优势。所以我还是很有信心战胜他的。果然，我以大比分轻松胜出（终于可以吹吹牛了）。至此，三场关键比赛我方全胜，胜负已无悬念。最终，清华5:2大胜北大，夺得久违的男子团体冠军！

乒乓陪伴我的美好时光

■ 胡家为（1984 级电机）

作者（左）与麦浩辉校友在 2019 年第九届信诺通信杯清华校友乒乓球赛双打比赛中

2008 年，43 岁，人到中年，体重一度长到了 170 多斤，成了典型的油腻男。可想而知，由于太胖了，吃不香，睡不好，做事效率低下，失去了太多的生活乐趣。于是我就萌发了想改变这种状态的决心，决定开始运动。乒乓球运动由于场地要求简单，易于开展，学打乒乓球就成了首选。

没想到的是，从那时开始，我很快就喜欢上了打乒乓球，乒乓球运动就成了我的人生伴侣。乒乓球运动仿佛让自己重新焕发了青春，体重下来了。一年后，我成功减重 30 斤。吃饭香了，睡眠好了，学习工作效率高了，明显感觉到了乒乓运动的好处。自此，我入迷了，乒乓球成了我最重要的业余爱好。只要有空闲时间，我就会去找球友打球。

首先，乒乓运动提高了我的生活品质。它不仅是一项强身健体的运动，也是一项斗智斗勇的智力游戏。进攻争取主动，防守一样可以得分。体力充沛时可主动进攻，体力不支时亦可严防死守。速度、落点、旋转熟能生巧，可刚可柔，出奇制胜。尤其是当碰到旗鼓相当的对手时，只有找到以己之长克人之短的方法才能取胜。胜了再接再厉戒骄戒躁，败了发现不足总结经验。但不管胜负如何，球友之间都会因此加深了解，增进友谊。竞技乐趣无穷无尽。

其次，乒乓运动还给我创造了一个广阔的交友平台。"无体育，不清华""为祖国健康工作五十年"，清华人都喜欢运动，对乒乓运动也不例外。通过打乒乓球，参加校友组织的各种乒乓球活动，认识了大量的清华校友。这不仅是一个打球的舞台，也是个建立友谊的平台。同时，也是校友信息交流、发现合作机会的平台。

2011 年清华百年校庆之际，清华校友乒乓球协会成立，很荣幸我参与了整个成立过程，并成为协会的主要负责人和积极分子之一。自那时起，除了有一次因会议冲突没能参加，其余所有的校友比赛我都参加了。去成都、北京、南宁、南京、上海、多伦多等世界各地参加校友乒乓球比赛，见证了清华校友乒乓球协会的发展壮大。见证的过程也是参与的过程，充满着快乐，这就是快乐乒乓。

说了这么多，差点忘了感谢。我要感谢王欣老师，她是清华大学体育老师，校队乒乓球教练。是王老师把我引进快乐乒乓的大门，给了我打乒乓球的无穷快乐。有王老师的指导，有王老师介绍的校队优秀队员的陪练，才有我乒乓球水平的快速提高，才有机会认识这么多优秀的乒乓球校友，这些都是我喜欢打乒乓球的源泉。我要感谢清华乒乓球校队的清华校友，是你们指点、陪练和接纳，让我很快融入这个大家庭。

虽然是到了中年才开始喜欢打乒乓球，说晚也不晚，因为它会一直陪伴我度过美好的时光，过去、现在和将来。

紫荆花开加拿大

——我的清华乒乓琐忆

■ 胡晟斐（1989级自动化）

作者（前排左一）和校友球友在清华大学校友乒乓球协会加拿大分会活动上

我是胡晟斐。1989年考进清华大学，就读于自动化系。我8岁开始打乒乓球，10岁参加全国比赛，11岁那年入选新疆体工队集训。参加集训，当时对我来说是无上荣耀，妈妈却不同意，因为这意味着打乒乓球将成为我的职业。可是妈妈拗不过倔强的我，还是让我去了体工队。好在一年后球队因资金问题被解散，我才又回到学校读书。争强好胜的我不愿意留级，自己利用暑假补回了落下一年的课程。老师有一天对我说，可惜了，如果你不去打球，就有可能进清华了。对于我这个生在边疆小镇的孩子，清华这个名字是我第一次听说。我问老师什么是清华，老师说是中国最好的大学。我当时听了，真的觉得自己好可惜。后来在初中考高中时我考了全校第一名。高一的时候，体工队又来要人重新组队，这次我选择了读书上大学。很幸运高考的时候我顺利地被清华录取。我当时的心情就是，这下不可惜了。

第一次走在清华园里，感到校园好大，现在回想起来都觉得亲切。我在校队的日子是我最怀念的时光。刚进校队，高年级的队友们都把我当小妹妹一样照顾，每次参加北京高校杯比赛，我们都是骑车一起去，一起回，一起在运动员食堂吃饭。记得那时候骑车路上，晒在身上的阳光特别温暖，大家骑一路笑一路。每次比赛后剩下的零食，譬如说巧克力呀、饼干呀，就统统都归了我。当时的王欣老师很年轻，她其实比我大不了多少，可是她对我的照顾就像母亲对女儿的照顾一样。我因为打球，一直都留着小男生一样的短发。王老师对我说，你把头发留起来多好。我说，不行啊，我要打球，留长了挡眼睛看不见球了。王老师说，可以扎起来啊。我说，我不会。王老师说，没关系，我给你扎。就这样我留起了长发。王老师有好长一段时间都在我打球前帮我扎头发。有一次我打比赛受了点伤，王老师很着急，好几次催我去北医三院检查治疗。我打比赛，王老师要不比我还高兴，要不就是比我还惋惜。我记得有一次比赛中间输了一局，一个看球的校友告诉我，王老师知道我输了一局，脸都绿了。这句话我一直记得刻骨铭心。王老师这种担心不只是球队的一名队员输球了，更多的是一个母亲在得知女儿在赛场上输球的那种对女儿的关心。我的毕业册第一页就是王老师把我像女儿一样搂着一起照的相片。这张照片我一直都保留着。王老师在留言中问我什么时候长大，盼我快点长大。不知道在王老师的眼里，现在的我算是长大了没有。

那个时候打比赛，听到其他院校的老师说我们，清华的学生真好用，招一个进来可以打好多年。说得没错，我在学校将近八年的时间，就打了八年的高校比赛。其中有北京高校的，也有全国高校的。我记得我们女队最好的成绩是北京高校甲组的冠军。我个人也在全国高校甲组女单比赛中得到第五名。这都是王老师带领我们一起认真训练的结果。我毕业后留校工作三年，断断续续也参加了一些教工的比赛。在清华的日子，最遗憾的就是没有见到我们的乒乓一姐邓亚萍。她是我在读的时候入校的。我兴奋了好久，希望她能来指导一下，可惜没有见到。还是希望有机会能回学校见见一姐。

后来我和先生一起来到加拿大，开始兼顾工作和家庭，乒乓球就被荒废了。直到两年前一个校友来找我报名多伦多的高校杯。不成想高校杯的比赛进行了才两年，高校的报名队伍就有八十多支。清华多伦多海外校友对乒乓球运动极具热情，每年都是高校杯中报名队伍最多的。在很多学校缺人组不起队伍的情况下，今年我们清华更是报了四支球队，三十多人参加比赛。感谢南安省清华校友会对校友乒乓球运动的支持。就这样，我和清华的乒乓情结又续了篇。去年我们成立了加拿大清华校友乒乓球协会，我有幸成为会长，正像邓亚萍在协会成立上说的，我希望能够带领校友们一起快乐乒乓，争取为祖国健康工作五十年。每次校友一起打球、聚餐，都能深深感受到校友之间的那种情谊。母校和乒乓是联系我们的共同纽带，走到哪里都能够感受到大家庭的温暖，都怀有一种维护母校荣誉的责任。这种情结，在离开母校后越发深厚。我们在加拿大的校友，真心希望王欣老师和邓一姐能够亲临多伦多高校杯，让赛场上紫荆花的颜色开得更加鲜艳亮丽。

一张老照片

■ 刘立恺（1991 级电子）

2018 年 4 月的一天，我从清华大学体育部王欣老师那里得知一个消息，说是我"进了博物馆了！"乍一听这个消息，我当时是一头雾水，等到我了解了事情的原委后，顿时感到既激动又感动！

原来，在当时刚刚揭幕的中国乒乓球博物馆里，展出了一幅老照片，照片的说明是"清华大学一名学生自告奋勇向世界冠军挑战"。照片上的运动员可以清楚地看出是当年的著名女乒国手乔红，而与她对阵的男选手是谁，图片上并没有说明。一位上海清华校友乒乓球爱好者在参观时，敏锐地发现了这幅老照片，之后就向王欣老师求解，因为他知道王老师在清华工作的三十几年里，一直是乒乓球队的总教练，她一定能知道这位"清华学生"是谁。

看着王老师转发给我的这幅照片，我的心情很不平静。二十多年前在清华乒乓球队训练、比赛的一幕幕难忘的镜头，重又闪回到我的脑海中。1991 年我考进了清华大学电子系，同时作为当时的北京市中学生单打冠军，也加入了清华乒乓球队，与队友、教练一起见证了之后七年的清华乒乓球运动发展之路。

入队的当年我第一次参加北京市高校乒乓球赛，结果输给了北大的新生王晖，并没有取得想象中的"开门红"。在王老师的鼓励下，经过了一年的努力，在 1992 年北京市高校比赛中，我顺利拿下了王晖，但又输给了当年北大的新生高猛。再经过一年的刻苦训练，1993 年我又战胜了高猛，却还是输给了北大有专业背景的新生李亮。

前三年的比赛经历了近乎一样的轮回，虽然战胜了一个个"宿敌"，却又败在了更强的对手拍下，问鼎之路注定不平坦！比赛结束后我进行了认真的思考，有了一个大胆的念头，下定决心后去找王欣老师谈心，碰巧王老师说她也有想法要找我谈谈。结果两人的想法居然是"不谋而合"，就是要把我从小打了十几年的"正胶"打法改成"反胶"打法！

打球的人都知道，将一种长期训练固定下来的打法进行彻底颠覆，绝不是换张胶皮那么简单！但我们既然认为原来的打法已经没有提升的空间，那就只有坚定决心、知难而进、迎难而上！从此我又开始了艰苦的改打法训练。在那一年里，王老师每天坚持陪着我，给我发多球进行基本训练。时间在洒下的一滴滴汗水中流淌而去。然而改变多年形成的打法着实不易，其间我也怀疑过、彷徨过，甚至也想到过放弃，但在王老师坚持不懈的陪伴和帮助下，我还是坚持了下来，技术得到了根本性改进，正手攻球不再是"正胶"简单的突击发力，用"反胶"拉球的水平终于取得了突飞猛进的进步，成为我的"撒手锏"。

有道是：功夫不负苦心人。在1994年的北京市高校乒乓球赛上，我终于一举战胜了北大有专业背景的李亮，和队友胡晓程会师决赛，并最终获得了清华已经失去八年的北京市高校乒乓男子单打冠军，我能感受到王老师当时有多么高兴！1995年，在广西南宁举行的全国大学生乒乓球锦标赛上，我又代表清华大学获得了男单第三名和双打第二名。1996年的北京市高校乒乓球赛，清华是主场举办，我过关斩将再次闯进男单决赛，并最终实现了主场夺冠。我记得王老师高兴地跑过来和我拥抱，我说"王老师，这个冠军是我毕业前送给咱们乒乓球队和您的礼物"，当时我们都热泪盈眶……

在简要回顾了我的清华乒乓之路后，再回到前面那张老照片的故事上。原来，照片上的那次比赛发生在1996年5月3日，当时正值"中国乒乓球俱乐部联赛"期间。为了宣传和推动中国乒乓球体制改革，特意将部分比赛安排在基层单位，清华大学也在其中，比赛地点设在清华西大饭厅。比赛中间还特意安排了与球迷的互动环节，而我幸运地被大家推选上场，于是就有了"挑战世界冠军"的一段佳话。

根据多方回忆，著名体育解说人宋世雄主持了那天的比赛，中央电视台进行了实况转播。而作为乒乓球国际级裁判，王欣老师执裁了这场比赛。时隔多年，虽然许多细节已经模糊，但有一个"小插曲"让我至今记忆犹新。原来在比赛前，宋世雄宣布规则，要乔红先让我"四分"。但是我觉得既然是挑战，那就要按照规矩来，于是明确表示不要"照顾"，从0∶0开打！现在回想起来，当时还颇有一股"初生牛犊"之势！

虽然这只是一场带有娱乐色彩的比赛，采用的是一局7分制，但作为

作者（右）和世界冠军乔红在比赛中

一名在校大学生，敢向世界冠军发起挑战，除了勇气，还真是要拿出点儿像样的球技来。最终的比赛结果是 3∶7，我的"光荣"告负并不意外。但令我没有想到的是，这次挑战却成为了清华乒乓球运动史上让人津津乐道的经典之战，被永久地定格在中国乒乓球博物馆这座"乒乓殿堂"中，同时也成为清华乒乓球之路留给我的最美好回忆。

敬礼，我的清华乒乓

■ 谢虎（1992 级机械工程）

乒乓前传，清华续缘

我的乒乓球史其实是蛮长的。印象中是从初一开始，从横埭中学的那两张室外水泥乒乓球台说起。当时下课铃一响，同学们都是夺门而出，抢向那两张乒乓球台，就为课间快乐的十分钟。虽然器械简陋，但是我的乒乓初接触就是从水泥台开始的，相信同龄人中大部分球友的乒乓启蒙都是这样的，简单、快乐，充满朝气、无忧无虑的 20 世纪 80 年代。

我人生中的第一次运动受伤，也跟这水泥台有关。记得也是在初一，某个春夏之交放学后的下午，刚走出教室的我有点莫名兴奋，一个健步跳上了一张水泥台，随后夸张地一跃而下，然后就悲剧了……右脚踝骨折，打着石膏，挂着拐杖，不方便了好几个月。

受伤的那段时间，我住在父亲宿舍里，他贴身伺候了我蛮久，每天骑自行车接送我上学、放学。父亲极少下厨的，可在那段时间里，父亲给我烧过不少次菜。尤其是昂刺鱼豆腐汤，我印象极深。后来我下馆子的时候，看到这道菜常常会勾起我的回忆。我很早就开始了半独立生活，小学六年级到初二，我在父亲宿舍里住了三年，初三后就寄宿

2019 年 10 月，作者在上海松江欢迎参加欣诺通信杯第九届清华大学校友乒乓球赛的校友们

在学校了。跟父亲平素交流不算多，受伤的这段时间很可能是我跟父亲心距最近的一段岁月。写到这里，非常能体会朱自清先生写《背影》时的心情。

高中三年我是在江苏省泰兴中学度过的。由于是寄宿，基本无缘碰到乒乓球。

来到清华之后，大二时选修体育课，我毫不犹豫地选择了乒乓球。从那个时候开始认识了王欣老师。当时的乒乓球课在西大饭厅上，印象中的西大饭厅很空旷，里面的灯光偏暗，黑不溜秋的，但比当年的水泥台还是好了不少。王老师上课非常认真，悉心指导我们这些野球手。对王欣老师的教学，印象最深的是"敬礼"。当时我还是使用直拍，各种动作不规范，王老师耐心地从 ABC 教起，正手攻球动作要像"敬礼"一样，反复给我们比画。在清华的乒乓故事很短，大约也就一个学期，除了一周上一次课外，基本上没有机会练球，成效甚微。但从那之后，"敬礼"就成了我打球最熟悉的动作。

研究生我就读于中科院上海光机所。学习工作之余就两个爱好，红警和乒乓球。上海光机所位于嘉定，面积不大，但有一个幽静的花园，花园之中有个两层小楼，工会在里面放置了两张乒乓球台。研二的时候，跟同样来自清华的同学黄杰打了一年的快乐乒乓球，水平都是菜鸟级，半斤八两，但玩得很开心。

2000 年进入光通信领域开始工作，四处奔波，流离颠沛，很少有机会碰乒乓球了。2008 年 8 月，曾经工作的公司因经营不善关门，被迫开始创业。由于创业基础薄弱，一直处于求生存求发展阶段，基本没碰过拍子，与乒乓球近乎绝缘。

创业中途，2015 年下半年，一度身体很是不好。有一段时间右膝盖跟针扎一样疼，不用说走路，就连坐下、起身这个简单的动作，都极其困难。艰难跋涉到医院去看了几次，检查过尿酸，指标偏高；测过 24 小时尿酸，貌似也没有什么大的问题，医生也说不出个所以然来，药拿了一大堆，不过基本没吃。

2016 年上半年体检，突然发现血糖已经在边缘线上。自己买了个血糖仪，天天扎针测血糖，血糖忽上忽下，实在是不堪回首。那段时间老往医院跑，感觉一下子人生越过中年期，直接就奔老年而去了。

后来我反思，也才刚过四十，身体为什么会变得这样差？琢磨来琢磨去，悟出一点道理来：

一是创业维艰，长期处于紧张状态，加之生活不规律，缺乏锻炼，身体长期处于亚健康状态；

二是 2015 年年中父亲因病去世，对自己的打击很大，悲伤过度，心情抑郁。

身体基础条件差，加上精神上的负面情绪放大，导致身体各项指标向负面发展。

如果一个人总分100，身体和精神各占50分；如果身体更强一些，即使精神面差一些，也能扛得住；如果身体基础差了，精神上再受到打击，很容易把人压垮，当时我就处于这个身体和精神皆负的状态。

明白这个道理之后，就得想办法改善自己的身体状态，把身体基础打好。斯时，公司由于发展需要，刚买了一栋办公楼，正在考虑装修的事。以己推人，加之我也比较喜欢玩，于是乎就把员工的工作环境的改善，作为装修最优先考虑的事项。

2016年下半年装修完成之后，健身房、篮球场、咖啡厅、自助餐厅、空中花园都成了我们办公楼的标配。当然少不了年少时代的挚爱——乒乓球，我搁了两张乒乓球台在健身房内。公司里有几位同事乒乓球打得不错，偶尔我也跟他们打上几局，但更多的时候是跟"90后""95后"们一起打

作者（左）在乒乓球混双比赛中

篮球，但这已经是时隔16年后，跟乒乓球的再次亲密接触了。

找到组织，当了"红娘"

2017年之前，我甚少参加清华校友活动。那年4月应邢晓军师弟之邀，毕业之后第一次参加清华校友活动——滨江森林公园迎校庆马拉松活动。我们全家五口人一起参与，我连跑带走，吭哧吭哧地完成了10公里赛程。完赛之后，适逢上海校友乒乓球俱乐部许定宝学长招募新会员，把我这个菜鸟网罗进去了。

上海校友乒乓球俱乐部是75级的许定宝学长张罗成立的，里面有三十余位校友乒乓球爱好者，核心骨干包括75级的袁帆学长和79级的孙鹏飞学长等。年纪最长的是64级的胡建华师姐，其中许定宝学长和袁帆学长是70年代末清华校队的成员，而袁帆学长更是当年清华的长跑健将，拿过北京高校长跑比赛的冠军。

上海校友俱乐部有着良好的氛围，每周末在市中心的黄浦市民健身中心有两

小时训练课。美女朱教练的球教得很好，我参加过几次训练课。但后来没有能坚持下去，主要是因为松江距离黄浦实在太远，另外我由直拍改成横拍双反，觉得反手水平跟高手差别太大，再怎么练也提高不了多少，更何况我也没时间苦练，所以乒乓水平一直处于随缘状态。

2017年下半年，我作为上海二队成员第一次参加了在南宁举办的第七届校友乒乓球比赛。在南宁时隔二十余年再次遇见了王欣老师，很有点意外惊喜。见到她时，当年"敬礼"的动作马上浮现在眼前，聊起往事十分亲切，尽管王老师大概对我已经毫无印象。此次比赛，上海二队意外杀入八强，最终获得第七名，印象中我赢过一盘单打，和张丽搭档赢了一盘双打，此外应该没有赢过。虽是输多赢少，但胜亦欣然败亦喜，挺佛性的。跟一堆校友相聚在南宁，收获的欢乐颇多，许、袁、孙三位学长和我都萌生了把比赛带回上海的想法，尤其是许学长。不过按照校乒协制定的游戏规则，校友比赛的地点一年在北京，一年在外地，隔年交错进行，所以要实现这个愿望，只能等到2019年了。

2018年校庆期间，我作为上海三队队员，回学校参加第八届校友比赛。比赛在熟悉的西体育馆进行。由于是返校比赛，参赛的高手很多，比赛水平比南宁高了不少。我在比赛中应该是一局未赢，本来参赛也没有什么得失心，稍微尴尬点的是有两局得分刚刚破零。最后一盘比赛结束后，听到对手阵营里的人低声埋怨刚跟我打完的校友，你怎么让人家只得一分呢？刚把我踩躏完的那哥们辩解说："我球已经故意放得很高了，他还是打不上，我也没辙了。"尴尬总是有点的，反正我就当没听见。这次比赛的意外收获是，成功地做了一次红娘，撮合了一个大学同学跟一个北漂才女的一段好姻缘，都是大龄。第二年婚宴上，双方白发苍苍的老父老母，对我发自内心的感谢，让我真真切切地意识到自己做了多大的一件好事，愿天下有情人终成眷属。

这次来北京之前，许定宝学长就跟我和孙鹏飞、袁帆学长商量，能否跟学校申请把第九届比赛放在上海举行，我当然是举双手赞成。比赛期间，当我们跟王欣老师提起上海申办第九届比赛时，王欣老师没有马上答应，回复说校乒协内部要讨论一下，后来传出的消息是今后校友乒乓球比赛会作为校庆活动的一部分，在校庆期间固定在学校举行。如果是这样，虽有些遗憾，但毕竟学校意见为重。在上海想申办第九届比赛的消息传出去之后，德高望重且风趣幽默的62级孔维章老学长找到我们，他说他特别希望明年在上海比赛，他还打算邀请已经定居加拿大的女同学一起来上海组队参赛。比赛结束后，我们和孔学长一起加入了清华校友乒乓球大群，偶尔许、袁两位学长和我在群里还表露出上海想申办第九届比赛的心声，孔学长更是时不时为上海申办呼吁，看得出来老学长真的很想来上海比赛。

正是考虑到大家的呼声，也是希望看到各地比赛的多样性，2019年初王老师开创性地提出了单项赛和团体赛分开举办的想法。即上半年校庆期间在学校举办单项比赛，下半年在外省市举办团体赛，这样不仅能满足各地校友积极申办比赛的夙愿，而且还给大家每年增加了一次相聚的机会，一举两得。上海团体赛举办时间初定在10月份，消息传来后，许、袁、孙三位学长都特别高兴，我们终于有机会作为东道主迎接来自全国各地的校友球友，一展上海风采。

2019年10月欣诺通信杯第九届清华大学校友乒乓球团体赛在上海松江举办

欣然一诺，全力以赴

2019年初，王老师跟我联系，问我是否愿意赞助4月份在学校举行的单项赛，我当即就答应了，于是"欣诺通信杯"第九届清华校友乒乓球比赛在气膜馆顺利进行。

令我感动的是，当我走到气膜馆参赛的时候，何跃老师在门口等我很久了。第一次作为赞助商受到特别礼遇，心里暖暖的，我也是此时方知何老师是王老师的爱人。这次比赛我是第一次使用长胶参赛。我是2019年年初才改长胶的，改长胶的原因是因为反手反胶老是爱吃发球。不过由于水平实在有限，换前换后都那样，比赛成绩跟去年也差不多。记得比赛时碰到刘瑛岩老师，他是长胶高手，总共打了两局，一局1分，一局2分，难堪依然，跟什么胶皮无关。后来刘老师跟我笑谈说，不知道我是赞助商，否则不会让我只得1分。我哈哈一笑了之，几分不重要，因球相聚，开心就好。

从北京回到上海后，上海校友俱乐部的大佬们召集我商量10月份团体赛的事宜。当时上海俱乐部内有两种意见，年轻的校友们希望放在市区比赛，而年长的校友们希望由我来承办比赛。当时我表达得很清楚，如果我来承办比赛，比赛地点要放在松江，这样我好调集公司资源协同；如果放在市区，我只能做赞助商，没精力参与赛事组织。经过一番颇为激烈的争辩之后，年轻人还是颇不情愿地服从长者们的意见。其实道理很清楚，在市区比赛成本会急剧上升，而且市区交通拥堵，比赛时间也不好保证。更重要的是，大家都是上班族，这么大型的赛事，要召集那么多的志愿者，也是一件难办的事。

在获得承办权之后，我大概理了一下思路。如果要举办一届成功的校友比赛，挑战最大的是比赛场地和球台，裁判员队伍是王老师的强项，其他应该都还好。通过咨询身边的球友，他们推荐了上海工程技术大学体育馆。该体育馆举办过乒超比赛，场地设施一流。在松江区委办刘福升主任和上海校友会会长秦伟芳师姐的协助下，我们得到了上海工程技术大学领导的大力支持，校办袁富良老师多次帮我们协调沟通，我们最终申请到了体育馆的使用权。比赛用的乒乓球台是在该校体育部长谢敏老师和华东理工大学体育学院王跃院长的支持下，从红双喜公司直接拉过来的。非常感谢他们的热忱支持，场馆和球台对于比赛成功实在是太重要了。

在比赛筹备期间，孙鹏飞学长、袁帆学长和许定宝学长全程参与了场地勘查、赛事准备等各项工作，他们为比赛的成功做出了非常大的贡献。袁帆学长请吕红彦师妹设计了清华乒乓球协会的会徽，会徽图案简练精致，得到了大家的广泛认可，正式成为清华乒协的会徽，在本届比赛中大放异彩；袁学长作词、上海校友俱乐部倾情献唱的清华乒乓球会歌，也首次在赛场响起，会歌旋律铿锵有力，朗朗上口。这次新冠疫情期间，在会歌伴奏下，王老师亲自示范的清华乒乓健身操风靡一时。很多宅在家中无法正常打球的校友，通过乒乓健身操过足了瘾。孙鹏飞学长赞助了比赛的纪念品，并在自己的工厂改装了比赛隔板，做了大量繁杂的后台工作。最让人惊艳的是比赛用球，孙学长在红双喜三星球上套印了紫色的清华乒协会徽，成为比赛后最抢手的礼品。

在搞定球馆之后，我开始进入比赛筹备状态是在 9 月中旬之后了。我对欣诺同事的动员组织能力和执行力比较有信心。我真正比较关心的是奖牌和奖杯，特别想给校友们留下一个比较有质感有分量的纪念奖牌。我亲自跟商家探讨奖牌的设计，方案很快就定下来了，会徽＋清华元素。综合比较二校门、大礼堂和西体育馆之后，清华元素我选择了西体育馆，作为乒乓球比赛奖牌，西体育馆更为应景。为了追求品质，我们没有选择丝印，而是采用更有质感的凹凸模铸，冠、亚军奖牌分别采用了镀金、镀银工艺，铜牌和纪念奖牌是本色。

样品出来之后，沉甸甸的，确实达到并超过我的预期，跟世乒赛奖牌有得一拼，参赛的校友们都非常喜欢。至于奖杯，颇费了一番周折，我初衷是想定制一

个有传承感的类似银质的斯卞思林杯的奖杯，思来想去就想以大礼堂前的日晷为蓝本定制一款银质奖杯，我还找了清华美院毕业的校友探讨过，但由于定制周期实在是太长，至少要 3 个月以上，赶不上我们的比赛，无奈就放弃了。后来从网上订购了一个看似不错的奖杯，30 厘米高，拿到手一看，实在是太迷你了，与预期偏差太远，只能另辟蹊径。

设计新颖的欣诺通信杯第九届清华校友乒乓球比赛团体赛冠、亚、季军奖杯

我平时喜欢看欧冠联赛，欧冠大耳朵杯是欧罗巴列强每年的终极目标，也是青年时代以来时常能撩动我心弦的一个符号，能否找到类似大耳朵杯的奖杯？既要帅气，又要大气。我苦苦寻找了一段时间，功夫不负有心人，还真找到了。为让我判断奖杯的大小，商家把奖杯放到汽车引擎盖上拍了几张图片给我看。哈哈，就是它了，又大又帅！原型是古铜色的，少不了让商家把它镀成金色的，当然还有银色的亚军奖杯和原色的季军奖杯。这三个奖杯将将就在比赛开幕前夕寄到上海，金银铜三杯放在欣诺前台展览，赚足了眼球。靓，就一个字。周五下午，当校友们陆续赶到欣诺参加烧烤晚宴的时候，几乎所有的校友都跟这三个帅气的奖杯合影留念，不少校友举起金杯过了把冠军瘾。

随着比赛日益临近，需要张罗更多细节了。于是我在公司发起了比赛志愿者招募。欣诺一共将近三十位志愿者报名参加，由我们行政的同事夏华艳负责牵头，分为交通组、住宿组、餐饮组、场馆组、旅游组。交通组的同事负责全程机

场、车站接送；住宿组的同事负责宾馆安排，房间协调；餐饮组的同事负责三天的饮食；场馆组的负责比赛场馆内外的布置、电子大屏的对接；旅游组的同事负责比赛之后松江一日游。比赛期间，欣诺的志愿者们热情友好、辛苦忙碌，他们充满激情、不辞辛劳地圆满完成了这次比赛和接待任务，得到不少校友的称许。

比赛住宿的宾馆我们一开始订的是维也纳酒店。但想想这么多校友自远方来，住得好才能打得好，就把宾馆换成了五星级的开元名都大酒店。我们同事夏华艳很给力，去跟宾馆交涉了几次，最终谈了一个不错的团队价。稍微有些遗憾的是，由于酒店房间不算多，加之我们订房时间较晚，未能满足不少校友住单间的愿望，特别是第一晚。

关于吃饭，我们也动足了脑筋。10月18日周五报到那天，由于各地校友报到的时间跨度特别大，从中午12点到次日凌晨2点都有。如何尽可能多地让校友们都能吃上一口热饭？同事们想了很多方案，都不甚满意。最后我灵机一动，发挥欣诺的硬件优势，举办一个烧烤晚宴，这样既可以拉长供餐时间，也可以一展欣诺风采。欣诺是赞助商，要让大家知道这个赞助商长啥模样，一举两得。烧烤我们是很擅长的，公司里有6个烧烤炉，欣诺每个季度在空中花园至少搞一次烧烤活动，大家都是练家子了。这个在我们六楼空中花园举办的烧烤晚宴不少校友都参加了，欣诺是干什么的可能大家不知道，但欣诺员工的烧烤水平，吃过的校友都知道，很赞的！

还有就是校友们比赛日中午在工技大食堂里吃到的螃蟹，也是有些故事的。时值金秋，秋风响，蟹脚痒，正是一年品蟹时。我想，如果能让校友们在江南名城吃到大闸蟹，岂不美哉！蟹，我们是有的；价，也是不低的。我二姐家就养蟹，品质无须担忧，我早早就让她把最好的螃蟹留下来。我原计划在周六开元名都的欢迎晚宴上让大家品蟹的，但我们同事和开元名都交涉了很长时间，他们不同意我们提供螃蟹他们只收加工费的方案。如果吃他们的螃蟹，确实成本太高。无奈之下，我们又去跟工技大食堂商量，他们倒是挺好说话，同意了我们的方案。就这样，比赛当日早上，我姐他们专程从江苏把大闸蟹送到工技大食堂，本来计划在一顿吃完的一公一母两只螃蟹分成了两天中午吃。品蟹的环境差了些，但螃蟹的美味不减，回味无穷。

万事俱备。10月19日欣诺通信杯第九届清华校友乒乓球团体赛，在上海工程技术大学体育馆盛大开幕。这次比赛是有史以来规模最大的一届清华校友乒乓球比赛，运动员和裁判200余人参加，共计24支清华校友乒乓球队逐鹿松江，角逐那只金光闪闪的大耳朵"欣诺通信杯"。在开幕式上，史宗恺老师和邓亚萍会长发来视频致贺，校友总会副秘书长陈伟强和上海校友会会长秦伟芳亲临致辞。庄严的国歌，井然有序的入场仪式，斗志昂扬的24支球队，仿佛置身世乒赛球场，很多校友如是说。这次比赛汇聚了各个时代清华的乒乓精英，刘文驹、许定宝、姜小英、胡晓程、高阳、朱成、林子钏……现役校队的主力也几乎倾巢而出，比赛过程精彩纷呈。最终，北京福建校友联队——京福队夺冠，清华一队屈居亚军，上海一队荣膺季军，我参加的上海三队取得了不起的第19名。之所以了不起，那是我们充分发挥了自己的水平，该赢的赢了，该输的输了，没有什么好遗憾的。由于这次东道主的标签很清晰，高手们对我都是轻虐，即使对垒高阳，每局也得了3分以上。

　　10月20日中午，比赛在大家依依惜别的氛围中落下帷幕。一时之间，紫色的24幅队旗球场挥舞，大家纷纷合影留念，期待来年再次相聚。

　　提到24幅队旗，也说个小花絮，给每个队授旗的构思也是临时起意。按照王老师吩咐，我们先做了两幅清华乒乓球协会的会旗。但在赛前最后勘察球馆的时候，我们一直在想怎么让场面更热闹些，让大家更有团队感？突然想到了这个创意，随即安排欣诺的美术师刘秀清设计。我们设计了两种风格，一种是纯清华紫，一种是紫白相间，配上会徽和24支球队队名。当日晚上交付我们日常合作的图文公司，第二天就拿到24面队旗了，非常出彩。这次赛事的赛事次序册、外景布置、大背景台、外景旗帜等全部是由小刘设计的，她是我们当之无愧的美术师。

　　从接到任务到最后完赛，除了机场/高铁接站和第一晚住宿安排，略有点手忙脚乱外，其他过程都算是从容完成。承接这次比赛是对欣诺团队执行力的一次综合检阅。比赛筹备中很多创意都是临时起意，没有做太多缜密的筹划。尽管有些小遗憾，但最终还是较为圆满地完成了学校乒协和王老师交待的任务，不辱使命。欣诺志愿者们在筹办和组织赛事过程中充分体现了"欣然一诺，全力以赴"的工作作风，为比赛的顺利进行做出了贡献，感谢他们的付出。

　　在此，我还要感谢赛事总导演王欣老师和一直在默默支持她的何跃老师。当一切准备就绪，裁判员、运动员入场之后，我就看到了王欣老师完全接管了比赛，那种从容、专业、有序的指挥，使得赛场进程如丝一般顺滑，给我留下了极深的印象。通过这次赛事前后的交流，我深刻体会到王欣老师为了清华乒乓球事业的发展所付出的辛勤。她培养了一代又一代清华乒乓人，不仅教他（她）们球技，更重要的是教他（她）们做人。20世纪80年代后的清华乒坛传奇人物，大体都是王老师的弟子。即使现在退居二线，王老师仍然还在为清华乒乓的发展四处奔走，这种毫不利己、专门利人的无私奉献精神，太值得我学习了。

　　人一辈子总得做一些有价值的事，王欣老师的所言所行是对清华"自强不息、厚德载物"的最好诠释。有如此优秀的老师，这大概也是清华一直能吸引全国最优秀学子的因素之一。

人在乒逢，快意人生

　　欣诺通信杯第九届清华校友乒乓球比赛已经渐行渐远，但对我来说至今依旧余音袅袅。通过这次赛事的筹备和组织工作，我真正爱上了乒乓，将之与自己的工作、生活形成了较好的耦合，并逐步加深。

　　2019 年学校单项赛结束回来后，我心知 10 月份的团体赛筹备大概率会落在我身上，但我的球技始终趴在地板上，老是这样得 1、2 分，作为东道主貌似不太合适。由于长胶我是新手，得想办法找个教练，我就从百度上搜了一下，找到了公司附近有一个茸博乒乓球俱乐部。恰好俱乐部里的史教练对长胶有些研究，他长胶也刚用不久，但理论知识比较好，于是我跟着他从长胶的 ABC 开始学起，磕、刮、撇、拱等。随着练习次数的增多，长胶也慢慢地熟悉起来了，对打球的兴趣也逐步增加。度过最艰难的初学期后，跟一些球友交流时，竟然发现自己真的长球了，于是兴趣愈浓。逐渐地，我从遇机会打球过渡到找机会打球，并进一步融合到自己工作生活中。与之相对应的，球技也在悄悄地长进。

　　2020 年 6 月，我参加了茸博俱乐部迎端午乒乓球友谊赛，两人制团体赛，24 位球友共组 12 个队伍参加。组队是随机抽签，我正好跟同事陈瑞文组队，两人一路过关斩将，竟然笑到了最后。在比赛中，我发现长胶的打法在双打中还是蛮有优势的，加之我的队友水平很高，我负责把球回过去，剩下的他解决问题；当然，我那正手一拍，也是胜负手，对于高球我从不手软。这是我人生中的第一个乒乓球冠军，比赛虽小，意义很大。

　　通过这次赛事，我认识了清华校友乒乓圈里的一大帮校友。由于工作关系，我平时出差比较多，现在无论我到哪里出差，我包里都会塞上球拍、球衣和球鞋。工作之余，我会跟当地的校友联系约球，这半年跟校友约过球的地方包括北京、福州、广州等地。

　　北京打球的机会特别多，启迪科技园、金融街 28 号、发改委大院等地到处都留下我打球的身影。在启迪科技园跟胡家为师兄打的次数尤其多。在北京只要有空我就跟胡师兄约球，而胡师兄只要在京，几乎是有球必应。

　　另外一个常去蹭球的地方是金融街 28 号，疫情之前每周三晚上中移动球友们跟清华球友们有个约会，在那里我经常碰到的有黄健江、钟秀斌、酒会东、高阳、胡晓程、周天睿、周啸等校友，一晚乒乓乒乓，嘻嘻闹闹，热闹非凡。

　　在金融街 28 号最有乐子的，是跟著名的长胶高手何宁打球。何总据说得到过邓亚萍会长的真传，长胶防守功力非常深厚，就是进攻不太灵。每次比赛我总是感觉有机会赢他，但跟他打也总是只有 5、6 分，偶尔趁他喝酒后能偷个一两局。记得 2019 年年底，有一次输球之余不服气，跟何总吹下了半年后赢他的牛皮，好在疫情期间金融街 28 号不开门，否则牛皮就该破了。不过真希望疫情早日结束，能早日履约。输赢皆无不可，但求人世间再无新冠。

　　2020 年 8 月份，在北京跟胡家为师兄、刘瑛岩老师、张智深师弟交流过一次，我跟刘老师的比赛基本上可以打到 8~10 分了。一年左右的时间，从 1、2 分进步到 8、9 分，确实是涨球了。打球结束后，我们几人喝得酩酊大醉，北京的二次疫情把刘老师憋坏了。校友、球友、酒友，人生快意，莫过如此！

　　2019 年以来，是我创业以来工作压力最大的一段时间，公司处于负重前行、欲上还下的阶段。就在校友赛筹备和比赛那段时间，我们在北京有个重大项目的投标，我也一直处于非常紧张的战斗状态。但我的身体却比四年前好了不少，常常自我吹嘘，现在我是四十多的年龄，三十多的身体，二十多的拼搏精神。

　　不得不说，乒乓球运动给我带来巨大的变化——快乐乒乓，身心健康！

一生的朋友

■ 胡晓程（1993 级电子）

2019 年清华校友乒乓球赛，作者团队获得团体冠军

从小我就爱打乒乓球。高中上的是北京二中，既是市重点又是乒乓球传统学校。那时候我就想考上一所上学还能打球的理想大学。高三的时候，我作为乒乓球特长生参加了清华的选拔赛。当时的规矩是要打个大循环比赛，和来自其他城市的几名候选者排出名次。王欣老师可能是怕我紧张，没有事先告诉我那个比赛的"严重性"。结果，我在争夺冠亚军的决赛中大比分落后的情况下，硬是咬牙给追了回来，最后排名第一。于是在那个难忘的 1993 年秋天，不仅清华的大门朝我打开，乒乓球队也成了我在清华园里的"新家"。

拿到了清华的录取通知书，虚荣心在得到短暂的满足之后，接踵而来的是从未有过的学习压力。学习科目多、难度高不说，周围同学个个都是学霸，校队师兄们也都非常优秀，不光球打得好，学习成绩也都出类拔萃。一时间，自己的存在感被碾压得所剩无几。

我对自己的学习能力始终抱有信心，而排解压力就成为我在大学生活中第一个遇到的主要矛盾。这个时候，每天在球队的乒乓球训练，就成了我重建"存在感"的主要途径。我记得小时候在体校的打法是两面快攻，反手还是生胶，中学开始又改成两面反胶，但一直有个问题缠绕着我，就是拉球总习惯依赖胳膊发力，不仅失误很多，杀伤力也不够。王欣老师在训练中发现了我这个问题，并教会我如何多利用身体发力。这样做的效果是很明显的，拉球的稳定性和威力都有了明显的提高。进大学第二年获得了北京大学生比赛的单打亚军，而冠军是我的师兄，"清华十杰"刘立恺。我记得我们俩是在半决赛中分别战胜了北大的高猛和李亮后，会师决赛。要知道，当时北大队实力很强，一直是团体冠军，我和师兄能一起冲破北大的"围剿"，实现清华选手囊括冠亚军该是多么开心！

王欣老师不光在训练上对我们严格要求，生活上也非常关心我们。当时我们乒乓队员住的都是普通学生宿舍，六个人一间的上下铺。王老师为我们多方协调，安排住进了运动员专门宿舍，从六人一间变成两人一间。另外我们也有运动员食堂，训练后依然有可口的饭菜等着我们，各个方面条件得到了非常大的改善。当时由于乒乓球队的经费非常有限，为了给我们解决去外地参加全国大学生锦标赛的经费问题，王老师和她爱人何老师通过各方面的关系，找到了一些器材赞助商来资助我们。不过同时也要满足赞助商的一些要求，我记得第一次和师兄、师姐外出参加比赛是在广西大学，每个人都要背些赞助商的球拍和胶皮，到比赛现场去推广。不过这也开启了一种新颖的"带货比赛"的模式，尽管现在想起来还忍俊不禁，但也是一种难得的比赛经历。

我这个人历来做事有些粗心，自理能力也比较差。即使这样，后来王老师却还是把队长的责任交给了我。我心里明白，王老师的良苦用心是要锻炼我，让我全方面进步。在她的鼓励和帮助下，除了整个球队保持了良好的训练氛围和比赛成绩，我个人也提高了综合能力。大三和大四两个暑假，我还分别参加了两届全国大学生乒乓球比赛，两次都取得了单打第三名的好成绩。特别是这两次全国比赛分别在吉林大学和华东理工大学举行，都是自己一个人去外地代表清华参加比赛的。比赛一路走来，很多问题都要自己想办法去解决，除了打球之外，也算是经受了全方位的锻炼！

毕业离开学校后，没有了正常的打球环境，对我来说是个新的考验。刚开始工作的那几年经常需要出差，乒乓球也放下了，人也变胖了。当自己感觉这样下去不行时，幸亏有乒乓球这个多年的"好朋友"帮助，才没有让锻炼减肥变得那么枯燥和难以坚持。当我体会到了坚持打球的好处以后，出差时间长的时候也会带着球拍，找个机会就打上几盘。在每年的外企比赛基本保持第一，让我找回一些昔日球场上的感觉。最高兴的是，自从有了清华校友乒乓球比赛，不仅能打球，还能以球会友，和昔日的队友见面是个高兴事儿，和各个时期的校友切磋、交流更是不一样的感觉。2016年在清华举办的第六届校友比赛，还有2019年在上海组织的第九届校友赛我都参加了，而且两次都和队友们合作取得了冠军。

　　有句话说，学习是一生的事情。如果把乒乓球当作是一种功夫来修炼，也是需要不断摸索学习的。从我开始打球，三十多年来这项运动的规则和器材变了这么多，能一直去改变自己，去适应各种变化，其实非常不容易。也正因为如此，所以我一直很佩服我的师弟们，像戴远、高阳、王一男，他们一方面工作都很忙，另一方面球技都保持得很好，体现了对这项运动的热爱和理解。随着年龄的增长，我现在打球已经没有以前那种强烈的胜负心。有时间的话，更多的是喜欢约着球友一起练练基本功。我觉得只要能够保持心平气和，放松地去练习，很多正确或者合理的东西自己就能慢慢体会到。

　　乒乓球老少咸宜，是值得伴随一生的爱好。忘了哪里看到的，是说其实最长久陪伴你的朋友，往往是那些陪你一起运动的人。对此，我深表赞同！因为我的清华队友们、校友们就是这样陪我一起运动的人，我们都在践行"为祖国健康工作五十年"的清华体育理念。也正因为这样，请大家都珍惜身边的球友，他们能给你带来健康和快乐，这才是生命中最重要的东西！

在清华乒乓球队的日子

■ 戴远（1996 级汽车）

回忆起在清华乒乓球队的日子，还要从 1996 年说起。

缘　　起

1996 年寒假，我上高三，打完一年一度的北京市中小学生乒乓球比赛后，我直奔清华大学西体育馆北侧二楼的乒乓球馆报到，参加清华大学乒乓球冬令营。球馆不大，只摆了四张球台，同样的"清华梦"，把来自全国各地的十几名佼佼者聚集到一起。后来，真正成为同学、队友的，只有来自黑龙江大庆的刘洋和来自河北石家庄的王蕾。

参加冬令营，我第一次见到了清华大学乒乓球队教练——王欣老师（虽然之前无数次在电话中关心过我），第一次见到了在我心中神一样存在的刘立恺（多年北京市冠军、清华大学十杰、校队第一主力）。王老师和蔼可亲，带领的校队师哥师姐们也都热情亲切，让我们这些对清华怀揣向往，甚至渴望、仰慕略带敬畏复杂心情的营员们，瞬间感到浓浓的暖意。清华乒乓球队和谐的氛围，至今都令我印象深刻。冬令营毕竟还是要对来自全国各地的应届毕业生进行选拔，比赛就在这样热情、和谐的氛围中进行了。当时，我是那一届北京市中小学生乒

作者在 2017 年天津全运会群众乒乓球比赛男团决赛中

兵球比赛高中男子组单打冠军，携冠军之威，在冬令营的比赛中发挥出色，不仅赢得了营员之间的全部比赛，而且还在和营员挑战校队的比赛中，人生第一次战胜了"大神"刘立恺。冬令营的良好表现，让我顺利地通过了选拔，进一步坚定了我"非清华不读"的信念，兴高采烈、信心满满地准备迎接高考的洗礼。

挫　折

不得不说，第一次代表清华参加北京市高校乒乓球比赛，是我清华乒乓生活中最痛苦的一段经历。

高校乒乓球比赛通常都在 12 月份举行，而那个时间也正是清华期中考试的时间。记得刚入学的头半年，学习、训练和生活的方方面面都极不适应。褪去了初入清华的喜悦和兴奋，随之而来的是比高中时期不知增加了多少倍的学习强度，训练也不再是以前的系统和规律。身边的同学们从早到晚都在孜孜不倦地苦读，为了跟上大家的学习节奏，我也加入了没日没夜占座、自习的行列。那时，我家就住在北大南门对面，从寝室骑车回家只有不到 15 分钟的路程，即使这么近的距离，在大一的那段时期，我也几乎没有回家住过。

我把大量的时间用在了紧张的学习上，训练的时间被一再压缩，直到赛前两周才勉强把训练增加到每周两次。训练不系统，加上特别想在高校比赛的舞台上展示自己，为清华赢得更多荣耀，这种心态无形中使自己背负了异常沉重的心理负担。团体比赛，刘立恺、胡晓程两位师兄带领我共同出战，我作为第一主力出场，关键场次输给了北京邮电大学的选手（1995 级，据说当年给王老师写了一封长信，表达了无比希望进入清华的愿望，然而却事与愿违考去了北邮），单打比赛更是上演了一轮游，仅仅是在和刘立恺配合的双打比赛中取得了冠军。这样的发挥远远低于自己的预期，更是没有达到王老师和队友们的期望，第一次代表清华出战高校比赛就这样悻悻而归。记得赛前胡晓程曾经跟我回忆过他的第一次高校比赛，当时他在比赛和考试结果都不理想的情况下，一度灰心丧气地认为自己是个"没用的人"。初听他讲这话时，我还不能完全理解。而赛后，我彻底变成了当时的"他"，一下子完全明白了他当年的感受。我的情绪低落，王老师一直看在眼里，她帮助我分析了比赛中反映出的问题，指导我大学以后的乒乓球不仅仅是比技术，更多的是比头脑、比战术、比意识、比意志。两位师兄也给我分享了很多他们大学训练比赛的经历，告诉我他们是如何兼顾学习和训练，如何面对困难；鼓励我，已经有了很好的技术基础，将来学会在比赛中运用战术扬长避短，战胜对手，一定相信自己可以做得更好。王老师的教诲和师兄们的帮助，使我逐渐走出了第一次高校比赛失利的低谷，让我再次深深感受到清华乒乓球队的力量和温暖。

迎　新

随着一届一届老队员的毕业离校，1999 年我接过了乒乓球队队长的袖标。那一年，我第一次作为队长协助王老师组织了冬令营，也是我在校 7 年的时间里参加的最重要的一次"招新"活动，迎来了清华乒乓球队未来 7 年的绝对主力与核心——王一男。

1999 年，全国高中毕业的乒乓球选手有一个鲜明的特点就是水平高、人数多，男生有北京的王一男、张坤申、温凯、刘欣，山东的孙杰、新疆的尔建明等；女生有北京的孙旖旎、张雅琪，山东的魏娟等一大批优秀人才。他们升学以后在北京高校的分布情况，足以影响北京高校乒乓球水平的排名，因此各大高校对这届新生选拔都格外重视。记得冬令营当天，看到这么多即将毕业的高水平选手聚集一堂，各个生龙活虎，球技高超，王老师不禁喜出望外。她对每一名学生都爱不释手，"看，王一男这个球打的多聪明！嘿，张坤申真是有实力，形成相持都是他得分！孙杰、尔建明这俩左手真有特点，以后要是到咱们这儿配个双打，是不是就无敌啦！"王老师憧憬着哪个队员考入清华以后会给球队带来怎样的变化，说到兴奋的时候，脸上仿佛洋溢出已经拿到冠军似的笑容。

然而，回到现实中来，招到称心如意的人才又绝非易事。首先，清华对学生的学习成绩要求是各高校中最为严格的。学习成绩，经常是把球技最好的选手挡在清华门外的一道坎。第二，学生自己的理想追求各有不同。文理科的偏好、大学专业的选择、学校的品牌及人文自然环境等等，都是学生选择学校的考虑因素。学习成绩和球技都非常优异的学生，在综合了各方面因素的情况下，没有选择清华大学的也比比皆是。那一年，通过冬令营对每名学生的观察和了解，王一男凭借优异的学习成绩和良好的比赛发挥，逐渐脱颖而出。与往年类似，凡是清华看中的学生，往往也是隔壁邻校追逐的目标，而且开出的入学条件还更有吸引力。

为了能够招到最优秀的学生，王老师一边亲自做工作，一边派我增加和王一男的交流，多管齐下，希望坚定他考清华的信心。记得北大冬令营结束后，在北大南门外，一男爸爸开的蓝色小面包车里，我、王一男，还有一男爸爸三个人，进行了一次长达 3 小时的畅谈。我和一男从小就认识，我就从我们都是北京孩子，儿时都在什刹海体校训练，中学都在市重点中学读书的经历谈起，我能感受到，相同的成长背景进一步增强了我们彼此的信任。一男向我介绍了他高中的学习以及个人专业兴趣爱好的情况，询问了很多他关心的关于大学、关于清华的问题。我把清华提出"为祖国健康工作五十年"和"无体育，不清华"的理念介绍给一男，告诉他"体育"是清华传统的重要组成部分。随后，我又作为"过来人"和球队的老队员，针对他的个人特点，全面介绍了清华的院系专业设置，球队队员的学习训练生活，以及未来读研留学就业等方方面面的情况，帮助他憧憬了一下考入清华以后的学习生活状态。同时，重点表达了王老师乃至我们整个清华乒乓球队，都非常希望他加入到我们队伍中的期望。一男也适时地向我吐露，考取清华是他梦寐以求的愿望。不知不觉中，我们的交流持续了三个多小时。北京的冬天，天色早已暗了下来，街边的路灯是橙红色的，蓝色小面包车中的顶灯也是橙红色的，一切都显得那么暖暖的……

辉　　煌

自从王一男考入清华电机系，之后两年又陆续招入唐晓斌、黎毅等新队员，清华乒乓球男队的整体实力得到进一步的增强。

1999 年，因为当时球队经费并不充裕，球队决定仅仅派出我、徐阳和王一男三名队员，参加在兰州大学举行的全国大学生乒乓球锦标赛。团体比赛，我们三人团结协作，先后战胜暨南大学、北京大学、广西大学获得小组第一，八进四的比赛更是克服队员生病"拉肚子"的不利情况，3∶2 艰难战胜湖南师范大学进入全国四强，创造了那段时期清华参加全国比赛的团体最佳战绩。

在 2000 年至 2002 年的三年时间里，清华乒乓球男队在北京市高校乒乓球比赛中可以说战无不胜，连续三年获得团体冠军。特别是在 2001 年，由我、王一男、唐晓斌和黎毅组成的清华男队，一路以 3∶0 的骄人战绩夺冠。我作为球队 2 号主力，场场面对对方 1 号主力，取得了全胜，展现出清华男团的绝对实力。

那一年，也是我个人代表清华大学参加北京市高校乒乓球比赛，成绩最为辉煌的一次。取得团体冠军以后，我还获得男子单打、男子双打和混合双打的金牌。

如果说团体夺冠比较轻松，那么单项比赛就没那么容易了。混合双打，我和削球打法的欧阳露莎配合，赛前的对内比赛，我俩几乎没有胜绩，一攻一守的组合普遍不被看好。到了正式比赛，第一轮我们就面对北京邮电大学的尔建明、魏娟这对男女1号的强强组合。

我们充分发挥了削球防守稳健和我进攻凶狠的特点，居然2∶0取得了胜利，扫除了夺冠路上最强的竞争对手。这场比赛的胜利，一方面我们找到了克敌制胜的战术路径，更重要的是增强了我们战胜对手的信心。后面的比赛，我们把各自的特点发挥得淋漓尽致，执行战术坚决到位，在不被看好的情况下，获得了混合双打冠军。

男双比赛，我和王一男配合。作为卫冕冠军，在决赛中，我们遇到了来自北京邮电大学尔建明、刘欣组合强有力的挑战。我和王一男是两个右手直板反胶弧圈打法的组合，对方是一左一右两个横板两面弧圈打法的组合，从打法上分析，他们具有先天的优势。我们一旦被连续控制住左半台反手位，跑位和进攻就会受到限制，局面就会陷入被动。比赛进行得很胶着，前面各胜一局，打成1∶1，决胜局我们一度16∶19落后。在交换发球的间隙，我和一男进行了简短的交流，我们一致认为只有加强侧身搏杀才有一线生机。回到场上，刘欣发球我来接，按照我们商量的结果，我改变了控制尔建明反手的斜线线路，而是采用直接加转劈直线长球到他正手位的线路，诱使他正手拉斜线到王一男反手，这样一男就果断侧身反拉搏杀。这样的改变出乎对方预料，前两分直接搓直线得分，后面又有两个低质量的回球被一男反拉得手，我们将比分追至20平。大胆地改变，坚决地执行，收到了奇效，22∶20，我们艰难地取了决胜局的胜利，男双冠军卫冕成功。

到了单打比赛，对于我这个研究生二年级的老队员来说，打满了前面全部的比赛，身体已经感到极度疲劳。而更为艰巨的是，人大、北大、北邮的1号主力都在我这条签路上，场场都是恶仗。印象最深刻的是和北大1号主力孙杰的比赛。团体比赛时，我已经赢过他一次，单打比赛他发誓要扳回一城。那场球被安排在了主席台前的1号球台，比赛和预想的一样艰苦，前两局我们都拼得很凶，1∶1。随后比赛推进到决胜局，我在体能方面的劣势逐渐显现出来，注意力很难集中，跟不上对方的进攻节奏，比分很快就以4∶10落后。

趁交换场地的时机，王老师跑到场边，这次她没有像往常一样给我布置战术，只是简单地叮嘱了几句。她的原话我已经记不清楚了，大致的意思是：最后一个下午的几场球，各学校的领导都在主席台上观战，知道我很疲惫，希望我再坚持一下。"即使是输，也要输得精彩一点"。正是这句话刺激了我，4∶10就输了？落后就已经输了吗？！

我似乎被启动了"激励模式"，回到场上又开始了奋勇拼杀，比分很快追到

9∶11、12∶13，随后 16∶14 实现反超，直到最后拿下比赛，没有再给孙杰机会。就这样，一场一场地拼，一场一场地咬，最终实现了决赛和王一男的会师，也成就了我这届高校比赛的"大满贯"。

回想整个比赛，从团体到单项，北京高校的各大高手我都会了个遍，取得全胜的战绩实属不易，冠军的含金量货真价实。据说在我之前，还没有人做到在一届高校比赛中获得全部四项比赛的冠军（未核实），如果真是这样，我还幸运地创造了一项高校比赛的记录。

在清华乒乓球队 7 年的时光，我从新生变成老将，从低谷攀登到顶峰，我用奋斗和拼搏书写了属于我们这一代的清华乒乓史。球队成员一届一届地更新换代，不变的是清华体育人的精神，不变的是清华体育文化的传承。祝愿清华大学乒乓球队长盛不衰，再续辉煌！

清华乒乓　梦中音符

■ 于婷（1997 级精仪）

前几日，手机微信闪动。因马上开会了，我匆匆看上一眼，是王欣老师的头像。记得最近和王老师亲切的合影拥抱是校友乒乓球赛，是学校的迷你马拉松。永远微笑自信的王老师陪伴着我走过清华乒乓难忘的岁月。再定睛一看，是一张清华乒乓的老照片，王老师问："是否有可能找寻一下出处"，因为我毕业留校在清华图书馆工作，王老师自然想到了我。

2019 年作者代表清华大学教工参加北京市教育系统职工乒乓球比赛，获团体亚军，单打季军

会议结束后，我开始动用这些年工作的经验，全力找寻，也把很久都不曾碰触的乒乓片段，启动了记忆寻找程序。

1997 年 7 月 1 日，举世瞩目，那一刻香港回到祖国的怀抱，而我正在准备着人生的重要时刻。再过一周就是高考的日子，电视中正转播迎接香港回归举办的盛大的户外音乐会。明星云集在清华大学，大礼堂前草坪上坐满了清华学子，我坐在沙发上双眼盯着电视，神往着也成为其中的一员。儿时的偶像乒乓世界冠军邓亚萍也在 1996 年来到清华深造，说不定有机会见面，甚至打上几拍。

小时候的我，个子不高。乒乓选材时，有的教练会有顾虑，我的教练强调说，个子不是主要因素，关键是特点突出，技术全面和过硬的心理素质，努力拼搏不服输的精神。邓亚萍就是个榜样。这样我走上了乒乓之路。父母希望我有个好身体，教练希望我有个好成绩，老师希望我能考个最优秀的学校。做一名都能兼顾的学生运动员，无疑需要比别人付出更多的努力。

功夫不负有心人，在教练老师们的帮助下，我先后获得了全国少儿比赛第四，省少儿比赛冠军，学习成绩也一直名列前茅。但清华大学那耀眼的光芒还是不敢直视，只有通过高考决定成败。在电话刚进入千家万户的时代，地级市的信息并不通畅。有一天妈妈看到了一则报道清华大学的新闻，急忙驻足，仔细地聆听王大中校长的介绍。欣喜的妈妈，特别神秘地告诉我清华有乒乓球队。

　　信念稳扎根，目标已锁定，清华我势在必得。初到清华，处处是美好的情景，高高的白杨，潺潺的流水，砖红色的建筑。穿过二校门，一眼望去，大礼堂威严夺目，草坪葱郁，绕过大礼堂，顺着小河一路向西，就来到了西大操场，新生军训也在这里进行。西操西侧的清华早期建筑之一西体育馆二层北侧的房间就是乒乓球训练馆了。推开铜门，迈上磨得发亮的水泥台阶，铝制钥匙转一圈，四张球台整整齐齐地排在训练馆里，心中默念：清华乒乓我爱你。

　　当时女队正好组成一支4人参赛队伍，分别来自5字班电子系李珊左手直板快攻，6字班电子系王蕾左手直板弧圈，7字班外语系王凌雪右手生胶加直拍横打，我7字班精仪系右手横拍快弧。我们技术实力相对平衡，有各自的技术特点，可组合适应各个比赛项目。

　　每天下午四点半，学校广播中响起"同学们，走出教室，走出宿舍，参加体育锻炼……争取为祖国健康工作五十年！"那具有感召力的声音，我们就不约而同地来到训练馆。首先，做准备活动，然后训练开始：正手攻，反手攻，两直两斜，正手三点，推侧，推侧扑，发球抢攻，多球训练，发球尽量，最后是升降级比赛。大家互相探讨着乒乓球技术，切磋技艺，交流学习。训练结束，结伴去食堂就餐，通常食堂已近尾声，几乎没什么饭菜了。不过学校支持运动队的训练，每次训练给每人提供2元的晚餐补助，隔几天大家一起要个小炒，美味带走了训练的疲倦，带来了欢声笑语。

　　进入晚自习时间，那时候自习座位紧张。通常要走好几个教室才可以找寻到一个座位，赶紧做作业，温习功课。通常有种说法，打乒乓球的人都反应快，但只有更努力才能取得各方面的佳绩。行胜于言，日复一日的锤炼，使得学业球技日益精进。

　　练兵千日，用兵一时。每年的固定比赛是北京市高校乒乓球比赛，包含了男女团体、双打、单打等项目，清华乒乓球队作为强队之一，在各个项目上占据前三强。比赛一般安排在周末，利用两到三个周末完成全部项目的比赛，各个学校轮流承办。比赛场馆宽敞，可以自由地跑动击球。比赛气氛激烈紧张，我每次都兴奋不已，希望能为清华乒乓球队增添更多的荣誉。

　　在大二那一年，在王欣老师的坚持与努力下，我们甚至有机会参加了全国大学生比赛。比赛由东南大学举办，在暑假举行。大家非常重视这难得的机会，期末考试结束，马上拿起球拍，奔向西体二楼训练馆，开始了为期几周的暑期集训。经过紧张的争夺，我和李珊获得女子双打第五名。在回程的火车上，我们还兴致勃勃地讨论着，这场球如何，那场球精彩，如果再坚定些，如果再稳妥些……真希望来年可以再战。

在紧张的学习与训练中，时间过得飞快。硕士毕业后，我实在是不舍清华的一草一木，一砖一瓦，有幸留校在清华工作。我继续代表清华教工参加了许多的乒乓球比赛及活动，获得了北京教育系统乒乓球比赛第二名、北京和谐杯乒乓球比赛高校组第一名等成绩。我还参加了2009年在鸟巢的千台万人乒乓球展示活动，那是何等壮观。这一切都是清华乒乓的梦中音符，它们编织在一起，奏响着我的清华乒乓梦之旅。

感谢教练，感谢队友，感谢清华让我拥有这美好的记忆！

清华乒乓历史悠久绵长，清华乒乓人才济济，清华乒乓精神代代传承。祝愿清华乒乓球队保持传统，锐意进取，继续承载每一个希望圆梦在清华乒乓的清华人。

魂牵梦萦的美妙岁月

■ 徐阳（1998 级微电子）

作者在比赛中

我于 1998 年进入清华电子工程系微电子专业学习，2005 年硕士研究生毕业。毕业后留校工作了 3 年，2008 年离开清华远赴新加坡，开始新的事业和生活。在清华园里的十年，是我青春的十年，我至今都常魂牵梦萦这段美妙的岁月。

我和清华的故事，缘起乒乓球。记得在 1997 年，高考前一年的暑假，我和现在很多孩子一样，来北京清华、北大参观。那时候来参观的人还不多，校园还是开放的，没有什么限制。我参观到蒙民伟楼，碰到了一名高大的男老师，我就上前问清华大学有乒乓球队吗？好巧那名老师就是当时体育部副主任吴跃健，正在蒙民伟楼开会，更巧的是乒乓球队的主管老师，王欣老师也在蒙民伟楼开会。于是我如此幸运地认识了王老师，也开始了和清华大学，和清华乒乓的缘分。

1998 年是特殊的一年，那年夏天全国人民都在抗击洪水，连我所在的东北城市——沈阳，都是全民动员。据家里的老人们说，一辈子都第一次见到这么大的洪水。好在 8 月份，大水退去。所有大学新生还是按时到学校报道。清华园里的学习和生活有太多的回忆，多的让人无从下笔。那时候的乒乓球队还在西体育馆二楼的一个小房间里训练，我和师兄师姐们每天下午都在校园广播的伴音中，来到西体训练。我是个性格开朗的人，除了乒乓球队的训练，我也喜欢和其他队的同学一起聊天，很快清华大学体育代表队这个组织开始吸引我，我也开始参加体育代表队的各种活动。也许是东北人外向、开朗的性格，让我更容易与人熟络。慢慢地我被发展成了体育代表队的骨干，并于 2002 年被选为清华大学体育代表队的大队长。那一年，我大四，由于直读研究生，没有找工作和升学的压力，我把更多精力放在了乒乓球队和体育代表队的工作上。

清华大学有很多传统，清华体育代表队也有很多传统，清华乒乓球队也有我们自己的传统——学习好、球技好、社会工作做得好，简称"三肩挑"。这些都是王欣老师每天在我们耳边叮嘱的。清华考试的难度和严格程度是校友们刻骨铭心的记忆。记得每到考试周前，王老师就开始了妈妈一般的叮嘱，认真复习，有不会的问题赶快请教老师和同学，考试时候要严格遵守考试纪律，不是官话套话的那种叮嘱，更像是老妈跟孩子们的嘱托。在这种叮嘱中，我顺利地通过了本科四年所有的考核，但是我不是乒乓球队里学习最好的，那时候有两个学姐王凌雪、于婷和一个师兄刘立恺，是真正的学霸级人物。据王老师讲，我入校前就已经毕业的学长里有好多学霸，如李翱翔、张明、于军等，他们不但球打得好，获得冠军无数；学业上也是惊人，毕业后全额奖学金赴美国常青藤名校继续读博。

清华大学体育要求之高，各种体育设施之完备，以及各个项目校代表队从规模上和成绩上，都是全国顶尖的。我作为清华体育代表队大队长，有幸为全校的老师和同学们服务过一段时间，是我一辈子的骄傲和纪念。我参与过清华—北大赛艇对抗赛的组织工作，北京和全国高校田径运动会的服务工作，国际象棋世界冠军诸宸的庆功会，建校 90 周年体育代表队庆祝大会，全校规模历时一整年的体育第二课堂活动等等。这些不仅仅是参与和奉献，也是对我个人能力的培养与锻炼。我工作后，在公司里主持跨多个部门、几百人参与的项目时，条理清晰，协调一致，进度管理精确等等，都是我在体育代表队里学习到的组织能力和执行能力。"三肩挑"的能力，也让我来新加坡后的生活更加丰富。这几年我除了做好本职的工程师工作之外，还经营一家贸易公司和一个乒乓球俱乐部。这种多线程的处理能力，是我在清华乒乓球队学到的最大的本领。合理安排时间，健康的身体和充沛的精力是一辈子最大的本钱。虽然我没有进行自主创业，但是拼搏的体育精神已深入我的灵魂。

作者和女儿一起参加新加坡全国锦标赛，分别获得男子成人和 U9 女孩组别的第三名

　　大学时光是美好、快乐的，但是也是短暂的。我 2005 年硕士毕业后，实在舍不得离开清华园，就留在了清华大学微电子所工作，从学生转化成了青年教师。可惜后来家里发生了一些事情，让我决定换个环境。在我最无助的时候，王老师第一时间给了我最大的安慰和支持，让我挺过去生活的苦难。2008 年，我远赴新加坡开始了新生活，王老师一直都关心我，并把她在新加坡乒乓球裁判界的老师们介绍给我。我也是借此良机，组建了一个小型的乒乓球俱乐部，除了发展新加坡本地的青少年乒乓球人才外，也是清华大学新加坡校友会的乒乓球活动基地。我和校友们多次获得中国大使馆主办的中国校友团结杯冠亚军。这个俱乐部发展到现在已经是新加坡乒乓球界重要的一员。我本人也在新加坡体育理事会服务过一段时间，并成为新加坡残奥会国家乒乓球队的主教练。

　　不管身处何地，我始终不忘王老师的叮嘱，现在就是工作好，家庭好，乒乓球也要继续打好。

　　2017 年 12 月，在王老师 60 岁生日之际，我代表全体老队员给王老师送上一份鲜花和温馨的祝福，很高兴看到王老师身体健康，气色红润。我们球队很多老队员像祝福母亲一样，祝福王老师！我也期盼着重返清华园与您相聚。

七年清华乒乓之旅

■ 王一男（1999 级电机）

清华这两个字在大多数人心中是一个符号，是一种理想。然而对我来说，清华是实实在在的人生经历，清华园里的七年时光是我最宝贵的人生财富，使我受益终身。在校期间，作为一名清华学子，我同时还是学校体育代表队的一名队员，在清华大学乒乓球队这个光荣的集体中成长、成熟、成功，与队友们齐心协力，荣辱

2005 年 7 月，清华大学乒乓球队赴天津参加第 12 届全国大学生乒乓球锦标赛时合影（右二为作者）

与共，从而体验了别样精彩的清华人生。每每回忆起我在清华乒乓之路上走过的五个阶段，心中都会重新燃起激动的火焰。

初　　识

我与清华乒乓结缘始于少年时期，当时还是北京少年体校队员的我，曾在体校教练的带领下到访清华并与校乒乓球队开展球技交流活动。虽然那时对上大学还没有清楚的概念和规划，但在我的心中已经种下了一颗清华的种子。中学时期尤其是步入高中后，我开始认真考虑大学择校的问题，进入中国知名学府清华大学学习，成为了我为之奋斗的梦想。幸运的是，在学业以外，乒乓球特长也为我搭建起圆梦的桥梁。

在 1998 年的一项乒乓球赛事中，我所在的中学校队与清华乒乓球队不期而遇。场上双方全力竞技，场下促成了我与学长们交流谈心。清华学子的智慧、学识与风度让我倾心，清华乒乓球队团结拼搏的队风，给我留下了深刻印象，同时也进一步坚定了我要努力加入其中的决心。在这种决心的引领下，我顺利地通

过了清华大学体育冬令营的各项严格考验，获得了学校的认可。1999年高考后，我收到了梦寐以求的清华大学录取通知书，如愿以偿地加入了清华乒乓球队的大家庭。

开　局

当1999级新科大学生还在享受他们最轻松的暑假时，我已率先一步踏入清华大学的校园，与校乒乓球队的师兄们一起挥汗如雨，勤奋训练，迎接暑期将在兰州举行的全国大学生乒乓球锦标赛。这是我第一次代表清华大学乒乓球队出征，既荣幸也有压力。与以往参赛大不同的是，由于多方面因素的限制，这次只有戴远、徐阳和我三位男队员出征，甚至王欣老师也未能随队出发。

就是在这样艰苦的条件下，我们三人在队长戴远的带领下，团结一心，顽强拼搏，克服了没有教练指导、身体不适等各项困难，一举取得了团体第四名的好成绩。尤其记得团体四分之一决赛的那个晚上，比赛是19：30开始的，我们的对手是湖南大学。论实力，我们不占上风；论声势，对方选手和场下啦啦队有十几人之多，而我们只有孤零零的三人；论状态，我方戴远、徐阳当天还在生病。天时、地利、人和，我们一样没占，但我们愣是凭着坚定的意志和不服输的精神，与对手一分一分地缠斗。比赛进程之紧张激烈，在我的乒乓生涯中也属罕见，五场比赛有四场都是进行到决胜局才分出胜负。每场比赛双方比分都咬得很紧，每赢一分都需要付出巨大的努力。不止是场上的人在全力拼搏，场下的两人也是竭尽全力地在加油鼓劲，嗓子喊哑了都浑然不知。当戴远在第五场生死战的决胜局打到20平以后才艰苦取胜时，时钟已过了晚上11点。清华乒乓球队不止赢下了比赛，同时我们的谦逊、智慧与勇气以及顽强拼搏的队风，也征服了赛场，得到了对手由衷的祝贺和赞赏。这届比赛，清华乒乓球队取得了成绩和形象的双赢。对个人而言，是我清华乒乓生涯的美妙开局。

夺　冠

1999年初冬，我入校以来第一次参加北京市高校乒乓球赛。作为北京高校一项传统赛事，也是一年中最为重要的赛事，我憋着一股劲要一展身手。团体比赛中，我作为男队一号主力保持全胜，带队获得团体第三名的好成绩。

单项比赛中，我又过五关斩六将摘取了男子单打冠军，并与队友配合取得男双第三名、混双亚军。首夺男单冠军成为了以后几年男队霸业的起点，但过程之艰辛我记忆犹新。32 进 16 时我面对的是北邮的刘欣，他是和我同级的北京学生，在中学时代我俩的多次交锋中均是我获胜，因此赛前我并没有做足面对困难的准备。没想到他近期技战术均有了很大进步，给我带来了强烈冲击。双方一直激战到决胜局我还以 17∶19 落后，离出局只差两分。关键时刻我没有动摇，坚持进攻，连扳四分才得以惊险翻盘。还未从上一场的惊心动魄中回过神来，16 进 8 的考验又来了！我的对手是上届男单冠军，来自人大的杨波，他也是我中学时代的师兄。我俩可谓知根知底，水平也是旗鼓相当。在先失一局的情况下，我毫不气馁，敢拼敢打，一举逆转。通过了这两关后，我完全释放了压力，一鼓作气又战胜了北大、北邮的多名强手，勇夺冠军，实现了我为清华乒乓球队夺取单打冠军的梦想。虽然这届团体赛我们留下一些遗憾，但我相信属于清华乒乓球男队的时代即将到来。

巅　　峰

随着千禧年的到来，清华乒乓球队重返巅峰状态。全队上下在王欣老师的带领下经过一年的卧薪尝胆，刻苦训练，技战术水平又有了质的飞跃。2000 年北京市高校乒乓球赛上，男队霸气外露，打破过去两年半决赛输球的魔咒，一举拿下男团冠军。而我作为男队一号主力，在团体赛中再次保持全胜。单项比赛中，我蝉联了男子单打冠军，并和戴远配合摘取了男双冠军，为清华乒乓球队首次实现包揽男子项目金牌的霸业，开启了清华乒乓的又一段辉煌岁月。随后两年的北京高校比赛，清华男队保持王者之气，以其他高校难以撼动的优势连续包揽男子项目全部冠军，男团、男单、男双全部实现"三连冠"的骄人战绩，甚至达成了男团从小组赛到决赛全部 3∶0 获胜的传奇。

本科四年期间，我个人出场时保持外战全胜，夺取男团冠军三次，男单冠军三次，男双冠军三次，是那几年北京高校乒乓圈中的绝对 No.1 人物。但我想说的是，这些辉煌成绩的取得不仅有我个人的努力，也凝聚了王欣老师的悉心关怀与指导，更重要的是清华乒乓球队这一光荣集体——团结大家庭——的氛围。在这个集体中我不止在球技上更加娴熟，也逐步学会了如何做人。我从入队时的一个大男孩成长为有担当的男人，从普通队员成长为球队队长，从只顾单打独斗的独行侠，成长为能够凝聚全队上下的主心骨。清华乒乓球队的优秀精神通过我得以衍生与传承，这实在是我个人之幸。

传　承

　　2003 年清华球队进入新老交替之际，当年我考上了研究生，一批老队员的毕业离校使我队的实力受到了较大影响。加上多所高校利用招生政策上的优势，陆续招收了较高水平的新人，不少队伍在技术实力上已经超过了我们，这对清华乒乓球队形成了巨大的冲击。在各种困难夹攻之下，作为队长和队中年龄最大的老大哥，我责无旁贷，继续带领着年轻的队员们捍卫清华乒乓的荣誉。在 2003、2004 两年的北京高校赛上，男队充分发挥团结、智慧、拼搏的特点，打退了多路强敌，连续杀入男团决赛，仅仅惜败给常年保持职业级训练的北大队获得亚军。2005 年在我毕业前的最后一届北京高校赛上，男队更是王者归来，重夺男团冠军，从而给我的清华乒乓生涯画上了一个完美的句号。我最欣慰的是，在研究生三年期间，我对球队的贡献不仅在于在比赛中继续担当一号主力出场并获胜，更重要的是像前辈师兄们做过的那样，将我的球技、经验和清华乒乓永不服输的精神，向年轻队员们传承。我高兴地看到，高阳、朱成等一批年轻队员能像当年的我一样，勇敢地握紧队长的"接力棒"，在正确的道路上快速成长，让清华乒乓这面光荣的大旗继续迎风飘扬。

　　回顾我的七年清华乒乓生涯，满满的都是正能量，没有留下任何遗憾。直到今天，每次回忆起那段时光，我都可以自豪地说："我为清华乒乓的辉煌历史贡献了自己的力量，我永远以自己是清华乒乓球队队员为荣！"

清华园里走出的国际裁判

■ 黄初冬（1999 级土木工程）

我的乒乓情缘，主要是在清华求学期间建立的。在清华读本科的四年里，陪伴我课余生活的主要是乒乓球活动，乒乓球就是我最喜欢的运动项目，没有之一！尤其令我喜出望外的是，也正是经过清华园的培养，在老师的指导下，我从一名不了解规则的普通乒乓球爱好者，成长为一名乒乓球国际级裁判员。

作者在中国乒超联赛中执裁

快乐乒乓

在清华期间，一有空我就会去打球，打球的地点主要是西大饭厅。2000 年前后在校的校友应该知道，西大饭厅当时已不是餐厅，而是乒乓球、羽毛球的运动场地。小时候我没接触过正规训练，大学期间恰巧和时任清华乒协会长路遥同系同年级，我们经常一起打球，慢慢知道了正手攻球、反手推挡等一系列乒乓球技术概念。正是从这段时间开始，我的打球动作逐渐显得正规起来，以至于现在常有业余球友误以为我在体校训练过，这一点极大地满足了我的"虚荣心"。

西大饭厅拆除之后，打球地点便转到学生服务中心（简称学服）地下室。2003 年"非典"的那段特殊时期，所有室内的聚会活动都被取消，但依然没有阻挡球迷们打乒乓球的热情。不知是谁把一张球台搬到 23 号楼东面的小树林，于是那里就成了一处难得的以球会友的好地方。"非典"期间各种活动较少，在小树林打球就成为球友们最大的乐趣。全校的球友，都会跑到小树林里露天的乒乓球台旁集中。人太多轮不过来的时候，我们就玩双打，一局定输赢。只要风不大，即便偶尔有点小雨，也阻止不了我们打球。往往是从傍晚打到逐渐天黑，球都看不清了，或是雨越下越大，大家才依依不舍地收场。小树林打球、聚会的照片，到现在我还一直珍藏。

除了打球，我的课余生活还有很多内容与乒乓球有关，很多的故事都源自水木清华 BBS 乒乓球版。那时候，球友们经常在 BBS 上发帖，我们称之为"灌水"。有记录打球成长经历的，也有相互逗乐的，还有为离校球友送别的。渐渐地，BBS 成了我生活的一部分。有时为了发帖、看帖，我直到晚上宿舍断电、电脑非正常关机才去洗漱就寝。一起灌水的球友们也经常聚会，我们称为"版聚"。周末打球，然后聚餐，成了常见的娱乐项目，时不时还有球友生日聚餐、K 歌。为了纪念，球友们统一制作了"版衫"，每人的版衫后面印上 BBS 账号。时至今日，很多感人的快乐场景还历历在目。

裁 判 之 路

在校那些年，我对打乒乓球充满了热情，但我与乒乓球结下更深的情缘，却是因为乒乓球的裁判工作。人的一生之中，总会有几位师长对自己的成长产生深刻的影响。对我来说，清华体育部的王欣老师就是其中一位。王老师不仅是学校乒乓球队的主教练，还是乒乓球国际裁判长。我当然料想不到，从 2000 年认识王老师开始，我也就和乒乓球裁判工作结下了不解之缘。在清华的学生乒乓球爱好者当中，通常是愿意打球锻炼身体的多，主动做裁判的少。王老师从全面促进清华乒乓球运动发展的角度出发，希望能够在学生中培养出具有高学历、高水平的专业乒乓球裁判。在王老师热忱的态度、专业的水准和严谨的作风感染下，我踏进了这个陌生的体育执法领域。如今，历经十八年的不断学习与实践，我从一名不了解乒乓规则的大学生业余乒乓爱好者，一步步变成了国际乒坛最高级别的"执法官"——乒乓球国际级蓝牌裁判员。

我开始接触裁判工作，时值 2000 年的清华大学"马约翰杯"乒乓球赛。借着赛前准备、赛中实习的机会，我很幸运地参加了王老师的培训课程，首先取得了乒乓球三级裁判员资格。从此，我在王老师的言传身教下，一边学习乒乓球裁判理论知识，一边参加临场执裁工作。到了大四时，我通过培训、考试，取得了二级裁判员资格。两年之后，我在读研期间又获得了一级裁判员资格。

乒乓球裁判不仅要学竞赛规则、学赛程编排，还要学会临场执裁。为了锻炼我们的临场执裁能力，王老师总是不放弃每一个临场执裁的机会。每年北京市高校乒乓球锦标赛，我们都要去担任临场裁判。外校的球队来清华比赛交流，执裁工作自然也是非我们莫属。有一次清华乒协邀请到王励勤、闫森来清华，与校队的队员和清华球迷进行交流，王老师还特地安排我上场执裁。那个时候能见到世界冠军并且给他们当裁判，对我来说是一件非常难得、极为荣耀的事。友谊赛后大家合影留念，照片印在某一期《乒乓世界》的封面，老家中学的学弟学妹们看到后，都非常羡慕。

乒乓球裁判在普通观众看来很简单，以为就是"举举手、报报分数"而已。但相信所有接触过乒乓球裁判工作的人都会深刻认识到，当好一名"公正、专业"的裁判绝非易事。记得我刚开始执裁的时候，因为对临场操作程序不熟练，经常手忙脚乱，遗漏一些环节，甚至连大声判罚都做不到。为此，王老师多次有针对性地告诉我"不要这么腼腆"，"要有自信"，还亲自演示主裁应有的手势、传授控制比赛的经验。通过多场比赛的锻炼，我在裁判业务上得到了提升，熟悉了临场执裁的流程。更为重要的是，我逐渐建立了自信，学会在公众场合用洪亮的声音判罚，相应地也学会在众人面前沉稳地表达自己的观点。所以，现在如果给初学裁判的人做业务培训，我都会用亲身经历告诫他们，用实际案例来让学员认识建立自信心，以及执裁实践的重要性。

更 高 更 强

国际通行的乒乓球裁判分级制度是一个"金字塔"体系，从低到高共有八级，分别是：三级、二级、一级、国家级、国际级、国际级蓝牌、国际级裁判长、国际级精英裁判长。在清华求学期间，我在处理好学习和打球关系的基础上，获得了初级的乒乓球裁判资格。而当我博士毕业回到浙江工作后，要想继续获得更高级别的裁判资格，就要处理好工作、学习、家庭和社会等多方面的关系，克服之前在学校里没有遇到过的许多困难。

来到社会上，我知道了乒乓球裁判其实也是稀缺的社会资源。要想取得中高等级的裁判资格，仅凭自身努力是远远不够的，需要有前辈的提携和推荐。无比幸运的是，王欣老师一直在关心我、鼓励我，同时发挥她在中国乒乓球裁判界的影响，为我创造了不可多得的良好条件。2008 年，我刚回到浙江，王老师不仅提早让我关注国家级裁判员考试的信息，而且还向有关方面积极推荐，帮我争取到了宝贵的考试名额。2009 年 1 月，我赶赴成都参加国家级裁判员培训与考试，经过努力，我的临场执裁和英语口试都顺利通过，取得了国家级裁判资格。2010

年，我又被推荐为国际级裁判资格考生赴北京参加考试，最终取得了乒乓球国际级裁判员资格。要知道，这一批国际级裁判全国仅有 20 个名额，而且距我国上一次国际级裁判员考试已有五年之久，名额的珍贵程度可想而知。我之所以能够后来居上，清华博士的背景和包括王欣老师在内的几位乒乓界前辈的推荐也是重要因素。

我后来才知道王老师从 1996 年就是中国乒协裁判委员会副主任，从第 8 届到现在第 14 届的乒乓球国家级裁判考试，王老师都是考官之一。我逐渐感悟到，她之所以一再鼓励我不断地争取乒乓球裁判的更高级别，不仅仅是对我个人的关心，更是包含了对清华乒乓球运动发展，乃至体育教育事业的极大热情和责任心！王老师深知我受清华校风的影响，行事过于低调，多次开导我要学会在适当的场合，通过展现自我，来展现清华人的风采，并为实现既定目标创造必要的条件。例如在国家级裁判考试面试时，她建议我可以大方地提及自己在清华的求学和打球两不误的经历，让考官们印象更加深刻。事实上，我在按照她的建议进行答辩后，确实取得了积极的反响，为我顺利通过资格考试加分。

2015 年，我参加了在苏州举办的第 53 届世界乒乓球锦标赛裁判工作。在参与这次国际乒乓球运动顶级赛事的同时，我也进入了乒乓球国际级蓝牌裁判员的考核程序。"蓝牌"考核是对乒乓球裁判员最为严格的选拔和考核，不仅需要进行规则考试，而且要经过一系列严格的大赛临场评估，并取得评委四次合格的评价，最后还要经过英语口试方能通过，中国目前仅有 30 余名蓝牌裁判。

为了帮助我向乒乓裁判的更高目标挺进，王老师曾向我多次介绍过蓝牌考试的细节，使我尽快熟悉考试流程和规则。2018 年 7 月，我和王老师又在国际乒联青少年巡回赛中相遇，一起和蓝牌临场评估的考官面谈并取得了第 4 次"合格"，而后经过英语口试成为蓝牌裁判，算是继王老师之后，清华园走出的第三位蓝牌裁判，也是浙江省目前唯一的一位。近日，我还有幸获得体育总局乒羽中心乒乓球一部赵霞部长和中国乒协裁委会各位老师的推荐，即将参加 2019 年的国际级裁判长培训考试，这是更为难得的机会和殊荣。能得到这么多老师的关心、支持，和清华行胜于言的校风熏陶，以及王老师多年来的谆谆教导密不可分。

追 求 奉 献

乒乓球裁判不是一项职业，几乎没有专职的，即便是国际级裁判也几乎都是"专业而不专职"。说得通俗一点，乒乓球裁判是没有固定工资的，工作津贴一般都是象征性的，不能用来谋生。因此参与乒乓球裁判工作更多的是奉献，一般都要牺牲周末、假期休息时间完成，遇到规模较大、需要占用工作日的比赛，就需要请假完成。

获得乒乓球国际级裁判员资格以来，我有幸参加了多次国内、国际大赛，包括世界锦标赛、国际公开赛、国际残疾人公开赛、中国乒乓球俱乐部超级联赛（乒超联赛）等。记得2010年第一次执裁乒超联赛，时任乒羽中心乒乓球二部卿尚霖部长在发放津贴时，还很不好意思地说酬金太低，执裁乒超联赛只能当作一项荣誉。要知道，乒超联赛单场酬金已经是所有乒乓球比赛中最高的。但我们仍然愿意将有限的休息时间，投入到裁判工作中。不管是省里的比赛，还是全国性比赛和国际大赛，在处理好本职工作的前提下，我们都愿意更多地承担执裁工作或竞赛组织工作，以严谨的态度和愉悦的心情完成任务。

在近几年的乒超联赛中，我多次被委任担任比赛主裁。为了平衡本职工作和裁判工作之间的时间矛盾，我每次都要把执裁的行程安排得非常紧凑。2018年底因单位工作繁忙，经常在周末还要参加各种会议，我执裁位于深圳的比赛时，是在周六凌晨三点多起床，赶到机场坐最早的航班出发；比赛结束后马上赶乘最晚的航班返回，辗转到家已然接近周日凌晨三点。执裁安徽巢湖的比赛时，因周五上班，我就在周六凌晨坐普通列车去巢湖市，比赛结束后又坐半夜的普通列车返回杭州，下车直接去办公室休息一小时后参加会议。我的业余时间基本都奉献给了乒乓球裁判事业，因为乒乓球已经成为我人生中重要的一部分，正如王老师常说的"做裁判的朋友都喜爱乒乓球"。

为了能够执裁比赛，披星戴月的故事还很多，类似的经历也不止发生在我一个人身上，这在裁判界司空见惯，已成为裁判专业精神的体现。但说实话，我一点也不觉得辛苦。不因副业而影响本职工作，我已感到很庆幸；繁忙的工作之余，能顺利完成高水平比赛的执裁任务，我更是感到愉快而充实。有时实在不方便向单位请假，就只能和体育总局乒羽中心、省体育局等主办方说明情况，取得他们的理解。同时我也仍然抽空做些不需到场的辅助工作，尽量为赛事顺利进行出力。既然投身乒乓球裁判事业，就要从简单的爱好层面上升到一种情怀。对我来说，能有机会被授予国际最高裁判资格，承担各项大赛组织工作，亲身见证、推动中国乃至世界乒乓球事业的发展，既是一份荣誉，更是一份责任！况且，我也通过这种跨界学习，掌握到很多系统管理的思维和方法，对促进自己的本职工作同样大有裨益。

弘 扬 乒 乓

　　因为对乒乓球运动和裁判工作的热爱，我会始终保持一份执着，坚持乒乓锻炼，坚持参加裁判工作。同时还希望通过自己的努力，将小小银球包含的精神广泛传播，不仅要在我的两个女儿身上传承下去，也争取要在校友中开花结果。回浙江工作后，我在工作之余也为清华大学浙江校友会、杭州校友会做些志愿者服务工作，也希望在浙江校友中开展乒乓球活动。清华校友杯乒乓球赛已经连续举办了八年，但浙江校友还一直没有组队参赛，弥补这种遗憾也是我的努力目标。

　　2018年5月，在王老师的建议下，我参加了"苏沪杯"清华校友乒乓球联谊赛暨"南翔杯"乒乓球邀请赛，比赛地点在江苏宜兴市高塍镇——蒋南翔校长的故乡。这次比赛既是校友聚会，也是通过弘扬"为祖国健康工作五十年"理念，以实际行动纪念蒋南翔校长逝世三十周年的有意义的活动。因为来自浙江的校友只有刘立恺学长和我，作为友谊赛选手，我们被分到其他队伍参赛。我幸运地被分到上海二队，跟着来自上海和北京的校友一起打团体赛，最后居然获得了"南翔杯"冠军。赛后我带着女儿和莅临现场的世界冠军邓亚萍学姐合影，活动新闻和照片还登上了清华校友网首页，当时的页面我已经存下作为珍贵的纪念。通过这次活动，我亲身感受了清华校友的乒乓热情，以后一定要创造机会，发挥能量，争取和浙江校友一起参加校友间的乒乓球比赛，重新汇入清华经久不息的快乐乒乓洪流中。

　　因清华而深深结缘乒乓，因乒乓而更加眷恋清华。现在回想起来，我热爱乒乓球运动并能一直坚持，主要始于清华求学期间。我的裁判生涯，更是得益于清华的熏陶和王老师的培养，从清华园正式开启。虽然我已经毕业多年，但我曾几次梦回清华园，场景之一便是在乒乓球馆和球友们打球。希望能和昔日的球友们再聚清华，一起挥汗球馆，共拾美好回忆！更希望能在清华执裁高水平乒乓赛事，传播乒乓球裁判知识，传承清华体育精神！

爱我所爱，行我所行

■ 高阳（2002级工业工程，2006级工硕）

　　或许是冥冥之中的缘分，从我七岁那年拿起乒乓球拍学做第一个正手动作时起，可能就已经与清华乒乓产生了奇妙的感应……十多年后，我穿上了印有"清华乒乓"的球衣挥拍击球。

　　当时的乒乓球训练馆在西体育馆。西体是清华早期四大建筑之一，有着百年的历史。每天在古朴的球馆中训练，乒乒乓乓，感受到的是历史的回响。当时的训练条件比较艰苦，乒乓球要和羽毛球共用场地，每次训练前要支球台、摆挡板，练完还要全部收起，

作者在厦门鼓浪屿马约翰先生塑像前

为羽毛球活动腾出场地。木地板因为使用久了，早已磨得光滑明亮，经常一个交叉步救球，对方球都回来了，自己还在前一板的滑行中没有停下来。球馆的大灯时明时暗，要看它的心情。更有意思的是，西体层高很高，训练时还时常有鸟儿从我们头顶掠过……虽然训练条件有限，队友们依然非常珍惜每天这一个多小时的训练时间，全情投入，挥洒汗水，沉浸在这小小银球带来的快乐之中……

传承温度与精神

　　体育一直是清华的传统，所谓"无体育，不清华"，而"为祖国健康工作五十年"早已深深根植在每一位清华学子的心中。

　　清华乒乓球队建队几十年来，一直有着很好的历史传承。王欣老师是清华乒乓球队这个温暖大家庭最和蔼的家长。训练场上她是"严父"，严格要求训练质量，培养队员们的顽强作风；生活中她是"慈母"，关心大家的生活点滴，让我们处处

感到温暖。清华乒乓球队有老带新的优良传统，老队员一对一传帮带，帮助新队员快速适应和融入大学的学习和训练。记得我刚入校的第一天，师兄徐阳就把他的自行车借给了我，方便我去办各种手续，点点滴滴让你感受到球队的温度。

"Fight to the finish and never give in！"（奋斗到底，绝不放弃！）是马约翰老先生在训练场上，常常鼓励学生们的话语。在竞争激烈的赛场上，精神的力量有时能发挥神奇的作用。看似强大的对手，最易被突破的常常是在精神层面。"清华学生的意志品质真强，团结、不服输，大比分落后都能一分一分地拼回来。"这是外校老师对清华球队的评价。清华乒乓一直传承着永不放弃的精神，不论领先还是落后，不到最后一分绝不放弃。

用智慧打球

清华人打球特别讲究智慧。出去比赛时经常会听到观众评论："清华学生打球就是有头脑，技战术清晰。"这是一直以来，清华乒乓球队给大家留下的印象。用头脑打球，这也是清华乒乓传承下来的球队基因。

我清楚地记得大一刚进队的一次训练中，我在练正手连续拉，但是连续多板发力后，依然没能拉穿对手。王欣老师将我叫到一旁，对我讲："当你进攻不能奏效时，不要一味发死力。要在落点和节奏上想办法，线路再打开一些，或者节奏做一些变化，就会有效果了。"这句点拨，使我对乒乓球的认知上了一个台阶，我的技战术体系也逐步向着更加立体和多维的方向发展。当然，我更清楚地知道，最大的智慧是不走捷径，苦练基本功，打造技战术硬实力。全面的技术体系加上聪明的头脑，在比赛中才能形成更加全面的优势。

清华体育代表队有句口号，叫做"业余赶超专业"。因为北京高校招生政策的调整，很多时候我们要面对专业队背景的对手。我们可能在训练时间和技术专业度上不如其他学校的队员，但我们能够充分发挥自身的优势，用智慧打球，在战术策略上占得先机。我在校的六年期间，清华乒乓多次夺冠，始终是北京高校冠军最有力的争夺者。

"三肩挑"

清华大学体育代表队内部有个说法，叫做"三肩挑"。指的是，在体育代表队工作的学生干部，身上肩负着三重责任，既要抓好学习，又要在运动上争金夺银，还要在学生工作上做出成绩。在清华体育代表队团工委、队部中，一直活跃着乒乓球队队员的身影。他们怀着对代表队的深厚情感和满腔热情，为代表队建设无私奉献着自己的力量和智慧。正是这种传承，也让我很早就萌生了加入体育代表队大家庭的想法。从乒乓球队队长、队部办公室主管，到代表队副队长，到代表队大队长，在代表队这个大家庭中一步步融入、学习和成长起来，担当起越来越大的责任。

在我担任大队长的时候，清华已经建立起拥有 26 个项目、38 支队伍、500多名学生运动员的体育代表队，是全国高校中项目最全、队员最多的体育代表队之一。代表队以"全面发展、育人至上、体魄与人格并重"为理念，倡导"体教结合"的教育方针，培养出了大批德、智、体、美、群、劳全面发展的学生运动员。

翻看当年在代表队的工作记录：组织各队队长召开工作例会，管理各队日常训练，保障大型赛事，组织筹办马约翰活动日、响箭晚会等重大活动，很多工作场景一幕幕浮现出来。时任清华大学体育部主任的陈伟强老师和代表队工作组组长陈伟老师，对我的代表队工作给予了细致耐心的指导，在各项工作开展过程中提供了大力支持。在我工作期间，着力推动了代表队内部的管理提升，让工作组内部更加团结高效；并通过开放训练日、马约翰活动日等方式，拉近高水平运动员和普通学生的距离，专业带动业余，让更多清华学生更科学、更专业地参与体育锻炼。我想，这也是对"为祖国健康工作五十年"理念的传承和践行。

热爱是最好的老师

我们常讲"热爱是最好的老师"。很庆幸，在清华打球的时光，我是快乐并享受的；也很幸运，在清华园里有这样一群有着共同爱好并且水平相当的队友，我们一起挥汗如雨，并肩前行，享受着乒乓带来的快乐，传承着清华体育的荣耀。

除了日常校队训练，我还常常与二队和系队的队友们一同打球、聊球。经常是大家对我车轮战，不到闭馆不罢休，畅快淋漓。在我看来，作为校队成员，有义务和责任带动更多的朋友，参与到这项充满魅力的运动项目中，而我也在这个过程中，有了更多的收获和感悟。

毕业后，因为工作忙碌和条件限制，练球的机会越来越少，但我仍旧尽可能创造条件，保持竞技水平。2014 年我代表单位夺得全国央企乒乓球赛冠军，获

2018 年作者与队友获得第八届清华校友乒乓球赛团体冠军，与邱勇校长（右五）、邓亚萍（右六）等人合影

得全国业余运动健将称号。2018 年，毕业十年后，我以校友身份再次代表工业工程系，与师弟师妹们携手夺得"马约翰杯"团体冠军。同年，我和校友一同代表"梦之队"，在一年一度的清华校友赛上再次夺冠。

如今，我把"热爱是最好的老师"这一理念，贯穿到了我的青少年编程教育工作当中，常常讲给团队的伙伴们和学生家长。因为我深刻地知道只有热爱，才能投入；只有热爱，才能持之以恒，做出成绩；只有热爱，才能快乐。

无问西东

我特别喜欢《无问西东》这部电影，它讲述了四代清华人在不同的历史时期，遵从自己的内心，不计较外在荣辱得失，以深深的爱国情怀报效祖国的故事。

蓦然回首，自己已经毕业十年有余，西体里乒乒乓乓的回响还时常萦绕耳旁。在工作中，也遇到过不少困难和抉择，也经历过许多彷徨与思索，但一直有一种内在的力量在指引自己前行，或许这就是在清华园所积淀的精神力量。清华乒乓球队一代代队员，毕业后投身各行各业，在工作中继续践行着永不言弃、奋勇拼搏的清华乒乓精神，正如电影中所讲："爱你所爱，行你所行，听从你心，无问西东。"

值此清华乒乓 60 华诞之际，用文字记录下我与清华乒乓的点点滴滴，每一次落笔都心怀感动。乒乓于我，已是生命中不可或缺的一部分，清华乒乓精神早已融入我的血液，指引我在未来的道路上不畏困难、砥砺前行。

衷心祝愿我们的清华乒乓——生日快乐，精神永存！

美好温暖的非凡经历

■ 詹逸思（2002 级新闻，2006 级教育硕，2013 级教育博）

2002 年我考入清华后，开始代表清华参加北京市大学生乒乓球比赛。2009 年我硕士毕业后留校工作，就作为教师代表参加北京市教育系统乒乓球比赛。2013 年我在清华教育研究院攻读教育学博士学位，2017 年毕业后依然在校工作至今。我已记不清在这 17 年中，我代表清华打了多少次比赛，也记不清拿了多少个冠军，而我在清华乒乓球队不断成长的经历却是历历在目。

作者在乒乓球赛场备战中

竞争与合作

毋庸置疑，竞争性是体育运动重要的特性之一，学会打败对手也是一个运动员需要具备的基本素养之一。因此，从小在乒乓球训练中的比赛环节，培养了我一直以来的竞争意识。这种竞争意识对我影响颇深，在学习和工作中都会有所体现。比如，我在工作中，总会思考自己要从事的工作如何在同行中做到最优秀，如何不断地创新让自己和团队一直保持国内甚至国际的前沿。这种竞争意识就让我一直不断地去观察国内外同行在做什么事情，然后确定工作方向、目标和方法。这种竞争意识，也会一直让我反思自身，哪些地方做得好，哪些地方做得不够，还缺乏什么关键的技术与能力，并且闭门多加练习。

如果说年少时的训练培养了我的竞争意识，那么清华乒乓球队却教会了我如何既竞争也合作。刚来到清华乒乓球队，我发现组织训练，督促我们练习新技能的，不是教练，而是队长王一男师兄和戴远师兄。那时候我们在西体训练，他们组织队员轮流在下课前提前去球场摆台子、拉网子。第四节有课的队员，要负责训练结束后收球台、球网和挡板。我们一起捡球，一起切磋球技。经常在训练后一起吃饭时，互相关心并指导如何更好地适应清华学习生活。记得有一次，我跟队长一男哥说，"我的作业快写不完了，就不参加你们吃饭了，我自己快快去洗澡吃饭要写作业了。"但一男哥说，"你不用着急，有时候大家一起聊聊学习经验，看起来耽误了一些时间，但是对你学习肯定会有更大的帮助。"

作者在练习正手搓球

在许多比赛场中，因为我们的教练王欣老师是著名裁判长，往往要负责大赛规程制定，组织和协调临场裁判员的工作，颇为繁忙，只能在关键场次的球赛来场外指导我们清华球队球员。王老师不能临场指导时，我们球队就是一个融为一体的整体。男女队员互相指导，大家一起为场上的队员出谋划策，落后时鼓励打气，领先时喝彩与提醒……这些可贵的经历让我耳濡目染地学会了如何合作，如何承担。

打 "聪明球"

在清华的学习与工作总是繁忙的，所以球队训练的时间有限。面对比我们训练时间更多的对手，我们不得不提高训练效率。在训练中，我们练的不仅是体力和体能，脑子也一刻不停地思考着。我们都是自己制订训练计划，根据自身的强项和弱项，有针对性地练习。在训练中，我们不仅分析自己的技术长短，还会帮队友出主意，要打赢哪个对手，需要训练什么技战术。

清华乒乓球队队员在比赛中打 "聪明球"，是人尽皆知的。我们往往会面对比我们训练时间多，各项球技熟练程度比我们高的对手。但是我们依然能在场上很快地思考分析对手的短板，对手不擅长的节奏，来随时变化我们的战略与技术。灵活突变的战术，往往都能起到出奇制胜的结果。甚至不少从专业队刚刚退役的大学生运动员，也不敢小觑清华这批 "业余" 赶超 "专业" 的对手。

家 国 情 怀

在清华打乒乓球也有家国情怀。在没进清华前，我压根儿没想过自己打球居然跟国家有关联，觉得这事一般只有乒乓国手们才会想。当时我想的比较多的是，打乒乓球对自己身体好；如果有乒乓球的成绩可以保送到重点学校读书；如果比赛成绩突出，可以为自己所在的学校争夺一些荣誉，教练还能获得奖金……

直到来到清华后，才意识到，原来打球也有大意义。我至今还记得大一参加的一次体育课，老师给我们讲"为祖国健康工作五十年"的清华传统。这一口号对我内心的震动，令我至今记忆犹新。那时懵懂的我心里想：清华就是清华呀，干什么都考虑国家的大利益。现在我积极地参加体育训练，有了强健的体魄，也能为国家贡献更多力量。

随着在清华学习和生活的时间越长，越发现这个口号深入每个人的内心，体育锻炼成为大家的一种习惯了。尤其是在校庆100周年时，看到"为祖国健康工作五十年"校友方阵入场，全场欢呼雀跃的瞬间，我感动得哭了。当时心里想，我如果也能为祖国健康工作五十年，这是很幸福、很自豪的！自此以后，到现在我一直坚持每周三次到四次的运动，期望自己将来真的能实现这一愿望。

回顾在清华与乒乓球相关的这些经历，心里暖暖的。这份暖意来自于清华，来自于乒乓球队和队友们，来自于对我一直谆谆教诲、严格要求、关爱有加的王欣老师。感谢你们让我的生命中拥有如此美好温暖的非凡经历，令我幸福感爆棚！

难忘瞬间

■ 杨叶丹（2003 外语，2007 级硕）

2008 年作者获得北京市大学生乒乓球锦标赛女团冠军

我和清华乒乓球队的故事，始于 2003 年初。我幸运地通过冬令营加入清华乒乓球队，开始了我和清华乒乓的缘分。如果那一年的非典早几个月开始封校，可能我和清华乒乓就要擦肩而过了，每每想到这点，我都更加珍惜自己的这段经历。

在我从小到大练球的经历中，在清华打球的训练比赛强度称不上是最大的，训练的环境也不是最好的，但这 6 年的乒乓生涯里却留下了许多非常难忘的经历。时至今日，每次拿起球拍，哪怕是看到电视上的乒乓球赛时，在我眼前浮现的都是这些难忘的瞬间。

颇有"仪式感"的队练

台上十分钟，台下十年功，成绩源自日复一日的刻苦训练。清华乒乓的训练却独有一番风味。每天下午的训练，由于场地有限，乒乓球队没有固定的场地，我们每次都需要自己搭球台、架球网、训练和比赛结束后收球台，每个流程对于我们都颇具"仪式感"。当时的西体尚未整修，一进入那个古老沧桑的体育馆，整个人就开始调整呼吸，凝神聚力，身心自觉切换到一种特有的紧绷状态。当时的西体，木地板已经磨得很滑了，在快速来回滑步的过程中稍不留神就会重重地摔跤；由于我们的训练时段和排球队、武术队是重合的，一到训练时间，古老的体育馆里总是特别热闹，洋溢着青春的气息，这边乒乒乓乓，那边铿铿锵锵，这边左推右攻，那边挥刀舞棒。心中对于训练的这份敬意，让我们倍加珍惜每天的训练时间，寒来暑往，风雨无阻，切磋技艺，不断精进。

清华体育精神

马约翰先生说过，体育的重要性是培养人的两种精神，一是 sportsmanship，二是 teamwork。前者是竞赛精神、竞赛道德、竞赛规则，后者则是各守其职、各尽其力，处处顾全大局，这也是清华体育精神的精髓。每年北京市高校乒乓球赛是整个球队的一件大事，而其中的团体比赛则尤为重要。每次穿上有"清华"字样的比赛服，总是能感到那份代表母校的沉甸甸的责任。

我印象最深的一次团体赛，对手是人大。之前有过交手的经历，对彼此的情况都很熟悉，论实力我们明显处于劣势。我和詹逸思、周寅婕两位队友仔细研究后，决定改变以往的排兵布阵，背水一战搏一把，每一场比赛都打得非常艰难，结果每个人都各尽其职，超水平发挥，战胜了比自己技高一筹的对手，3∶0 淘汰了对手，顺利晋级。既要不惧强敌，又要动脑子，更要通力合作、拼尽全力，我想，这就是我们在清华乒乓球队里体会到的清华体育精神。

小小银球大舞台

乒乓对于中国有着特殊的意义，对于清华也不例外，我本人就经历了多次以乒乓球为主题的交流活动。我曾有幸与时任清华大学校长顾秉林和到访的康奈尔大学校长 Hunter Rawlings 教授在清华主楼打球。顾校长是传统的直板快攻型打法，Rawlings 校长擅长底线弧旋球，两位乒乓能手的独特风格给我留下了深刻的印象。在"中国外交与北京奥运"公众开放日活动中，我和高阳在外交部主要外事活动场所橄榄厅与时任外交部长杨洁篪和奥运冠军邓亚萍进行了趣味乒乓球赛，精彩的回合，激烈的扣杀，至今仍然记忆犹新，让我们亲历了一次最真实、最生动、最难忘的"乒乓外交"。我们与台湾新竹清华大学乒乓球队开展了友谊交流赛，两岸清华，同根同源，通过体育代表队的交流与互访，两岸学子一起见证了清华百年校庆这一重要的时刻。在清华的求学生涯中，最值得我骄傲的事情之一就是成为清华乒乓球队的一员，因为这个角色，让我有机会在一个个重要的时刻，为清华代言，展示清华人的风采，也让更多人了解了清华人和清华体育。

在清华 6 年，我代表清华参加了 6 届北京市高校乒乓球赛。即便是在研究生阶段，也没有放松训练，尽力为母校拼搏到最后一刻。只有这样才能不辜负母校的期望，才能无愧于自己的初心。研二那年，我最后一次代表清华出战，拿下了北京市女团冠军，这是我在清华最好的运动成绩，也是清华女队十年来的最佳成绩。

作者（左一）和队友高阳
（左二）与时任外交部长杨洁
篪（左三）和奥运冠军邓亚
萍切磋球艺

　　一眨眼，毕业已经十年了。蓦然回首，才发觉清华乒乓的回忆，不只是那些练过的球打过的比赛，而是真心付出的一份热情、青春岁月的一种证明、成长路上的一段宝贵经历。无论如何，是清华乒乓球队改变了我的命运，磨炼了我的意志，塑造了我的人生态度。不论身在何方，我永不忘记清华乒乓岁月。在清华乒乓球队成立60周年之际，我想衷心地道一声："生日快乐！"

荷塘书香漫康河

■ 周寅婕（2004 级人文社科实验班，2008 级硕，2011 级博）

小时候学球，我是以打世界冠军为目标的。母亲也因为想试着培养我，辞去了一个非体育类的工作，换到市体育馆当主教练。她曾经是职业运动员，夺得过全国解放军乒乓球锦标赛女单冠军，可是因特殊历史时期球队暂时解散而回到地方，继而彻底离开了球场。她没有机会进军世界乒坛，便想让女儿完成自己的梦想？世界冠军们在回忆早年经历时，好像很多都有类似的入行动因，但母亲其实从未对我有如此明确的要求，她让我尽力就好，一手带我启蒙，教了我六年。只是，我越打越自信，赢球后更增成就感，逐渐为自己编织出一个冠军梦。

尽管 12 岁时，已在我们省连续三年获得女单冠军，我却早早结束了自己的乒乓生涯，选择全日制读书而不是进省队打球。那是深思熟虑后的一个痛苦决定。根据当时的体制，省队封闭式管理，进队等同于参加工作，全天训练。十几岁的孩子不上学了，开始拿工资，以球为生。如果打专业，就得完全放弃初高中文化教育，我不愿被剥夺受教育权；而回到普通中学念书，则意味着没有了进行系统性训练的资源和条件，我的世界冠军梦也就戛然而止。

省里的教练为我感到惋惜，其中一个评语，我总不能忘："你这么爱球，舍得停下吗？如今你已是全省第一，有很大希望打得更好，拼进国家队；可读书多难啊，那么多人挤独木桥，拿到全省第一几乎不可能。"她说到我心坎里了，我泪如雨下。在球技高涨的阶段却中途放弃，我很不甘心。但两条路中，既已择其一，我于是把运动员那股"更快、更高、更强"的劲儿，转移到学业上，在全省数一数二的重点中学多次考取全年级第一名，包括高考那次。回头看，感谢父母当年的开明与远见，在人生抉择的十字路口，支持和鼓励我接受完整的基础教育，不经意间为我上清华埋下伏笔。

乒乓球教我调整节奏的艺术。"转行"后的我，学习如打球一样，张弛有度。从球馆里解放出来，有了很多自由时间，"读万卷书，行万里路"，游览祖国山河，尽情放飞青春。中学六年，没上过一天培优班，我把时间"浪费"在玩音乐、录广播、办杂志等"不务正业"的拓展项目上。发展新兴趣，也是转移注意力，自我说服和安慰：世间的美与乐，不只乒乓球。

一个偶然，我在现场观看了一次国际横渡长江挑战赛，还作为学生记者采访了那场赛事的冠军。得知冠军学长考取了应届清华体育特长生，我眼前一亮，尘封的乒乓情结被唤醒：清华有游泳队，应该也会有乒乓队吧？这是边读书、边打球的第三条道路吗？上网证实有这条新路径之时，离清华体育冬令营仅剩数月。天意一般，峰回路转，时机刚好。乒乓缘未断，与清华缘交汇，"众里寻他千百度，蓦然回首，那人却在，灯火阑珊处"。

一

成为清华乒乓队的一员后，我欣喜于球艺的重生。下午4点55分下课，冲出教室，骑车飞奔到球场，拍子和球服早已装在包里。5点至6点半，宝贵的训练时间，忘我投入。我享受竞技体育挑战强手的乐趣，并努力提升球技、超越自我、打磨心境。当然，最好玩的部分，是常和队友们聚在一起。大家打完球，还到万人食堂共进晚餐，聊得海阔天空后，各自去上课或自习。

王欣老师是我们的领队兼教练，校队的灵魂人物。某种意义上，她的风格定义着球队一以贯之的特质。"君子和而不流，强哉矫"，王老师正直睿智、温和大度，数十年如一日追求内心的价值，不随波逐流，是真正的强者。她认真儒雅的学者风范，潜移默化地感染着我们。她常问学生的一个问题，与乒乓球无关，而是"可以通俗地讲讲你目前的研究课题吗？"听了来自不同院系的队友的介绍，我深感自己的无知，又发觉每个人、每门学问都是宝藏，很长见识。强人环绕、高手过招，学业和球技都互相激励着上进，是多大的福气。

清华园里牛人多。王老师时时提醒我们，一方面勇于向不同的人多请教，虚怀若谷；另一方面也别有太大压力，求学中遇到困难是常事，不能妄自菲薄。她对每个队员的指导都细致入微，因材施教。在爱与宽容的环境中，我们总愿意去校队，除了切磋球技，也喜欢跟王老师聊上几句。有时候，她和风细雨一句话，温润似水一声笑，就能开导我的郁闷，解开我的心结。

王老师要求队员把正派为人、严谨为学置于首位，打球只是锦上添花之事。或许，这是她独特的育人方法，使得队员们能在打球时举重若轻、无欲则刚，比赛成绩便出奇地好。印象中团体赛我们每次都打进了北京高校前三名，男队还总有队员勇夺单打冠军。有那么几次，我在高校赛中拼赢了专业队的选手，有种大卫战胜歌利亚的通感，很自豪。

当得知校队并无机会参加国际级比赛，而世界大学生运动会却由国家队的职业球员出战，我对于能不能成为世界冠军这件事也就慢慢释然了。我继续慰藉自己：清华课业重，能参加校队训练已很奢侈，不太可能投入更多精力在球上。年少时的梦，放下了。

作者在训练中

新的一扇窗就此打开。

二

校队训练场地，在西体南翼一隅。西体是清华早期四大建筑之一，也就是说，我们在古董里打了几年球，我读硕士期间才有了现在的气膜馆。百年校庆整修前的西体，暗黄色调，老旧凋敝，我却怀念那古色古香的浪漫。不记得是在哪本史料中读到过，钱三强、叶笃正等大学者曾是清华乒乓球队的队员。遥想20世纪二三十年代，校队也在西体训练吗？那时的队员是否参加一年一度的北京高校锦标赛？那个大师辈出的时代，是否也孕育出了传颂至今的清华体育精神呢？文科生的我，自然最是仰慕老清华，会不由自主地把自己当下的境遇和历史相联系、相比较，生发出许多天马行空的想象。

是呀，在江湖绰号为"五道口理工学院"的清华，读文科是绝对的小众。而我选读的文科实验班，只存在过两届，开辟文、史、哲、社、政、经等专业课程，是通识教育的一次尝试，又是小众中的奇葩。这有点像校乒乓球队，属于自力更生的B类队，而不是拥有最多资源、最多比赛机会的A类队。在B类队中，又属我们队自我要求最高，队员无特殊理由天天得训练，高低年级之间互帮互助，球队管理自发自治。尽管我们队小而精、实力强，但我一有机会还是常为乒兵队"鸣不平"，到处求关注。王老师更是如此，她用自己的"软实力"吸引来各界人士的支持与帮助，使得球队和队员的发展都越来越好。

说回到学业上，虽然当前是"少数派"，却自感"人文日新"本应为清华之正宗。对比百年校史里的"大学之道"，我品味着当下的些许压抑和苦涩。反复吟诵陈寅恪先生致王国维先生的纪念碑文——"惟此独立之精神，自由之思想，历千万祀，与天壤而同久，共三光而永光"，自省与自勉。

文化需积淀。从1952年院系调整，到1992年人文社科学院重建，"文脉"中断了40年，复兴不在朝夕间。有如我们的乒乓球训练，球技得每日积累、精雕细琢，才能洞若观火、灵感迸发、人拍合一。所不同的是，竞技体育的训练成果立现，输赢在当下；而国学底蕴、人文风骨的存在与否，则缺乏衡量尺度，亦在短期内看不见其之于社会的作用。"十年树木，百年树人"，人文教育需要几代人的努力传承。重启虽举步维艰，幸运的是，学院仍尽力引进各领域最牛的文科学者，同时还请来北大、社科院等外校的老师为我们班上课，以补清华之缺。感念大学阶段带给我思想启蒙，颠覆了高中读的那点历史与政治，不仅东西方经典让我大开眼界，更启发我认识自己、认识社会，以质疑与批判性思维"致知穷理、学古探微"。

三

"近代奥林匹克之父"顾拜旦先生的诗歌有曰，"体育，你是和平！"我的理解，和平是体育的最高境界。20世纪70年代，中美建交的起始活动之一，就有小小银球传友谊。因于清华的平台，我们队有很多次机会担任对外联系的使者，比如和非洲联队、台湾新竹清华队等的友谊对抗赛，又如与外国大学的校长、学者们打球交流。乒乓球确实有魅力，变化无穷、技巧常新。看得出来，和我交手的外省人、外国人也是打心底里佩服我们的国球。英国首相、美国国会议长访华时，我有幸到现场观摩或提问，也都与"乒乓外交"有关。

后来我选读国际关系专业，冥冥之中也是清华乒乓带来的缘分、坚定的信念。我领会，国家与国家之间的关系，广义上可以是扩大了的人与人之间的关系，是人们在政治、经济、文化等社会各层面的接触交往与相互依存。外交是内政的延续，而内政则以人为本，都不出一个"人"字，"人是目的"。每个公民都有可能成为祖国的一位使者、一面镜子，外国人透过他/她，来解读中国。就像王老师担当国际级裁判长，在执裁奥运会、世乒赛、亚运会等各大赛事中，世界各国裁判、运动员、观众都可以从她的言行举止，看到中国的一个侧面。她的亲善友好，即是一颗和平的种子。基于这个朴素的观念，在国关系，我津津有味地学习起世界政治、国际法、经济外交、美国社会等，一个全球舞台仿佛向我展开。

或许有清华学风"行胜于言"的影响，亦可能是儒家学说中"知行合一"的促动，我学了西方政治思潮等课程后，便很想将所学用于实践，练习"民主"、服务同学。在学院，我竞选了学生会主席，成功了；到了学校层面，我再次竞选校会主席，以失败告终。我在竞选中修改转引了林肯的演讲，说学生会应"of the students, by the students, for the students"（原文为"government of the people, by the people, for the people"），还引用了梅贻琦校长的名言"所谓大学者，非谓有大楼之谓也，有大师之谓也"，希望以人文之风引领清华学生的潮流。

可惜的是，校学生会选举前，朋友们都不能理解我，还劝我不要犯傻：屈指可数的文科院系，没多少人会选我，更何况每个院系只有一票，我是注定会失败的。感谢了他们好意的忠告，我却仍倾注心力、用了大半年时间，去和各个院系的学生会主席、成员多次交谈，撰写和完善以"婕然不同"为标题的选举纲领，把打球时"不到最后一分不认输"的精神都拿了出来。拼搏过了，也输得漂亮（比当选者少一票）。不过，让我良久不能释怀的是，不少人同意我的理念和观点，却坦言不支持我，只会投那个能选得上的。

那次输掉竞选，我心郁结。感到迷茫与无措之际，只想找王老师倾诉，她是从头至尾都鼓励我、启迪我的人。那段时间，王老师刚刚在一个残疾人运动会上当了裁判长，她饶有兴致地向我介绍如何设计比赛规程、如何执行仲裁机制、如何协调裁判之间的合作等等。她还感慨了一句："我发现那些身体残疾的人，心理好健康，积极又乐观。可我看很多身体健全的人，却残疾了。"还没等我开口讲自己的那点事，听了她的话，便若有所悟。想必王老师已然忘记她说过的那些话，我却总也记得。

之后，我到法国巴黎政治学院交换了半年，"自我放逐"，寻回心中的宁静。也在那里用新学的法语打球、教球，让生活放慢速度，让自己"修炼内功"。又去美国度过了一个暑假，游览东西海岸，从国会山到哈佛、耶鲁，从硅谷到胡佛大坝、大峡谷，心情畅快、思绪飞扬。回到国内，在曾是林徽因女士设计的胜因院27号小楼，即现在的中美关系研究中心，完成了硕士学业。后又在国关系念了一年博士，却实感读书越多，越不能满足于现状，学问与人生皆是……在导师的理解与支持下，我报考了英国剑桥大学，并申请从清华退学。

留下一段小诗，纪念园子里的好时光。回忆以抒怀，感恩我最敬爱的王欣老师：

> 人生何幸入此园，大师问道好读经。
>
> 西体卓球强体健，荷塘书香映心明。
>
> 芳华意气舞文墨，赛场拼尽未必赢。
>
> 欣然一笑恩情重，千山万水放远行。

写罢，泪目。

比赛之余，作者（右一）在教练王欣老师（左一）带领下和队友一起观光留影

四

赴英求学，是计划之外的事。更没想到的是，这枚小球又引出了一段新缘分。我和现在的先生在剑桥大学乒乓球俱乐部相识，他曾打进卢森堡国家队，又在全英大学生锦标赛获三届男单冠军。闲来跟他过招，让我有与以往练球完全不同的体验——原来乒乓球还能这么好玩！不管是他信手拈来的花式打法，还是我俩用蹩脚的左手比赛，都很有趣，我常被他逗得捧腹大笑。除了打乒乓，我们还一起打网球、滑雪等，每一项运动都很认真地玩，挑战自我极限。

志趣相投，日久生情，好像又是个俗套的爱情故事。四年前，我和先生在剑桥格顿学院（第一个收女生的学院）老图书馆里举办了婚礼仪式，清华校队的资助人之一胡家为师兄到现场做了见证。我们还在室外的休闲空间摆了一张球台，供宾客挥拍娱乐。喜酒也是当天在学院办的，只此一次，圆桌红烛，喜结良缘。很遗憾王老师因裁判工作无法赶来——婚礼唯一的美中不足。

现如今，我已是两个孩子的妈妈。大宝周汉维（意"中华文化之根基"）生于丁酉，二宝周道（意"道法自然"）生于庚子。家有喜事，可我却高兴不起来。两个轮回，庚子不宁。1911年，美国人退回部分庚子赔款建"清华留美预备学校"，而后才有今天的清华大学。今年这个庚子，新冠病毒大流行，我家乡先遭肆虐，继而全世界人民受难，我心不安。再加之中美关系恶化，呈双伤局面，还看不到转机，让人忧心。

　　感叹自己的渺小，没法改变大势。只能在英伦远远地望着这一切，继续学海无涯，寻经问道。到八百多年前英国《自由大宪章》签署之地凝想：美国国父们是如何由此得到灵感，协商制宪，创造出强大的美利坚？瞻仰剑桥的美军纪念碑及一战二战公墓，不禁追问，当美国超过英国成为综合国力世界冠军时，两国仍和平相处，甚至在战争中成为最坚定的盟友，她们是如何避免"修昔底德陷阱"的？在丘吉尔学院（我在剑桥所属的学院）图书馆，看到斯诺质问"两种文化"的牌匾，人文与科学学者们如何在学科细化的进程中仍保持深邃的洞察力，且英国最聪明的学生怎么不修读理工科——这正好和清华相反？于康河上"撑一支长篙，向青草更青处漫溯"，聊起李约瑟难题，思辨当今中国的科技创新力与经济可持续……跳脱出"只缘身在此山中"的束缚，但愿能找到一些答案，探寻世界难题之解决的可能性方案。

　　几经变道，还在寻梦。

　　清华乒乓，缘不尽。

一切都是最好的安排

■ 周天睿（2005级电机，2009级硕，2012级博）

世间万物，冥冥中自有天定。但我始终相信，一切都是最好的安排。

15岁之前，我从未想过乒乓球会在我的生命中，占据如此重要的位置。

2019年，电机系获得"马约翰杯"乒乓球混合团体八连冠，作者（左五）和队友们赛后合影留念

那时，对于从未受过任何训练的我而言，乒乓球只是一项业余爱好。凭借着一股贪玩的瘾，那几年我总是在家附近到处寻摸打球的地方，每到一个新的地方，我都随身带着球拍，希望能找到乒乓球台。灵魂深处的好胜心一直在驱使着我要不断提高球技，但那时我一方面不知从何处着手去系统地努力，另一方面还要准备物理竞赛和各项学业，所以这个爱好只能暂时搁置。2004至2005年的那一整年，即我17至18岁，我从未拿起过球拍。每天泡在书山题海之中，我居然也没觉得特别无聊。

2005年，我的努力得到了回报，我通过全国中学生物理竞赛获得了保送资格，于8月开始了在清华大学的求学历程。刚开始在清华的那几年，我始终没有忘记认真学习，也依然没有忘记自己对那小小银球的热爱。

当时我所在的电机系，正好有师兄（2003级侯劭元）是校乒乓球二队队员。经过交流，侯师兄把我招进系队，我也开始熟悉清华大学的乒乓圈，知晓了电机系还有一位从入学开始一直蝉联"马约翰杯"男子单打冠军，北京高校单打冠军的大神师兄——1999级的王一男；了解了清华一队的训练地点在西体育馆后馆，二队训练地点在学生服务中心地下，每天下午 5 点到 6 点可以免费活动一小时；也清楚了学校乒乓球一队、二队和乒乓球协会的基本格局。

乒乓球队一队是 B 类队，队员均为体育特招生，由各省（区、市）乒乓球队的顶尖高手组成，主要参加首都高校乒乓球锦标赛专业组和全国高校乒乓球赛等比赛，电机系王一男师兄是一队的绝对主力。二队主要由有一定专业训练背景的非特招生组成，定期从在校普通学生中通过比赛选拔招新。他们首先是全国各地学习成绩顶尖的学霸，其次是有相当基础的乒乓球二级运动员、乒乓球超级爱好者或业余高手，主要参加北京高校圈各类非特招生参加的比赛。乒乓球协会面向全部在校同学，不设门槛，只要喜欢打乒乓球就可以加入。对于一队、二队和乒协而言，其成员的背景各有不同，要求各异，但相同的是他们都要完成清华大学的学业，都热爱乒乓球运动。

至今我仍然记得第一次参加系队训练的喜悦，第一次给校二队队长（2000 级戴鞸）在校队招新赛上帮忙时的忐忑，第一次成为乒乓球协会会员时的期待，第一次观看"马约翰杯"比赛时的激动。那时我看校队大神们在马杯赛场上较量，就如同看神仙打架，而电机系在团体决赛中和自动化系角逐时，我举着摄像机站在梯子上居高临下连续拍摄 40 分钟却一点都不觉得累。

不过，在我能看得到的赛事中，电机系很久没有获得过马杯团体冠军了。那年，电机系仍然遗憾不敌对手而屈居亚军。也许在场大部分人感受到的是马杯乒乓球比赛历史的厚重感和电机乒乓人对团体冠军的渴望。但于我而言，最深的感觉，是敬畏和崇拜。也就在那时，我决心要从一个纯粹玩球的菜鸟，不断提升球技，向正规化和专业化前进。

但是，哪有那么容易呢？真巧，我大二时，吕博师兄来到了清华电机系。他对乒乓球的理解，对事物的分析极具条理，让我佩服得五体投地。他在比赛时成熟的技战术运用与老道的策略把握，使得他一入校便通过了校队招新赛，成为校二队成员，之后又当选乒乓球协会会长。他总能研究出各种或许连国家队一线教练都未必能想得出来的、专属于理工科男生的训练方法与理论体系。正是他首次将多球训练带给了我和电机系球友。

他从未吝啬过耐心，从未因我没有任何专业基础为嫌，也不曾因为我理解和进步的缓慢为恼。我尝试着去跟上他的速度，却欲速则不达，而让那时的我数次失去对自己的耐心。我一方面在事后自嘲，也在心里检讨；另一方面也更加愿意同他一起研究，一起进步，一起建设电机系的乒乓球队。

吕博师兄毕业后仍和我保持着交流和练球。我依然记得每天早上六点不到就和他去 FIT 楼晨练的情景，记得被指出技术动作错误后的郁闷，也记得抛弃掉原有的错误并逐步摸索新动作过程的纠结。时而灵光一现，时而上下求索，就在这缓慢而扎实的进步中，我有幸在大四推研成功后，通过了校队招新选拔赛，成为校二队的一员，同时也接任了清华大学乒乓球协会会长，在自身打球的同时，也着手为学校里热爱乒乓球的其他同学落实活动条件。这一时期，我有幸遇到了对我有重大影响的王欣老师。

王老师是清华乒乓球校一队的教练，她还有另一层身份——乒乓球国际级裁判长、乒乓球国际蓝牌裁判员。那时我对裁判工作不很了解，后来才知道在全世界同时具有这两个资质的也只有少数人，不由得肃然起敬，但更令我感到敬佩的是王老师推动的另外两件事情——乒乓球场地的变迁和乒乓球队的重组。

乒乓球场地的变迁缘起于 2009 年初。校园因重新规划，原学生服务中心所在的地块将新建人文社科图书馆，而学生服务中心要被拆除，这意味着乒乓球活动场地将不复存在。为了让所有喜欢打球的同学能有上课和活动的场所，经王老师和体育部及学校多方多次协调，最终在 2009 年中把过渡场地落实在了东操射击馆，这里也成为随后近一年里学校乒乓球课、二队训练、乒协活动的场所，在射击馆里举办了 2009 年新生杯和二队招新赛。与此同时，体育部和王老师又逐步落实了清华大学紫荆气膜乒羽馆的选址和修建。新建的气膜馆，更高大、更明亮、更宽敞。因离紫荆公寓近，更方便老师和同学们的活动与交流。崭新的气膜馆举办了 2009—2010 学年度乒乓球"马约翰杯"赛，成为清华乒乓走向复兴的基地和摇篮，至今仍然是学校内绝大部分乒乓球活动的主场。这两年来，清华乒乓球馆几经变迁，我有幸以乒协会长的身份见证了这一切，见证了王老师的无私奉献与辛勤付出，见证了体育部和学校给予的支持，也见证了同学们活动时的惊奇与欣喜。

校乒乓球队的重组虽然发生在 2010 年，但起因在 2005 年。自我入学开始，清华大学不再招收乒乓球特招生，这意味着校一队不再有新鲜血液注入。随着原校一队队员不断毕业离校，到 2010 年一队队员仅剩不到三人。在此背景下，2010 年初，王老师将一队与二队合并，统称为清华大学乒乓球队，王老师仍为乒乓球队的指导老师。自此，清华乒乓的格局发生了变化，进入了校队与乒协互相配合的阶段。合并后的校乒乓球队实力与原一队相比判若云泥，也不再能参与专业组的比赛，但王老师依然努力为清华乒乓协调各种资源和机会。首先是积极争取自主招生名额：在体育部主任刘波老师和王老师的努力下，2010 年林嵘净、2011 年陈正颖和张迪洋、2012 年林子钏在高手云集的选拔测试中脱颖而出，以学习成绩和乒乓特长成功获得了自主招生加分，并以优异的高考成绩进入清华大学。王老师精心打造的"三虎将"为清华校队注入了新鲜血液。从此清华乒乓球队在首都高校乒乓球锦标赛的非专业组别里傲视群雄，同时充分带动了乒乓球运动在校园的开展，大大提升了乒乓球的群众基础。另一方面，王老师不断地为校队联系各种对外交流的机会，增加队员的视野和实战经验。我参加了 2010 年在清华综合体育馆举办的两岸乒乓球交流会、2011 年和香港理工大学的乒乓球交流活动，以及从 2011 年开始每年都举办的清华大学乒乓球校友杯，再往后还有 2013 年的第四届全国大学生阳光体育乒乓球比赛……就这样，清华乒乓在学校领导的关心和体育部的支持下、在王老师运作和经营下，影响力不断扩大，吸引了更多同学关注和参与。

　　我大部分精力集中在对乒乓球技战术的钻研上。把乒协工作传给了一直以来大力协助我的师弟张欣然后，我开始有更多的时间打球。进了校队以后，每周训练的时间有了保障，也更加系统，虽然自己凭借着努力不断地尝试通过正确的方法提高水平，但是直到很久以后我才意识到：仅靠上大学这几年来半锻炼半科研式的训练，想跨越与曾有正规训练背景同学之间的鸿沟，真的很难。不能在队内选拔赛中取得好的名次，从而代表学校参加高校杯，感觉确实好生气，但是竞技体育从来都不以个人的意志为转移。技不如人，只能服输。在小小的纠结和无奈中，我也迎来了属于自己的转机。

　　那时，我喜欢打球，虽不甘心屈居人下，却也明白靠自己的球力不足以为清华争荣誉。好在王老师看到了我对乒乓球的热爱与执着，便建议我尝试做裁判。对此，我的想法也很简单：如果仅凭球技难以实现自己的价值，那不妨换一种方式。

　　现在来看，这是十分重要的决定。王老师给予了我充分的帮助和支持。

　　记得自己第一次做裁判时，是 2009 年清华大学自主招生的测试赛。当时参赛的选手中，就有后来带领清华校队走向复兴的林嵘净师妹。我裁了两局球以后，王老师叫过我来，指正了我的仪态，告诉我作为裁判，一定要时刻注意自己给其他人的形象，这让我对裁判的工作有了基本的理解和敬畏。后来我发现：在球台的一边和对手隔网对抗较量，和坐在中间主持一场比赛顺利进行，各有各的成就感。在裁判位置上，我能更近距离地观看比赛，分析双方技战术的运用。我无须介入双方在速度、力量以及精神上的对抗，但我需要全神贯注，保证自己对场上发生的所有事情了然于胸。因为不再是比赛双方中的一员，所以我不再因胜负而患得患失。作为裁判，我深知自己应当表现出绝对的公正和公平，不宜也不应展现出任何多余的情绪，但我仍然可以感受到双方在较量过程中的运筹帷幄、针锋相对、你追我赶，甚至是惊天逆转。在胜负分晓后，我仍然可以分享胜者的喜悦，感受负者的失落，在各种情绪中回味那赛场上的精彩。这共情的感觉也是学习，也能提高我的球技，真好。

通常裁判员晋升道路须是从三级、二级、一级、国家级、国际级、国际级裁判长，一步步晋升，每一步都需要充分的积累。2010年北京市体育局为了调整乒乓球裁判年龄结构，提供了一份难得的机会：同时具备30岁以下、本科学历以上、英语六级以上三个条件，可以直接同具有足够资质的二级裁判员一起报名参加乒乓球一级裁判员的选拔。刚刚本科毕业并且通过了清华大学英语水平二（清华大学研究生英语达标考试，难度在英语六级以上）考试的我，在王老师的鼓励和指导下，决定报名参加裁判考级。王老师带着我们学习各种乒乓球竞赛规则规程，实地演练比赛临场的各种流程，并指出时刻应当注意的地方。在多方面的准备和努力下，我顺利地通过了考核，正式开始一名职业裁判的征途。

自此，我经常有机会参加各类市区级乒乓球比赛的裁判工作。在2010年第八届名人杯比赛上，第一次与国家队成员（马琳、王励勤、丁宁、陈梦）和著名的刘国梁指导近距离接触。这对当时没见过什么世面的我而言，感觉简直就像做梦！我甚至记得刚上研究生时，王老师第一次带我去看乒超联赛的时候，我在场外意外碰见了准备上场的冯亚兰，那时候自己激动得连话都不会说了……对我而言，在打开了新世界大门的同时，和各位裁判老师间的交流又是不同的感觉。裁判老师分布于各行各业，各个年龄段，在这里可以听到很多天南海北的趣事，而每一次比赛的裁判工作就如同裁判一起聚会的机会，在这里互相交流裁判工作心得、评价各个参赛球员、海聊生活趣事，乃至约球锻炼。裁判老师们对我这个新人予以了热心的指导和帮助，几番相处，在收获经验的同时，我感觉自己多了很多忘年之交。和在学校相比，这又是一番完全不同的感受，一种更贴近社会和生活的感觉。虽然裁判工作用去了我很多的周末时间，但是看着执裁记录逐渐充实的裁判员证书，感觉在三点一线的学校生活里加入这样一番色彩，真好。

虽然不再为高校杯的参赛名额纠结，但在紧张的清华学习科研之余，裁判工作对我继续练球也有很大帮助。我和吕博师兄打球、聊球等多种互动与研究逐渐展现了成果，对于乒乓球的理解，我逐渐建立起了自己的体系。同时，在每一年的马杯比赛中，我们也在根据每个系的实力，计算着各种排兵布阵的胜率和风险。电机乒乓，在经历了2010年的挣扎和2011年的低谷后，2012年在吕博师兄的回归下，终于捧回了久违的马杯乒乓球团体冠军奖杯。随着2013年乒乓球特招生陈正颖转入电机系，电机乒乓进入了黄金时代，一个长达数年不衰的王者时代。

2012年至2014年，电机乒乓如日中天，清华乒乓也在各位校队主力的努力下称霸首都高校圈。不过，我个人的博士研究课题却在2013年陷入了困境。诸事不顺，我的心情一度跌至谷底，甚至出现了轻度抑郁的反应。那段时间，似乎只有每周训练的时候，才是让我感到放松和开心的时光。正是在师兄师弟们的开导下，在与队友们的相处中，我坚持着，在迷失或崩溃的边缘坚持着。2013年底，国家体育总局开启了新一批国家级裁判报名选拔工作，那也正是我论文压力最大的时候。在王老师和家人的鼓励下，我毅然决定以六级英语考生的身份报名，并于2014年春节期间，赴成都参加国家级裁判考试。通过前期的准备和临场的发挥，我的成绩合格，晋升为一名国家级裁判员。而在成都的这几天，我也舒缓了一直紧绷的神经。虽然论文和毕业的压力很大，依然不敢太放松，但在这几天中，我开始觉得生活中还是充满着曙光和希望的。

2014年7月，我顺利地从清华大学毕业，进入电力规划设计总院工作。刚入职不久就赶上了能源"十三五"规划和电力"十三五"规划两个大课题，接下来的一年半时间里，工作都十分的充实而饱满，以至于很少能再打球或者出来担任裁判工作。为此，王老师和其他裁判老师们都给予了充分的包容和理解。曾有小伙伴戏问，我是不是放弃了这项爱好？我笑而不语，但心里是清楚的：我不会。

实际上，进入工作岗位后，压力相比在学校的时候小了很多。每当回忆起那段压力山大的灰色时光，我相信随着时间的流逝，终将成为回忆中的浪花。乒乓球于我而言，变成了一项业余爱好的运动，一个让我控制体重的手段，一个让我可以见识另一个世界的窗口。而身为国家公务员，必须要以工作为重，相比其他裁判老师，我能出来执裁的时间确实少之又少。

2016年初，我受单位委派，借调国家能源局工作一年。能源局工作的繁重程度不低于在电子规划总院，但是时间的安排可以更加灵活。在领导的理解和支持下，工作之余，我在王老师的指导下，通过了国际乒联组织的国际级裁判考核，成为一名国际级裁判员，具备了执裁国际级比赛和中国乒乓球超级联赛的资格，也意识到要以最严格的标准要求自己了。

同一年，我获得了第一次执裁乒超的机会。开始接到乒超联赛的执裁任务通知时，第一反应是庆幸比赛在周末，不会影响本职工作；第二反应是有一场比赛可以熟悉和锻炼业务水平就很好。但是，我完全没想到是分量如此重的一场团体赛。那是男子团体第九轮，由山东魏桥主场迎战八一大商：一方有刚拿到大满贯的国家队队长马龙，另一方有刚拿到男子世界杯冠军，乒超开赛以来未尝败绩、势头正旺的樊振东，并且两支队伍之前都是八连胜，比赛双方实力之强劲，对抗之激烈可想而知。身为主裁判，首次执裁乒超，对自身心理素质、业务水平都是很大的挑战和考验。实际上，比赛对抗确实十分胶着，全场比赛激战近 3 小时，虽然樊振东战胜马龙，个人继续保持不败，但坐镇主场的山东魏桥整体实力占了上风，3∶2 险胜八一大商。比赛过程较为顺畅，作为主裁，在副裁王辉老师的帮助下，我全场判罚准确，未出差错，但在比赛节奏的把握和管理上还需抓紧，在细节的把控上，还待提高！

在 2018 年清华学生"马约翰杯"乒乓球比赛中，电机系获得了混合团体的七连冠。在清华校友乒乓球比赛中我们电机系联队获得亚军。现在，若时间允许，我仍会坚持乒乓球的锻炼，保持自身技战术能力的提高，并时不时与吕博师兄交流一下心得。每年也会争取在校友杯上给王老师帮忙，在空闲的周末担任一些比赛的裁判，也偶有机会在乒超赛场上感受一下专业球员的能力与坚韧。

回望这些年，乒乓球正一点一点融入我的生命。我相信，若不是来到清华，选择了乒乓球课，遇见这些对于我有重要影响的师兄、师弟和老师们，我可能这几年求学的时光会完全不一样，可能会缺失很多的精彩。我感谢在清华的这些时光，感谢有乒乓球和球友队友们相伴的这些时光，从中我收获了健康，收获了球技，收获了裁判资质，收获了友情和成长。假如时间重来，可能很多事情会变化，但我坚信自己对乒乓球的选择不会改变。我也会继续坚持做一个热爱乒乓球运动的人，一个愿意用乒乓球去感动他人的人。

小小银球圆润如一颗硕大的珍珠、如一团火，镶嵌在我热血沸腾的胸膛之中，有它为伴，我此生必将精彩飞扬、激情澎湃、永不寂寞……

千言万语，不知从何说起。感谢所有，一切都是最好的安排！

清华乒乓的奇妙物语

■ 吕博（2006级电机硕）

入 校 之 前

第一次来清华打球其实是在我进校读书之前。那是一个阳光明媚的下午，我来清华咨询考研事宜，自然也着重考察了清华乒乓圣地——学服中心。恰逢小白猪（单国巍）和芊芊老师（叶子申）镇场，于是愉快地进行了一波踢馆。当时觉得芊芊老师水平比我不知道高到哪里去了，但不知道为什么我还赢了，于是又约了再打。

第二次赶上了校队群殴，呼啦啦一大帮人，轮流跟我打局。我虽然当时都不认识，但后来也把虐我的同志们都认全了：小猴（侯邵元）直板背面发的正手短，我伸长了手也够不着；老狼（彭兴）踩着脚一板冲，我就得满地找球；最要命的还是何伟，长胶拱到我万念俱灰，万幸当年他还没练勾手发球，否则真要0:11"血溅当场"了。最后他们推了一位帅哥出来跟我打，上来第一个球就反拉我。当年我反手都不会拉，更何况反拉，帅哥自然是比我又不知道高到哪里去了。然而奇怪的是，帅哥每输一分，围观的球友就要笑一下，结果打到11平以后，帅哥两个拉球失误，比赛结束，大家更是哈哈大笑。我不知道怎么就赢了，更不知道大家为什么就笑了。直到我入校之后才知道，原来那天赢的居然是高阳，那我也要哈哈大笑，梦里也要笑醒的那种。

于是考研的事情就这么咨询好了，于是决定来年考清华，于是考了全系第一，于是来清华面试，于是赶上了2005年的"马约翰杯"（简称马杯）

作者在比赛中

开打。看到了王一男欺负小朋友，也看到了霍明"血战"路人甲，后来在李开伟大战黄金日的录像里看到了观众里的自己。最终的男单决赛王一男几无悬念地3:0轻取吴靖，成就马杯男单7连冠的传奇。等我入校时，恰逢一男毕业，缘悭一面，江湖上只留下一男的传说。后来我几次被吴靖虐到不能自理，默默感叹一男哥真是太强大了。

初 入 校 队

入校之后自然跟校队的兄弟们打成一片（我们管打成一片叫做"群殴"，三人以上械斗，满足辞海对"群殴"的定义）。大家熟归熟，进校队的流程还得走——需要拿到校队招新赛的冠军才能成为校队注册成员。

校队招新赛前，在一个外部比赛中以两分之差输给了校队队长凤凰（戴鞲），凤凰拉着 VV 拍着我的肩膀说，小伙子进校队很有希望嘛。经过队长的加持我也觉得势在必得，直到我发现了一个 bug——为什么老狼居然没进校队，还要跟我一起打招新赛？这还拿个鬼的冠军……

招新赛很快就开打了。小组赛切瓜砍菜，然而在我力战"裸蛇"的时候，发生了一起严重的意外——物理系的一位同学忽然倒地抽搐并口吐白沫，幸亏参赛选手里正好有兰州医院心脑科的医生柳德斌大哥，一个箭步冲过来为他做心肺复苏。我们也抓紧拦下了一辆私家车把他送去校医院，然而隔天还是听说没能抢救过来，震惊且惋惜。由于这场意外，王老师临时暂停了招新赛，直到两周后才继续开打，然而这个变故似乎改变了战局。

休整的两周里，我一直在思索如何战胜老狼，甚至让杨皓帮我模仿老狼的打法做适应性训练，很有点国家队备战柳承敏的感觉。适逢世乒赛决赛，王皓对马琳，虽然王皓最后输了，但王皓对马琳使用的战术我看懂了，老狼就是马琳，我不是王皓但战术可以模仿，这真的有效！于是对上老狼的时候，我技术下风但算得很准，前两局场面一直能压住。最要命的是第三局，我已经知道老狼是肯定要搏杀了，于是接发球就直接劈正手，老狼果然侧身了。后来老狼也回敬了我一个正手大角，我意识到老狼开始盯我的正手位，于是压住老狼反手等他变线，也算到了。一切都像赛前分析的一样，全部料中，这样也才勉强打到 9:9 平。最后两个发球我换了套路，老狼接高，我侧身，那一刻时间仿佛静止了一样，脑海中浮现出的是斯巴达克斯获得自由时的那句话——"奥林匹斯山上的大神啊，请不要让这变成一场幻梦！"，然后屏住呼吸杀下了这一板。这场胜利真的太不容易了！决赛跟瞿恺对决，我俩开启互吃发球模式，最后我吃的少点，他吃的多点，然后我进校队了！

　　进队以后的生活就是吃饭睡觉打豆豆，自然我就是豆豆。眉头（章一心）的侧身就像他撩妹那样果断；小瀑布（李宜良）的摆速就像收女徒弟那样源源不断；张曦一板高吊弧线弯得像条彩虹；王琦拿一柄育冠就能把人拍得连妈妈都不认识。一场大循环下来，我基本上垫底，于是对外比赛只能老老实实去配双打。跟林晨露搭档过一场混双，跟北大的赖鹏作为对手厮杀了两年，然而多年以后我们都变成了一个公司的同事，在内部比赛中重新搭档和厮杀，这真是奇妙的际遇。还曾经跟何伟计划搭一场男双，这绝对是个神奇的组合，不是莫名其妙地赢，就是莫名其妙地输，然而最终没能正式登场，是个遗憾。

乒 协 会 长

　　进校队后的另一件事是接了李想的衣钵，成为校乒协会长。上任伊始首先干了一件大事——给乒协收费涨价。之前乒协招新都是每年注册一次，一次收取一年会费，但我有一个狡猾的发现，其实99%的会员只在注册最初来活动一下，随后就不见了。基于这个发现，我把规则改成每四年注册一次，一次收四年会费，于是当年乒协活动经费激增，而乒协提供服务的压力，并未同比例增加。手中有粮心中不慌，这样就可以集中力量办一场漂亮的比赛了。

　　当年惯例上，马杯由学校组织，新生赛由乒协组织。记得我刚入校那场新生赛输给了高云腾，然后他又输给了何伟，最后决赛是何伟跟另外一个长胶对拱，猥琐地赢得了冠军，观感极为不适。第二年我来办新生赛，宣传和组织上做得好一些，算得上是红旗招展、人山人海。荷兰华裔留学生林圣宏，拿着一块红双喜4星成品拍，跟章一心中台对拉，一度将其逼入绝境，最终2分之差惜败，成为当天的一大亮点（赛后我建议他换个球拍，然后转年马杯赛场上，荷兰人跟高阳对拱都赢下一局，欧洲打法的确名不虚传）。黄雅卿和马照三四名决赛也同样精彩，黄的球滴水不漏，完全没有无谓失误，而且从第一局就喊起来了，可以说很拼了。相对而言，马照有些手紧，正手很爆，但命中率下降，最后惜败。决赛是王琦对章一心，每局都打到10平，最后章一心胜出后，还跟高阳打了一场表演赛。高阳外号铁匠，意指拉球力量之大，就像在打铁，所以表演赛结局自然是章一心被铁匠两面打铁，于是观众纷纷表示很满足了。

作者（第二排右1）与清华大学乒乓球协会集体照

马杯奇缘

我第一次意识到电机系有机会夺得马杯乒乓球团体冠军，已经是我从清华毕业三年之后的事了。这时我刚刚符合条件，可以作为校友参加马杯。当我根据博弈论建模，并用 Mmatlab 跑了一遍代码之后，我惊讶地发现，计算给出了一个相当高的胜率结果，意味着这一年的马杯，电机系几乎对阵任何系都是上风球。

完成这个计算的时候，距离马杯时间还比较远，因此我们有充分的时间训练队伍。当时电机系在之前历届马杯从未进入过决赛，也从来不是夺冠热门，没有人会预测电机可以拿冠军，队员们自己也不相信，我首先就要给他们打气。有一次天睿跟我说，要不然等下一年正颖来了再夺冠吧（那时候陈正颖转系的事情已经有了眉目）。我说不可以，就今年，明年即使正颖来了，也并不知道其他系会产生什么变化。未来是不确定的，但今年的机会已经在眼前了。天予弗取、时至不行，都是不自信的表现。不要总寄希望于他人，现在我们自己拥有了创造历史的时机，就要大胆地去实现。我又跟队员们剖析了今年能夺冠的原因：电机系虽然没有什么明星球员，但胜在较为平均。以往的比赛也能打进 8 强、4 强，今年有我加入，虽然只能打一场，但并不只是多了 1 分——我来打一力，那我们之前的一力就可以去打对手的二力，之前的二力可以去打对手的三力。以此类推，结果是加强版的田忌赛马，每一场球的胜率都提高了，以往我们 2∶3、1∶3 输掉的对手，现在可以通过排阵赢下来，这是大多数人都没有意识到的机会。全队统一了思想后，训练都很积极。针对电机系缺少女选手的弱点，我们请出了丁青青老师，又在新生中重点发掘了何畅。至此，球队的整体准备工作已经就绪了。

比赛那天确实如我所料，我们的排阵从头到尾都猜得很准，每一场球我都正好抓到对方一力，而且全都赢了。对方的一力也都是校队成员，我其实也没有把握都能赢下来，但我觉得这是我的职责，只有我打掉最难的部分，我的队友才能以更高的胜率去完成他们的任务，所以心里没有想赢怕输的包袱，就是奋力一搏，于是发挥得就比较充分。

整场比赛中最凶险也最精彩的，就是对阵经管的比赛。那一年经管确实是我们最担心的对手。经管是当年的夺冠热门，在我的模型计算结果中，经管也是唯

——一个无论怎么计算，我们的胜率都小于50%的对手。上午打完小组赛我们回宿舍休息，丁老师下午有课，回来只能赶得上决赛，于是我们只能寄希望于决赛再碰经管。中午时抽签结果出来，欣然很着急地跟我说，坏了，抽签不好，半决赛就要碰经管，丁老师也不在，怎么办？我倒是很淡定，跟他讲不要紧，想拿冠军就是谁都得赢，所以早碰晚碰无所谓。

于是四强的时候我们跟经管对阵。这一场的排阵可谓登峰造极，5场球每个人的对阵都刚好是我希望的，可以说即使我看着对手的排阵单来决定我方排阵，也就排成这个样子了，三国杀里这个技能叫"观星"。事实上，这个排阵也是当时我们唯一可能取胜的排阵，因为经管的女生太强，他们的女单和混双已经基本锁定胜局，我们要赢只能靠三场男单，一场也不能输。因此排阵的时候我不仅要算到一力的位置，甚至二力三力的位置也不能算错。很高兴我算对了，创造了这个唯一可以赢的可能，然后就剩靠所有人的努力去实现这个可能了。

第一场周天睿对腾靖远。对手以搓防为主，我们的三力打不了他，但天睿正手强悍，正好克制；第二场韩子娇对韩雪，这场没法打，我跟娇姐讲，反正赢不了，你放开抡就行；第三场徐新智对罗玉麟，这一场虽然抓到了三力对三力，但我还是比较担心，对手是射击项目的特长生，球打得也有灵性，徐新智的打法也偏灵巧，这场球打得场面很紧张，好在徐新智最终顶住压力赢下来了，不愧是决胜局决胜场保持不败的男人；第四场张欣然/何畅对李达/王童姝，这真的是欢喜冤家了，这一场一边倒地0:3就输掉了，但后来欣然跟何畅勤学苦练，就为了能赢回来，在之后的比赛里他们确实做到了，再也没有输过；第五场是我对吕江波，经管显然是赌我不会出最后一场，我显然是赌他们会赌我不会出最后一场，于是两个一力的对决反而藏在了最后，也成为比赛最大的悬念。最后我一路领先，状态也越打越好，随着第三局10:8领先时对手的发球失误，电机系终于闯入了决赛！

决赛本身反而并没有太多悬念，对手是小组赛就战胜过的电子系。我两战王瑞奇，都是打到决胜局才赢。这一场打到赛点的时候，我情不自禁地喊了声"电机必胜！"然后发球，得分。随后的比赛都比较容易了。最后双打由何畅赢下了冠军点，然后欣然一嗓子就嗷出去了，成就了影帝的称号。大家欢呼雀跃——我们创造了历史，我们真的做到了！

后来几年随着陈正颖的加入，我们延续了冠军。天睿毕业后杜舟野接班，我们更加强大，以至于我们细数后几年的夺冠之路，主力们基本都在划水。随着我们年复一年的夺冠，队员们也不断地成长、毕业。在七连冠之后，终于迎来了颖爷和舟野两大主力的同时毕业。电机系夺冠的担子，全面交班给以刘书翔和张妍为核心的新一代领导班子，所幸还有四朝元老黎忠孝的辅佐。我们从新一代小朋友入校开始，就灌输电机夺冠的信念，小朋友们也不负众望，确实在重重困难下，续写了第 8 个甲乙组总冠军。

回首八连冠的整个历程，外界都觉得我们这几年有这么多校队选手，夺冠理所应当。但其实从概率来计算，八连冠绝对是个奇迹——马杯从小组赛到总决赛一共要打 6 场比赛，8 年就是 48 场，即使我们每一场的胜率都有 90%，那么一场不输地取得八连冠的概率就是 $90\%^{48}=0.64\%$，远远不足 1%。事实上，我们连这个胜率也没有，单说首次夺冠时对阵经管这场，胜算就不足 5 成；最凶险的则是某年对阵工物，盘中翻车，最终靠影帝力挽狂澜才得以逃出生天；还有七连冠时的总决赛对阵工业工程，陈正颖开场就输给了高阳，最后还是靠排阵奇兵，打到决胜场决胜局，我跟丁老师联手双打，背水一战力克邹阳才赢下了冠军。因此我们评估实现八连冠的实际概率应该小于 0.1%，电机乒乓确实创造了奇迹，不是靠一两个明星球员的作用，而是靠球队每一个人的努力！

奇 妙 物 语

回首往事，十数年的时间匆匆而过，我与清华乒乓已结下不解之缘。作为一名运动员，清华的教育令我自强不息，坚持学习与创新，乒乓水平逐渐从业余走向专业，不断学会以前做不到的技术，不断击败以前不可能战胜的对手，乒乓球丰富了我的人生，让我不断看到新的风景；作为一名教练，清华的培养使我厚德载物，在带领年轻人冲击冠军的同时，也积极给予他们生活和事业的指导，帮助他们联系实习与就业，看着他们一步步从小树苗成长为参天大树，是最欣慰的事情。

清华乒乓是一场奇妙物语，让我结识了大量可爱可敬的同学和老师，让我成长，也让我收获。衷心祝愿母校基业长青，也祝愿清华乒乓人永远年轻和活力四射！

运气成就了我们的实力
——第九届清华校友乒乓球团体赛手记

■ 张大弓（2006 建管工硕）

2019 年欣诺通信杯清华校友乒乓球赛团体赛 10 月 19—20 日在上海松江成功举办。24 支校友球队近 150 名校友经过激烈角逐，各有收获，清华京福队力克群雄夺冠，由校队主力组成的清华一队、上海一队分获亚军和季军。赛前不被看好的我们联队，成了赛场最大一匹黑马，闯进四强。作为联队一员，这份意外的惊喜至今还令我兴奋不已，现将我们联队参赛情况作一简单回顾。

一波三折的组队

我们的球队名为联队，组队较晚，是由队员临时自由组合而成。当时是黄初冬和钟秀斌学长最早将我拉入，人员构成是钟秀斌、黄建江、黄初冬、赵世佳、周芷妍和我。我对所有人的实力，在没见过面的情况下（只和黄建江打过球），做了基本判断。同时和王欣老师公布的比赛名单做了对照，这支队伍应该能有一定战斗力，最好的结果是前 16 名。两个因素，一是我们有两名女生，大部分队伍只是一名女生；二是我对照了所有人员的开球网积分（大概有小一半人有积分），我们整体应该排在第 14、15 名的样子。因为种种因素，黄初冬和赵世佳临时退赛，我拉入了冯升波、杨宏伟两位师兄，钟学长拉入了严高峰师兄。经过换血后，大概队伍的整体实力，我预测还是排在第 12、13 名。出线应该问题不大，但是想打小组第一，并进前 8 是几乎不可能完成的任务。

我也大概预测出如果碰任何其他一组的潜在小组第一，我们被淘汰的概率大概是 100%。

赛前准备会

抵达上海后，就餐完毕，钟秀斌师兄召集我们开了准备会，大体要确定谁打哪个场次。钟师兄为了大家能顺利出线，主动放弃了小组出场的机会，并分析了我们小组赛重点对手电机队可能的排阵。最终我们觉得其他几场我们都难说稳定拿下，决定由实力较强并且较稳的严高峰和黄建江双打，我、冯升波、杨宏伟根据对手，机动出场。

小组赛排阵最重要

第一场我们队伍轮空，观看了电机队和青岛队的比赛，电机4∶1拿下，电机队1号主力韩小清，双打周天睿、胡家为，2号主力陈嘉昊，女单因队员丁青青师姐未到，临时替换了比赛女主持人，3号主力麦皓晖。

韩小清积分1911，现场看我们队谁上也白给，周天睿、胡家为和我们双打感觉是55开，我看了陈嘉昊的打法也是正反反长，和我一致，我不怵这个打法，最终排出了我方迎战阵容：1号主力杨宏伟，2号主力我，3号主力冯升波，双打严高峰、黄建江，女单周芷妍。除了第一场应该是必输，其他我觉得女单优势，我优势，冯升波优势，双打55开。拿下3场优势比赛就能小组第一。

第一场不出所料地输了。第二场，我们2∶1有惊无险地拿下。比赛过程中，我听到周天睿说，他们把最强的两人排到了双打，我们拿下双打基本就拿下比赛了，其实我想说你们我已经研究了一周多了，就要多算你们一场球。第三场，我由于平时发球不注意，被连续警告抛球遮挡，第一局输了，不过第二、三局连赢两局，拿下了这场。第四场，周芷妍师妹也在先输1局的情况连翻2局拿下了女主持人。第五场，冯升波在胜局已定的情况下，输给了小麦。我们3∶2扳倒电机队成功，然后一鼓作气拿下了青岛队，如愿取得了小组第一。

1/4 决赛，抽到上上签

中午的抽签结果传来，我们和年龄较大的文杰队相遇，四分之一半区还有四川队、舜德队，这对我们属于特别完美的签位。果然，我队以3∶0战绩拿下了文杰队。这时正好四川队和舜德队的比赛到了关键的第五场，观看比赛后，感觉舜德队对我们来说相对更好打。因为四川有2名积分1900+的选手，1名积分

1800+ 的选手，我们几乎没有机会，而舜德队员和我们积分差不多。不过结果却是舜德队爆冷拿下了四川，舜德队张智深师兄拿下关键 1 分。

进入前 8 以后，目标已经完成，大家都松弛了下来，就是争取尽量打到更远。对舜德，因为实力接近，我还是做了正排，1 号主力我，2 号主力冯升波，3 号主力杨宏伟，双打严高峰、黄建江，女单周芷妍。

我的第一场比赛自己心态又出了问题，另外发球的问题被说了几次，我还在局间和裁判做了沟通和演示，到底什么才合规。第一局输了，心里有点慌。第二局调整心态，做好发球，拿下了。第三局，3∶5 落后交换方位，对方张智深师兄不断给卢炯小同学支招，我其实越来越紧张了，但能看出卢同学比我更紧张。我坚持发球主动给正手长奔让他拉，然后长胶磕，最终还是 2∶1 磨下来了。双打我队 2∶1 拿下，第三场冯师兄有惊无险地以 2∶1 拿下了张智深。

没有悬念的半决赛

半决赛对阵清华一队，我们其实已经不做他想，输球是必然的，我们只希望与强手过招中打出风格，赛出水平，体验王欣老师一直倡导的快乐乒乓。因为差距过大，2 场男单和女单必输，就是一场 1∶3 的球，结果却是清华一队算到我们要变阵，1 单林子钏没有第一出场，而是 2 单抓了我，让我体会了被虐的感觉，我队以 1∶3 败北。

季军之战，我想避开上海一队佟永俊学长的想法也没有实现。值得一提的是冯升波师兄 2∶0 赢了林嵘净，采取了以慢打快，旋转克制速度，退台兜高球，也是博得了大家的喝彩。

双打是两队均未输过的组合，但我们还是遗憾地输给了上海队，双方大比分 1∶1。第三场我对佟学长，几乎又被完虐，和他相比，我无论经验和打法都被压制了，0∶2 速败。第四场女单他们如愿拿下，最终我们获得了第 4 名。

我 们 联 队

相逢即是缘分，组队也是缘分。大家共处只有短短的两天，每个人身上都闪烁着优点。我们相互信任，彼此鼓励，互相提醒。钟师兄为了联队取得更好的名次，只参加了一场比赛，另外因为年龄比我们长，熟人最多，比赛期间多次去"刺探"别队军情。黄建江和严高峰师兄主动双打，配合默契，稳定输出。周芷妍师妹敢打敢拼，没有丢掉不该输的比赛。杨宏伟师兄被我派出打对方最强选手，从来没有任何怨言。冯升波师兄心理抗压，水平高超，赢了所有该拿下的比赛，并在争夺季军的时候打出了以弱胜强的经典比赛。

毋庸讳言，我们联队在本届大赛中超额完成任务，每人都有历史性的突破。尽管赛前客观分析，我们的实力应在 24 支球队中排在中后，但我们并没有放弃信心和机会。琢磨每一队的优劣势，寻找我队可能的机会点。天时、地利、人和，我们认真地应对每一场球，好运气也成就了我们实力的一部分，最终，我们成了赛场上一匹大黑马。这也是球赛的魅力之一吧。

印象深刻选手

佟永俊学长，正手反胶，反手生胶，老当益壮，近 1900 水平。

林子钏学弟，六边形实力选手，2400+ 实力。

胡晓程师兄，正反反生，绝对实力选手，2000 实力。

袁雯学妹，潇洒的削球，灵动的步伐，赢得了多场硬仗，2100+ 实力。

刘明炜学妹，现清华 1 号女单，拉球、摆速均为上乘，赢得了新老清华 1 号女主力比赛，1900 实力。

胥佳学妹，正反反生打法，反手弹击，发力集中，动作优美大气，1900 实力。

功不可没的欣诺团队

本届赛事主要由上海欣诺通信公司赞助，包揽所有参赛选手落地上海后的吃住行。谢虎师兄的欣诺团队无微不至地照顾着我们每个人，从晚宴、烧烤，到练习，到赛场，几乎每个细节都有他和欣诺团队的身影。这个团队是值得我们敬佩的团队，这次大赛的圆满成功，欣诺团队功不可没。正是谢虎师兄和团队的无私奉献和专业服务，使得本届赛事成为清华校友乒乓球赛自 2011 年来规模最大最成功的活动。

最后，感谢清华大学王欣老师和裁判团队，感谢欣诺通信谢总和保障团队。四川队的费永刚师兄众望所归地获得下届赛事承办权，2020 年我们期待成都再相聚！

一杯春醪

■ 李非（2007 级医学院博）

外科医生是一个忙碌的职业，日常没有什么节假日的概念。我每天脑子里不停思考的都是疾病的诊断、治疗计划的制定、患者的沟通和各级医生之间的配合。如果能够有空打一场球，不仅是身体的活动和放松，更是可以让大脑重启放空的一种有效手段。特别感谢王欣老师给我安排了这样一个作业，恰似一杯春醪，让我可以坐下来回味乒乓球带给我的那些快乐、教训和宝贵的经验。

一说起乒乓球，我最先想到的是我的双打搭档薛飞博士，是一个非常偶然的机会促使我俩成为搭档。博士入学的时候我们都搬进了 W 楼，他住在我的隔壁，一天晚上我纠结于一个问题怎么也找不到头绪的时候，随手拿起来拍子对着墙打了几下，然后就听到了敲门声，心想坏了，一边开门一边想说辞。门口站着一个皮肤有点黑的斯文小伙，短头发戴眼镜，略带惊喜地问：你也打乒乓球？就这样，内向斯文、偶尔活泼的单面反胶直板薛飞博士和外向开朗、偶尔斯文的双面反胶直板李非博士碰头了，简单约战后发现我们水平不高，但是基本一致，自此踏上了多次代表清华医学院参加"马约翰杯"乒乓球赛的双打晋级之路。

薛飞的博士专业是搞生物结构，我的专业是外科基础研究，平时都是扎在各自的实验室里，两头不见太阳地做实验整数据，碰面也是讨论些脑洞大开的科研话题。偶尔约着周末参加一下院里组织的乒乓球活动。我俩第一次马杯双打征战之路，最终以小组淘汰而草草收场。

对于成绩其实我们没有什么特别的感觉，但是对于个人钟爱的一项运动，还是决定要做出些行动来，所以我们分析了一下各自的问题和特点，设定了每年都要各自提高技术，慢慢积累的小目标，不在于得到了第几名，而关注我们每年都有进步。接下来的 3 年里，我们逐渐进入了 8 强、4 强，并最终获得了乙组"马约翰杯"赛的双打冠军。这个成绩在清华众多的乒乓球高手中，实在算不上多么耀眼，但是对于我们两人来说，在这个过程中体味到了很多有意义的经历：曾经反败为胜，也曾经大意失荆州；曾经太想赢怕输，也曾经太随性放松；曾经追求

2010年"马约翰杯"赛作者和薛飞勇夺双打冠军，2011年作者（右）获得博士学位时与薛飞合影

完美，也曾经难得糊涂。这个看似平淡的过程和最终获得的经验，让我不断审视自己的专业之路，是否做到了个人能力的进步，还是只是在做工作量上的堆积和简单叠加，不断地提醒自己保持正确的方向。

外科医生这个职业和乒乓球一样，也是一个技术性行业。从普通住院医师开始外科操作和知识的基础训练，到逐步承担责任、学习决策的主治医生，再到选择专业成为更高一级的亚专科医生；这一过程和乒乓球的进阶是一致的，练习扎实的基本功、参加比赛获得实际经验，直至最后形成自己的技术特色取得成绩。如果你理解这个运动的规律，会预见到外科基本功的深厚程度，在未来会决定你的技术高度；会预见汇集每一台大小手术经验的点点滴滴，将来形成的沉淀之力；会明白出现的阻力和困难，其实是技术进步的信号。唯一不同的是，成为一个优秀的乒乓球选手，需要在你人生很早的阶段，就开始加入这个竞争的队伍，与其他携带各种天赋的天才一较高下，即使有再高的天赋也跨越不了时间的距离，所以我总是和同行开玩笑，小时候天赋不够，所以只好沦为一个外科医生。也正是有这种小小的遗憾，所以在选择亚专科方向时，我的小小情结让自己不自觉地成为一名运动医学医生，解除运动损伤给人们带来的烦恼，让他们能够重新享受运动带给他们的快乐。

只有拓展视野才能引发思考，只有锤炼身体方可传承经验。和那些所有爱乒乓球的爸爸们一样，我也会希望我的女儿能够参与这项运动，因为这其中既有欢笑，也有眼泪！

乒乓球只是一个载体，它传递了体育带给人精神和身体上的磨炼，可以让人更好地认识自己。

作者和孩子在球台上感受乒乓魅力

一起走过的青春

■ 瞿德刚（2008 级精仪博）

银球助力我读博

2008 年 9 月，带着憧憬和彷徨，我进入清华大学精密仪器与机械学系攻读博士学位。在拖家带口的年纪，离开了妻儿老小，远赴京城开始了一段"痛并快乐着"的日子。北京这座城市，是很多人向往的天堂，也是很多人想要逃离的地方，但对于我来说却是兼而有之。能在清华求学，这里当然是向往的天堂；但是因为远离亲人的思念之苦，这里又是想要逃离的地方。

作者毕业后返回母校在主楼前留影

回想起我那几年的读博生活，一切都还记忆犹新。博士一年级的课题，偏偏是我从未涉及过的知识，既有全新的超声领域的，还有 IC 芯片制造装备方面的。另外，专业课老师上课时行云流水，一切尽在掌握的潇洒，真是"春风得意马蹄疾，一日看尽长安花"。这些对于我这个硕士已经毕业快十年的人来说，宛如"三座大山"压顶，"压力山大"啊！还好，课余时间有乒乓球作为体力和精神的全面调剂，我坚持了下来。

进入博士二年级，为了让我尽快熟悉这两个陌生的专业领域，导师也尽可能地创造一切条件，让我去工厂、花费巨资买设备、做实验。好不容易进入了这两个领域，但距离完成自己的研究课题，写出合格的博士论文，好像还是遥遥无期，以至于脑海中一直都萦绕着一个挥之不去的念头"要不退学吧，真的太难了"。要不是因为怕自己丢不起那个人，真想卷铺盖走人了。还好在课堂外还有一群打乒乓球的朋友，大家"同病相怜"，互相鼓励，让我咬牙坚持了下来。

博士三年级精读相关的专业论文，硬着头皮阅读、演算，压力大得连头发也开始掉落。每每觉得坚持不下去的时候，来一场乒乓球比赛，又像是满血复活了。

四年级写博士论文，头发掉落得更厉害，而且也有一小半的头发都已经白了。虽然没有太多时间打球，但就是忙里抽闲去看看师弟师妹们挥拍训练，也能扫去一身的疲惫，继续回到实验室埋头苦干。仔细想想，在清华刻苦读博的日子里，始终不离不弃，陪伴我最多的"伙伴"，就是那小小的银球了。

2008 年清华乒乓球场地在地下学生服务中心防空大厅里（下文简称学服）。记得摆放有 3 排共 16 张球台，7 号球台是乒乓顶级高手打擂的地方，经常可以看到清华的顶尖高手在那里出没，还有刚毕业没多少年的师兄也会回来指导教学。记得在 7 号球台见过李非、李楠舟、吕博、艾颖华、叶子申、高阳、梅铁军、吴靖等。还有一些当时只知道网名的高手，比如 sky-looper、老狼等等。还有一个人我最难忘，就是整个读博生涯时一直陪伴的好朋友黄建江，也是在那里认识的。

在学服乒乓球场地我有幸参加了校乒乓球二队的选拔赛，最终与周天睿、王宸和赵航一起成功入选清华乒乓球队二队，一起荣幸地成为王欣老师的学生。至今还记得当时二队队长是高云腾，队里还有一队的两个队员周寅婕和陈天琦，再就是吕哲、苏键、肖玉华、汪博伟、马照、黄雅卿，后来又有林嵘净等人的加入，再后来还有王亮老师也进入了这个团队，成为王欣老师的助教。我还在球队里认识了胡家为学长，大家一起训练，一起进步，其乐融融！

校乒乓球二队每周训练两次，王欣老师每次都会从头到尾陪伴我们，给我们制定训练计划，指导大家严格训练。王老师带领二队参加首都高校乒乓球比赛，也曾取得了不错的成绩。其中，我也有幸作为二队的一员参加过一次比赛。说起这次参赛来，还有个很好笑的插曲。记得那次比赛是在北京外国语学院举行，临到我上场时，裁判要看我的学生证，其实大部分的学生都没有被查看学生证。想想也不能怪别人，这显然是因为我年纪比较大，看起来实在不像大学生。那场比赛我赢了，下场后和裁判握手时，裁判对我说："没想到你读博士，乒乓球也打得这么好！"我随口就调侃了一句，"嗯嗯，博士生里面乒乓球打得最好的，乒乓球打得最好的博士生。"（说到这里，吴艳阳博士肯定不服，呵呵，我们互有输赢，别介意啊！）

通过在二队的训练，我的乒乓球水平提高很多。当我毕业回到原单位继续工作时，我以前的球友同事都被我横扫，以至于他们调侃说："你是读了个乒乓球博士嘛！"

我为球馆"智能化"

读博期间适逢学校要拆地下学服改建文科楼图书馆，乒乓球上课训练的场地临时改在了东操场东看台下面体育部的大办公室里。好像当时那里刚刚建好还没有启用，都是由王老师负责，二队在那里打乒乓球特别方便。

2010年3月，清华大学紫荆气膜馆建成正式开始使用。乒乓球台和我们二队训练都搬进了宽敞明亮的气膜馆。有一次我去那里打球，看到王欣老师拿着个本子，上面画满了表格，用各种颜色在格子里涂抹，有红色的、绿色的，也有白色的、黑色的，我怀着好奇心问王老师："这个是做什么用的呀？"王老师回答我说："我是气膜馆的馆长，除了上课训练，还要管理这里乒乓球和羽毛球场地的预定和使用，这是'场地使用情况登记表'。"

我看到，登记表上"每台/每小时"用一个格子代表，各种颜色代表不同的用途。有空场地、有预定的、有学生的、有教工的、有已经交费的、有还没有交费的等等，不一而足。看着上面密密麻麻、不同颜色的格子混杂在一起，还要通过这些不同颜色来分辨，最后进行费用的统计汇总，想想都头大！看着王老师认真负责地记录和统计这些格子所代表的数据，我心里想，对于严谨的王老师来说，这得花多少时间啊！

想到自己对软件开发比较熟悉，就对王老师说，"我可以用软件来帮助管理气膜馆的场地预定与费用结算这样的工作，希望能减少您的工作量。"王老师听了非常高兴，认真地和我交流了很长时间，最后王老师要求我在不耽误学习的条件下，争取把整个气膜馆的"场地预定和费用结算管理"软件做出来，实现智能化管理。

两周以后，软件做好了，通过调试安装，这款"清华气膜馆场地管理软件"的1.0版上线了。通过培训，球馆的工作人员很快掌握了使用方法。使用了一段时间以后，场地预定和费用结算两个环节都没有出问题，又快又好用（呵呵，膨胀了）！能够用我一技之长，为乒乓球训练管理智能化出点儿力，达到了王老师的要求，我真是由衷地高兴！

毕业后听王老师说，我做的这个单机版软件使用了四年。现在使用的2.0、

3.0 版软件，是由清华大学信息化办公室王臻老师带领的研发团队开发的，实现了适应手机互联网发展的"网上付款预约"等新功能。后来每每见到王老师，她都要说起当年我的"自告奋勇"这回事，弄得我很不好意思。微不足道的事情，让王老师这么记着，真的不好意思！

因为与清华乒乓的不解之缘，让我对那些在 FIT 楼和地下学服挥汗如雨的日子刻骨铭心。FIT 楼离我的实验室最近，每当晚上看书、做实验之余，都要约上一帮朋友，去 FIT 负一楼一决高下！ FIT 楼也是我结识球友最多的地方，我记得在那里见过陈关亭老师、汤小为、尚世峰、王博、司韦、聂淼、马青、小白猪、凤凰、何伟、朱成、灯泡、张欣然、北大老曹、杨兴、张兵、章一心、周易、黄君子、柳德斌、张慧峰……还有很多朋友没有留下联系方式，很是遗憾！

虽然已经离开清华很久了，但是我一直还在打乒乓球！我还一直参加清华校友的乒乓球比赛。我很喜欢打乒乓球，因为小小银球让我怀念读博生涯那段无比美好的日子。感恩清华！感谢尊敬的王老师孜孜不倦的教诲！感谢一起打乒乓球的朋友，让我在清华紧张的学习生活中找到快乐，让生活变得无比美好！

一生之幸

——在清华乒乓球队的那些年

■ 马冬昕（2008 级化学，2012 级博）

一直觉得自己的 2011 年充满了幸运：先是入选校乒乓球队，又顺利保送硕博连读，被系里选为"双肩挑"辅导员，还在年底获得了本科生特等奖学金。

后来我发现这份幸运是有代价的：乒乓球、科研和学生工作，在其后的岁月里，逐渐成为压在我头上的"三座大山"。

作者与队友共同获得五四杯 2014 年首都青年学生乒乓球赛冠军

科研的难度自然不必多说，大概每个博士生都有"衣带渐宽终不悔，实验做得人憔悴"的时候；学生工作的挑战也是早有准备的，集体建设、组织班会、与同学谈心……每个环节都要"摸着石头过河"，在做好自身业务的同时，也做好思想政治工作。

然而，来自乒乓球的压力却是出乎意料的。

我从高中才接触乒乓球，利用业余时间学了些基本功，远远达不到专业的标准；上大学之后，我定期跟着化学系队训练，大三时和双胞胎姐姐马冬晗一起选修了乒乓球课，居然被时任清华大学乒乓球队总教练的王欣老师看中，把我们双双招进了校队。

进队之后，我才知道，校乒乓球队是招"特长生"的，每年都有几个同学是国家一级或者二级运动员出身，所以我和他们之间的差距就可想而知了。

我至今仍然清楚地记得第一次参加校队训练的场景！

全队集合之后，我们站成一排，听王老师布置新学期的安排。即每周训练两次，各练两个小时，一次以多球训练为主，另一次则以单球训练为主，加上队内比赛和体能练习。王老师要求全体队员端正态度、积极备战年底的北京高校乒乓球锦标赛；又让我们几个新队员做了自我介绍，老队员鼓掌欢迎，很是热闹。

彼时的我，站在队伍里，只觉得一切都很新奇。

然后，当我还没有回过神来，训练就开始了。

——只见偌大的气膜体育馆一端，摆了10张乒乓球台，每张球台上都放着满满一盆乒乓球。队员们两人一组，分别站到球台两侧，按照教练的指挥，开始训练。

首先是定点摆速，我之前从未听说过这个词，就傻乎乎地站在那儿，不知所措。王老师走过来，哭笑不得地告诉我说："定点摆速就是站在固定位置上，正手打一下，反手打一下。"

于是我开始练习。我的搭档是一位老队员，她先给我喂多球，即一手握拍，一手从盆里拿出乒乓球，一只一只轻轻抛起来，用球拍依次撞击，直接发到对面球台上，供我做击球练习。她的水平很高，多球喂得又快又稳、连续不断，我练得也还算顺利；可轮到我喂多球、她击球时，我就傻眼了——自己居然连喂多球都不会！搭档也傻眼了——大概没有想到新来的队员这么业余，只好停下来，耐心地给我讲解喂多球的方法和技巧。她告诉我，喂多球不能太高也不能太低，不能太长也不能太短，要注意弧线、落点、节奏等等。我低着头站在那儿，老老实实地听，认认真真地学，然后勤勤恳恳地练，总算初具雏形，勉强过关了。

练完了定点摆速，又练起了正手两点跑位——这个词，我当然也是第一次听说。不过我没敢再问教练，而是悄悄观察周围人是怎么做的，才明白原来就是在球台的正手位和中路偏反手位进行横向的步法移动，并连续使用正手击球，就照葫芦画瓢地开始练习。

因为我以前很少打多球，步法很慢，即使搭档不停地给我加油鼓劲，我也难以跟上她喂多球的速度，生生地把正手两点跑位练成了"正手两点走位"，而且累得晕头转向、气喘吁吁。

练完了正手两点跑位，又开始练正手三点跑位、推侧扑……我跟着队友们，一项一项地练，一点一点地学。从未接受过专业训练的我，不只是基本功不行、队内比赛垫底，体能也跟不上。仰卧起坐，队友们做得生龙活虎、热火朝天，我却在垫子上挣扎，一旦躺下去，就再也爬不起来；单人跳绳，队友们能跳"双摇"甚至"三摇"，可我连最基本的单摇都断断续续、磕磕绊绊；50米折返跑，队友们身轻如燕、灵活自如，而我总是刹不住车，好几次直直地撞到了对面的墙壁上……

几次训练下来，身体的疲惫倒还在其次，内心的压力却是难以忍受的。

我自卑地想，自己基础这么差，王老师何必把我招进来呢？要是我这样的小业余都能代表学校出去打比赛，不是给清华丢人吗？

没想到这一天很快来到了。

2011年底，北京高校乒乓球锦标赛在北方工业大学举行。赛前训练时，王老师问我运动服的尺码，我惊讶地说："就我这样的，也有队服？"

王老师看着我笑："你还得上场呢！"

——就这样，我穿着新发的、印有"清华大学"字样的队服上了赛场。斗志昂扬上去，无精打采下来；比一场，输一场。输到不想再输的时候，我流下了伤心的眼泪，赌气道："我不打了，上去也是输球！"

王老师当时跟我说了两句话，第一句是"只要是清华参加的比赛，就不能弃权，输球赢球都是要学习的，你输了没关系，但不可以弃权"；第二句是"失败是成功之母，你现在输，将来就会赢。"

这两句话由此印在了我的心底。

直到很久之后，我经过艰苦努力，球技逐渐提高，开始为清华赢球的时候，才懂得了王老师的一番苦心——她告诉我，代表清华出征，就要放下个人得失，为集体而战，一枝独放不是春，万紫千红春满园；她告诉我，胜不骄，败不馁，只要决心坚持，用心训练，就会走出低谷，渐入佳境；她告诉我，强者不抱怨，勇者不言败，与其垂头丧气，不如迎头赶上！

王老师不仅关心我的球技，还很关心我的身体。读博期间，一方面，我的课题具有很强的原创性，实验进展缓慢；另一方面，我先后担任化学系带班辅导员、学生工作组组长，学生工作常常遇到各种挑战。因此，在相当一段时间里，来自科研和学生工作的压力都很大，使我难以应对、疲于奔命，体重下降，训练时也显得没有精神。

王老师看在眼里，就多次找我谈话，告诉我不要着急。

当我沮丧的时候，她对

第四届全国大学生阳光体育乒乓球比赛中，作者（左）、马冬晗与王欣老师（中）在赛场上合影

我说："实验做不出来，就来打打球吧，心情就好了！"

当我疲惫的时候，她又提醒我："注意劳逸结合，身体是革命的本钱！"

听着王老师温和的话语，看着王老师关爱的眼神，再跟队友一起热热身、打打球，我逐渐觉得，其实自己也没有遇到那么多困难；或者说，困难是有的，却没有那么可怕了。

我想想自己从最初参加训练和比赛的煎熬，到现在如鱼得水、乐此不疲，自信就油然而生；再想想乒乓球训练的方法，每学一个技战术，每练一种新打法，都要经历从懵懂到理解、从生疏到熟练的过程，心里又踏实了许多。每次训练跑一组步法、出一身大汗，跟小伙伴们一起吃个饭、聊个天，回宿舍之后好好洗个澡、睡一觉，第二天早晨起来，我都仿佛满血复活，感觉又有了很多力量，就慢慢坚持下来了。

经过不懈的奋斗，我不仅球技提高了，科研也取得了好成果，学生工作也顺畅了——压在我头上的"三座大山"都变小了、变轻了，而我变得强大了。

后来我又获得了研究生特等奖学金。时隔五年，再次站到领奖台上的我，回想起曾经的点点滴滴，不禁发自内心地感慨：成为乒乓球队的一员，不是一时之幸，而是一生之幸。

博士毕业之后，王老师告诉我，当年为什么招我进校队。

她说："你们姐妹俩一起选我的乒乓球课，我发现你们做事情很认真。每次上课都会穿短衣短裤，每次打完球都会把球拍擦干净放进拍套里，和别的同学明显不一样。因为那时候校队非常缺女生，我就问你愿不愿意来校队训练，你当时没有马上回答我；下学期开学之后，你跑来告诉我'老师，我们决定来校队训练！'然后你们就来了，练得很认真，每次都是捡满满一盆球，丝毫也不会偷懒，还总是加练，所以进步很快。"

她还说："其实刚开始我真的没有抱那么大希望，但是你的表现让我有信心，果然我没有看错，你逐渐也能为清华赢球了。与此同时，你们不仅球技进步了，人也成熟了。你们从小到大都是好学生，很少有机会体验刚进校队的那种'跟不上'的感觉。我们之前也招过乒乓球爱好者，他们很多人一看校队水平高，受挫了就不再来了，而你们坚持下来了，大家也都热心地帮助你们，整个球队就像一家人一样。"

王老师的这番话，深深感动了我、震撼了我。

是的，在乒乓球队，我遇到了值得我一生感谢的王欣老师、风趣幽默的王亮老师、温柔亲切的王海燕老师，认识了许多可爱的队友，包括詹逸思、林嵘净、黄雅卿、王鹤婷、张迪洋、陈正颖、林子钏等等，我们一起训练一起比赛，球场内外朝夕相处，结下了深厚的情谊。

在乒乓球队，我养成了坚持体育运动的习惯。无论我走到哪里，都始终记得自己曾经是一名运动员，而且随身带着两套队服。2012年、2015年夏天，我先后赴美国、德国交换学习，期间没有机会打乒乓球，就坚持每天跑步、训练体能；博士毕业之后，我又来到加拿大多伦多大学做博士后，找不到球友，就独自去学校的乒乓球馆练发球、练步法。体育运动给了我特别的精气神，使我自律、自信、自强。

在乒乓球队，我练就了坚韧不拔的意志。我代表清华参加过北京甚至全国高校之间的各种赛事，有输有赢，这使我意识到胜败乃常事，要放平心态，面对困难不害怕，开动脑筋想办法。而在因为学业、工作与生活的各种不顺利而被阴霾笼罩的日子里，我也常会想起那些年打比赛的场景：每一次失误或者落后时，教练为我支招，小伙伴们为我加油；而每一次自己打出好球，场外总会响起一阵热烈的掌声。

——那掌声永远响在我的心里。

清华乒海里的浪花

■ 马冬晗（2008 级精仪）

我从高一开始学习乒乓球，由于起步晚、练习时间短，水平连业余也谈不上，但是兴趣却非常浓厚。自从我来到清华，就非常羡慕校乒乓球队的队员。记得有一次，我在图书馆自习，对面一个穿着校队队服的姐姐在看书（回想起来，那应该是詹逸思师姐），当时我盯着她队服上的LOGO看了好久好久，心里满是羡慕。我在想，如果有一天，我也能加入校队，那是多么幸运的事情啊！

想不到这份幸运，在我大三暑假的某一天，奇迹一般地降临了。那天，我在气膜馆遇到了校队教练王欣老师，因为那学期刚刚上完王老师的乒乓球课，我就很高兴地向王老师问了好。也许是因为我那年春天在"马约翰杯"女子单打比赛中闯进四强，也许是因为我和妹妹在乒乓球课上表现还不错，王老师对我说："你们姐妹俩愿不愿意来乒乓球队训练？我们现在缺乏球打得好的女队员。"当时我是怎么回答的，已经记不清了，但是我深深记得，表面强作淡定的我，激动得浑身的血液都快要沸腾了。为了抒发这份喜悦，我甚至到校园里跑了一大圈。

从此，幸运的我就开始了与清华乒乓球队的情缘。

在校队，我体会到了专业训练的乐趣。刚入队的训练，对我来说很新鲜，像摆速、两点、推侧扑，都是闻所未闻的新名词；也很艰难，因为我之前从未给别人喂过多球，自己的落点也不稳定，生怕被队友嫌弃；最痛苦的是训练结束后的跳绳和拉伸，对于柔韧性和协调性都不很强的我来说，差点就要了命了。但是，在慢慢适应了这样的训练之后，我感受到自己的飞速成长——力量在增强，球速在加快，落点在改善；而更重要的是，我对这项运动从最初单纯的喜欢，到逐渐感受到它更多的魅力——技术的巧妙，比赛的节奏，以及对身心的全面调节。

在校队，我体会到了心理素质的重要。非专业运动员出身的我，刚开始很难在比赛中控制自己的情绪。还记得有一次队里打升降台比赛，我在10∶6领先的情况下，居然硬生生地被对方追平又反超，最后11∶13输掉。打完球，站在旁边的王亮教练问我："10∶6的时候你是怎么想的？"我很不甘心地说："我当时想着，我都领先这么多了，就算保守点也没事，对方只要失误一个我就赢了。"教练严肃地说："现在你知道不能这么想了吧！越是到关键分，就越要放手一搏！哪怕这一板失误了，下一板还要去拼，哪能站在那里等着挨打？"教练的这番话，至今仍在我的脑海里回响着。比赛虽然是有输有赢，但是乒乓球带给我的，是一份沉淀出来的从容与勇敢。

在校队，我体会到了团结协作的意义。每次队里一起出去打比赛，只要没有球，大家都会聚集在场边，为场上的队友加油鼓劲，出谋划策。每次打完比赛回来，我的嗓子都喊哑了，但心里却是非常甜蜜。虽然乒乓球不像足篮排球那样属于集体项目，但是校队是一个精诚团结的集体。在这里，每个人都不是孤军奋战，不是一滴水而是海里的一朵浪花，不是一片叶而是森林的一抹绿意，不是一颗星而是夜空的一弯银河。

在校队，我体会到了兄弟姐妹的情谊。从入队开始，詹师姐、林嵘净、王鹤婷、陈正颖、张迪洋……以及后来陆续入队的师弟师妹们，大家每天都开心打球，和谐相处。还记得每次练完球在桃李地下的聚餐，还记得每次男女生节精美的蛋糕与礼物，还记得去潍坊比赛时在宾馆房间里的说笑玩闹。虽然我球技不高，不能为球队在赛场上争得荣誉，但在力所能及的方面，我也努力为球队奉献一份力量，比如帮助参加奖学金答辩的师弟修改PPT，照顾做眼睛手术的小师妹，积极参加球队组织的各项活动等等。

时间过得真快，转眼间，我已经博士毕业离开清华三年了。现在，我在美国普渡大学生物医学工程系做博士后。在遥远的大洋彼岸，想起曾经的美好时光，心里常会涌上一层淡淡的忧伤，但感受到的更是乒乓球队带给我的精神力量。我穿着印有"清华大学"字样的队服，坚定而快乐地走在普渡校园里，仿佛仍然置身于清华园。我走在去实验室的路上，仿佛走在去气膜馆训练的路上，又仿佛走在去参加比赛的路上，眼里充满面对未来的憧憬，心里充满迎接挑战的勇气。

人生的每个阶段都像一场乒乓球比赛，只是球台对面的对手不是别人，正是自己。在每一板勇敢的扣杀、每一声激情的呐喊中，我们终于走向梦中的明天。

这十年
——我与清华乒乓之缘

■ 陈正颖（2011 级电机，2015 级硕）

作者在比赛中

我与清华乒乓，缘起于 2009 年夏天，在广东中山一中举行的全国中学生乒乓球赛上，有幸与比赛裁判长王欣老师偶遇。十年如白驹过隙，一晃而逝，如今我已脱下清华的战袍，却永远不会忘记自己与清华乒乓共同书写的故事。生物老师说，七年，人的细胞就会更新一遍。在园子里打乒乓的七年，我的定位发生了一次次的改变，每次改变总能让我的悟性有一次更新，我要感谢清华塑造了一个全新的我。

永 不 服 输

进入清华之前，乒乓球让我拥有了学习之外的光环，它塑造了我的体魄和心智，带给我不一样的经历与荣誉，也助力我一路成长，进入梦寐以求的清华园。初入清华，我将为学校争得荣誉视为自己的责任。我渴望身着清华战袍，在球场上披荆斩棘，证明自己在学习与球技上都不逊于人。

2011 年入队时，球队已经降入高校比赛的甲 C 组，新生力量的到来，让王老师对球队重返甲 B（甲 A 为专业组别，甲 B 为业余最高组）寄予厚望。一同入学的张迪洋和我为球队注入了旺盛的活力，我凭着绝不服输的气势奠定了第一主力的位置。我期待着，期待着那个为清华而战的时刻。战机只让我等待了两个月，如同战士听到冲锋号一般，我径直杀入北京"高校杯"的赛场，开启了我的清华乒乓生涯。

我们一路过关斩将闯入团体决赛。但高歌猛进未必说明一切，志得意满容易马失前蹄。事情并非总是一帆风顺，成长的第一堂课往往就是要学会谦逊地正视自己。决赛中作为第一单打的我，打头阵就尝到了失利的滋味。"行百里者半九十"，无论寒冬还是轻敌，都不能作为失败的理由。我感觉自己要害了球队，要从英雄变成罪人了。但幸运的是，教练的鼓励，队友们的拼搏与呐喊，让我爆发出了不寻常的力量，清华人的不屈意志和团结精神，给予我救赎的机会。再次上场，我告诉自己，这次要一锤定音。然而巨大的压力并不容易调整，面对对方第一主力，依旧是苦战。决胜局一度9∶10落后，悬崖边上，我用不顾一切的侧身爆冲搏杀，终于逆转取胜，清华乒乓重回甲B赛场。

代表清华的第一战，虽然拿下了团体和男单双料冠军，但我发现，在技术上自己并没有压倒性的优势。甲B的赛场，恐怕前路难行。事实果然如此，第二年甲B团体决赛中，我们0∶3被北京工业大学横扫，我感到面前是不可逾越的实力鸿沟。王老师鼓励我，无论胜负，服输就意味着输给自己。这句话指引着我始终砥砺前行。

转眼间又一年夏天到来，球队"新鲜血液"的注入给我们打了一针"强心剂"。一级运动员林子钏接过我第一主力的大旗，王老师精心打造的"三虎将"蓄势待发，向北工大发起了反攻！

然而现实总不是尽如人意，单项比赛中，我们再次完败于北工大：我和子钏男双8进4负于北工大；男单8进4我负于北工大的王悦彬，而他在决赛中也战胜林子钏夺魁。我们第二次夺回团体赛锦标的努力也仍以失利告终。

顶　梁　柱

天将降大任于斯人，必先苦其心志。面对连续的失利，乒乓球队展现出了团结、坚韧和智慧的优势。在球队的低谷中，王老师一如既往地给予我们支持。她的一席话，成为了这一代清华乒乓重要的转折点。她说道："我们是清华的学生，我们的训练时间很少，但我们依然要做到最好，怎么办？我们要用好我们聪明才智，知己知彼百战不殆。"球队是个大家庭，王老师就是我们的家长，她的话让我意识到，"1+1"未必等于2，在自己埋头苦练之外，我的思维还能为球队做出更多贡献。

全队在王老师的带动下开动脑筋，总结，训练，再总结。几位主力中，林子钏实力最为雄厚，但他硬朗的球路恰恰也是他的短板，男单比赛中正是因此消耗了过多体力而屈居亚军。我以旋转速度为主，强调战术变化，小拳快打，防守较弱。张迪洋发球抢攻又快又凶，失误也相对偏多。我想到如果我们三个的"一稳一巧一狠"能够相互取长补短，将会产生质的变化。互相学习，是我们崛起的第一个关键。

除此之外，我特别理解王老师说的，要保持林子钏这个球队最重要的战斗力是关键。他平时训练的对手，都是他水平的下限。而作为第二主力的我认识到了自己的责任，我必须要提升自己把他顶起来。王老师鼓励我要帮助子钏，做好全队的基石和顶梁柱，在训练中要带动大家。

有了新的责任，就有了新的热情，整个球队的面貌也焕然一新，大家在相互学习、相互促进中取得了明显的进步。新一年的团体赛场上，我们拧成一股绳，每一分的背后都响起全队的加油声，每一局之间都是全队给场上队员出谋划策。终于，3∶1，我们在决赛中实现了对北工大的复仇，直到我毕业斩获男团六连冠，我们从此开启了属于清华的时代！

自那时，我开始以自己是清华乒乓的一分子而自豪，不再是因为能出风头，而是因为我感到自己实实在在为球队贡献了力量。

当 好 队 长

随着我与球队共同成长，自身的特点也逐渐被发掘出来。我头脑灵活，善于对技术动作、战术变化进行观察总结和分析，训练时经常与队友们交流技战术，在赛场上也能帮助教练进行场外指导。另一方面，我所在的电机系也开始了"马约翰杯"连冠的征程，我在训练之余也开始带动系队的训练，甚至从零开始训练有潜力的同学。

在训练中，经常有同学问我，"这种球动作怎么做？"或是"这种发球怎么接？"的问题，这些都是固定在我脑中的基本功技术，原本我并没有认真考虑过。但在回答这些问题的过程中，我开始思考一个个"为什么"，诸如基本技术的特点与本质，技战术之间有什么联系，怎样回答才能让别人容易理解，等等。解答问题促使我对自己的技术进行梳理，也使我对乒乓球的理解更进一步。最重要的是，我在与他人分享乒乓球知识的时候，体会到了付出和收获的喜悦，结识了很多球友，体会到了自己在赢球之外的价值。

王老师也认为我可以用自己对球的理解发挥更大的作用。在我读研的时候，让我担任了校队队长。这时的乒乓球队是清华体育代表队中的优秀集体，运动成绩、专业学习、社会工作样样领先，在高校赛场上更是连续夺冠，风光无二。但是任何一支队伍或多或少都会有其潜在的"短板",经过我的长期观察,逐渐发现了问题所在。正是由于"三虎将"实力超强,他们拿下了几乎所有的好成绩,反而让其他队员缺少了参与感,队员们训练的积极性渐渐淡了。光环之下,球队反而缺少了"低谷期"的凝聚力和斗志。如何才能让大家积极地练球?由于乒乓球队是 C 类队,队员都是由普通同学组成,大家学习压力都非常大,经常有同学因为实验课程耽误训练,或者训练迟到。对于这种局面,强硬推行规章制度不但行不通也没有意义。既然大家没有出成绩的压力,那能够最大程度激励大家参加训练的积极性,就是进步的开始。

新学期刚刚开始训练,我与每个队友详谈,帮他们制定了有针对性的训练计划,也拿出自己一半的训练时间带他们训练。王老师还特意安排我给全队讲"发球抢攻、接短球"的要点,安排子钏给大家讲"反手拧拉、反拉"等我们常用到的技术,我真的感觉队友们都特别认真地听,还能提出很多问题。终于又让大家重聚在了球台边,我们都非常高兴。训练和成绩相辅相成,随着队员们整体水平的提高,球队在北京高校杯和"五四杯"比赛的表现愈发出色。我也更加了解每个人的技战术特点,并承担了更多带队参赛的场外工作。能够帮助场上队员拿下比赛,感觉到了比自己赢球还要兴奋的成就感!印象最深的两次比赛,一次是"五四杯"帮助张妍和李翔拿下女双冠军,另一次是高校女团决赛中帮助刘明炜和胥佳连克北师大主力,决胜场、决胜局惊险夺冠。赛后,当我听到她们说"我看到颖爷在就放心了","我都蒙了,就按颖爷的打果然就赢回来了",内心的自豪感顿时溢于言表!

除了球队智囊,身为队长,我还要像动脉一样把养分输送到球队的各个角落。球队的制度建设、评优评先、赛事组织、裁判培训、群众体育工作我都全身心地投入。校园里,开放日、马杯教练、马杯赛事、乒协活动、对外交流,所有这些与乒乓球有关的活动中几乎都能看到我的身影。当我用茶几大的小桌与普通同学互动,当我录制炫技的杂耍视频宣传球队,当我发着烧为校友比赛担任裁判长,当我语言不通、指手画脚教会日本、印尼和德国的留学生对攻……我在不断分享快乐乒乓的同时也将自己融入到了方方面面,和清华乒乓一同越变越好!

联系未来

清华乒乓圈真是个有意思的地方。学校里球桌不多,打球的同学数量也有限,却是无比热闹,激情洋溢。每年的"马约翰杯"比赛更是一次乒乓"嘉年华",

吸引了大量校友和老师的参与。他们尽管已不再是学生，就因为对小小银球的热爱而继续活跃在清华乒乓的舞台上，生动地反映出清华园传承了几十年的浓浓乒乓情结！王老师也无数次跟我们说过球队的过往和传承，一届届的校友因为乒乓球连接成一条纽带，从过去延伸到未来。

现在，即将研究生毕业的我，也要成为清华"乒乓纽带"中新的一环。离别之际，我试图给学校留下可以随时间延续下去的财富。固然，即使努力训练还是很难弥补实力上不同层级的差距，但是好的球队如果因为几个主力的毕业就完全失去竞争力，那就不再是一个团队，而只是几个主力的个人英雄主义表演。没有任何一支队伍能够永远巅峰，但作为一支具有深厚底蕴的球队，即使出现波动也始终能保持较高的平均水平。这样的队伍即使失去几个箭头人物却不会失去韧性，他们能够蛰伏，只等下一个箭头人物的出现，重新走向另一个辉煌。这是清华乒乓多年积累的底蕴，我有责任将它传承。最后一年，我把全部的精力投入到了带动师弟师妹们的训练上，希望他们能够成为球队过渡期的中流砥柱、下一个巅峰的中坚力量。

虽然变化无限的乒乓球大道无形，但我也尝试为清华群众体育发展，留下一些"摸得着、看得见"的借鉴资料。在带领环境学院的同学训练的时候，我拍摄了训练中的各种技术动作，上传网盘供同学们参考。我还作为动作模特，协助王海燕老师出版了一本乒乓球基础教材。我就是希望通过这些尝试，能够让清华乒乓感染到、帮助到更多的人。

蓦然回首，清华乒乓已经在我的生命年轮中重叠了这么久！十年，是我从最初邂逅清华乒乓起算的日子，逝者如斯，佳期如梦，我与清华缘起于乒乓，也缘续于乒乓；七年，是我身披清华战袍的岁月，奋勇当先，披荆斩棘，清华成就了我，我也有幸见证了清华的荣光；三年，是我肩负起校队队长重担的时光，推心置腹，和衷共济，精神底蕴是我们最伟大的财富，继承与发扬是我们不变的拼搏方向。

毕业之际，我获得了学校颁发的"马约翰奖"。离开母校虽有千般不舍，但让我欣慰的是，校友的身份永远是我与清华的纽带，乒乓让我在长久的未来仍能为学校发热发光。

感谢母校对我学习、工作认可的同时，更要感谢清华对我能力的培养和品格的锤炼。桃李不言，下自成蹊，源远流长的清华文化如流水无形，却海纳百川，让每个人融入其中，又自然而然地找到自己的位置，汲取养分，扎实成长。

我和清华乒乓的故事还远远没有结束，祝愿清华乒乓的明天更加辉煌！

（感谢刘至真协助整理本文）

一群人和一种生活

■ 张迪洋（2011 级化学，2015 级硕）

我是辽宁鞍山人。我们鞍山乒乓球运动基础好，出了很多著名的乒乓球运动员，如马龙、郭跃等。我从小也是一边上学，一边参加乒乓球业余训练。高中时学业压力非常大，我的训练几乎就停了下来，以学习为主。我上学所在的鞍山一中有乒乓球队，由于我非常喜欢乒乓球，所以我偶尔还会挤出时间去球队打打球。我不知

2018 年 5 月，作者在第八届清华校友乒乓球赛上

道乒乓球对我上学有什么帮助，但是我就是觉得打球让我很开心。

我清楚地记得我第一次认识清华乒乓球队教练王欣老师的场景。2010 年我参加在鞍山鞍钢高中举办的第 21 届庄则栋杯国际乒乓球邀请赛，有高中组比赛，教练就给我报名参赛。当我刚刚赢了一场球跑去报告教练时，裁判长赵平老师叫住我，她向我介绍，这位是清华大学乒乓球队教练王欣老师。我当时就对王老师说"我想上清华"，王老师笑着鼓励我说"你好好学习，好好打球，争取考上清华。"

2011 年我如愿考上清华，并加入了清华乒乓球队，从此我与清华乒乓结缘。清华乒乓这四个字对我来说，代表着一项运动、一群人和一种生活。

清华乒乓对我来说，是起于自主招生，我幸运地获得清华大学的降分招生名额，走进了清华大学，成为了清华大学乒乓球队的一员。

清华乒乓对我来说，是聚了一群人。从大一入学到研究生毕业，七年来，每周二、周五傍晚，我都会去紫荆气膜馆校队训练，在那里我能见到王老师和队友们。而每年 5 月和 12 月，我都会与他们一起披上清华乒乓战袍，出战北京高校乒乓球比赛。七年里，王老师和队友们伴随我从入学第一门微积分到本科最后一门专业课，从保研面试到毕业答辩，他们分享了我大学里的所有成长的故事。王

老师也自然是我校园生涯中最亲近的老师。而乒乓球队的队友们则让我找到除了班级以外的另一个温暖的集体。在清华校园的生活中，清华大学乒乓球校队队员的身份，成为我在校园中最鲜明的标志。清华的学习生活让我长知识开眼界。每周二、周五下午 5~7 点的训练，是我非常期盼的美好时光。在校队训练中，我的水平得到了多方面的提升。我非常幸运地在林子钏大魔头和陈正颖军师的带动下，连续六年蝉联北京高校乒乓球团体赛冠军。球队的成绩在大学里给予我满足感和成就感。每次训练之后，球队队友们都会在紫荆或桃李餐厅一起吃晚饭，大家聊球聊学习；在比赛之后，我们会把酒、唱 K，一起分享比赛的胜利，互相安抚没有打好比赛的队友，球队的伙伴在大学里给予我舒适感和归属感。

清华乒乓情缘蔓延开来，于我便是一种生活。每到课余，在乒乓的纽带下，我结识了上至年近 80 的老学长下至刚刚入校的小师弟，旋转的乒乓球打破了时空的阻碍，承载了清华乒乓人的传承，可以让几代人之间同台交流，共鸣依旧。更幸运的是我在读研时遇见了令人敬仰的李亚栋院士。李老师除了学术之外，另一个热爱的就是乒乓球，这也让我除了在学业上接受他的指导以外，课余时间还经常有机会一起交流乒乓球。清华乒乓情缘继续延续到我的读研生涯。

毕业之后，这份情缘就如一枚钥匙，打开工作与校园之间的大门，让我经常有机会回到母校，回到那些熟悉的场地时，像不曾离开的主人，让我找到那些志同道合的师兄师姐师弟师妹们。虽身处江湖，仍有母校情缘相系。

七载清华一生缘

■ 林嵘净（2011 级高教 2015 级研）

"加油，我在清华等你"

2009 年夏天，广东省中山市中山一中，第八届全国中学生乒乓球锦标赛，17 岁的我在启蒙恩师胡翔教练的引荐下，有幸结识了当年的比赛总裁判长王欣老师。彼时的我年少懵懂，却又倔强冲动。明明毫无半点关于分数线的概念，内心却隐隐有一个声音萦绕着：我要去北京。

多年前的那个下午与王老师聊了什么，已经记不得了，只记得自己紧张得语无伦次。做了简单的自我介绍后，王老师微笑着询问了我的文化课

作者在比赛中

成绩和乒乓球比赛情况，然后留下了她的手机号。那天晚上，她给我发了一条短信：加油，我在清华等你。

从那一天起，清华，就在我心中埋下了一颗种子。

从那一天起，对想要来到清华的学弟学妹，我都会跟他们说这句话：

"加油，我在清华等你。"

"强者不抱怨"

2011 年，第一次代表清华大学参加北京市高校乒乓球锦标赛，我颗粒无收。女单第一轮，我碰到了当时北京邮电大学一号主力，灰头土脸地结束了自己的第

一次征程。这让我感到非常沮丧和失望，心里也因此产生了怨念。我问王老师，凭什么这些人高考考分那么低，比赛却要分在一个组？这太不公平了！

王老师没有正面回答我的问题，她对我说了一句话："强者不抱怨。"

第一次征战高校杯败北后，我开始思考，对于清华大学乒乓球队的队员来说，既然我们无法舍下学业来增加乒乓球训练的时间，那么就必须想办法提高训练效率和质量，别人花两次甚至三次训练完成的目标，我们应该争取在一次训练时就完成。

要实现这样的目标，一方面就必须在训练前，明确自己每次训练的目的和计划；另一方面，相比于小时候以提高技术为目的的集中式多次数训练，大学时代的我们更应该着重提高自己的战术战略水平。我日渐明白，光靠自己一个人埋头苦练、闭门造车是做不到的。

园子里有许多乒乓球爱好者，他们中的大多数人虽然没有从小接受系统的乒乓球训练，但是他们对技战术的理解和钻研，却往往丝毫不在专业球员之下。所以，我逐渐改变过去的训练模式和习惯，学会在日常训练生活中勤于向人请教，与人交流，也因此在技战术上有了许多意想不到的提高。

把精力着眼于解决问题，而不是抱怨，这是清华乒乓给予我最宝贵的实干和超越自我的精神财富。正是凭着这份"强者不抱怨"的执着与勇气，我逐渐在高校杯赛场上找准自己的位置，成绩实现零的突破，并有幸在队友的共同努力下，捧起女子单打、女子团体、女子双打等多个项目的冠军奖杯。

强者不抱怨，既是乒乓球场的真谛，更是人生漫漫长路的指明灯。在清华乒乓的七年，强者不抱怨，打造了我坚韧、勇敢与执着的品质，帮助我在许多关键节点上一次又一次战胜难关，以极大的勇气，不断成就自我。

有所抉择，坚持到底

是的，清华学生很忙，既要完成基本学业，还要承担各式各样的社会工作，以及在这个基础上的个性发展。怎样在多肩挑的同时，还能"挑"得精彩而出色，更是每个清华人面临的共同话题。

初入大学，总归是新奇，总归是年少冲动，往往凭借热血与气盛，参与这样那样的组织，承担各种各样的角色。前两年还能靠打鸡血、"熬夜修仙"勉强维持，到大三那一年，保研的压力扑面而来。我在院系、校团委承担了社会实践工作，同时还是校乒乓球队队长，除了要刷学分争取推研资格，还要完成日复一日的社会工作，可以说是分身乏术，对许多事往往心有余而力不足。

终于有一天，我又一次带着疲累的身体走出 C 楼会议室，凌晨 1 点半的夜空静谧无人。我站在紫操边上，久久不能离去。我在内心问自己，到底什么是我想要的？对于现在的我，什么才是最重要的？

答案很清楚，那就是学习和乒乓球。于是，我开始强迫自己做减法，辞去无暇顾及的社工职务，砍掉对自己而言不是必需的会议和活动，集中精力，全力以赴投身保研工作和新一年的高校杯备战。也正是在这一年，在许许多多关心我的师长、前辈们的帮助下，我顺利获得保送研究生资格，也完成自己在高校杯赛场上新的突破。

那一年，我"失去"了很多，但收获更多。正是对清华乒乓割舍不下的热爱，使我学会给自己做减法，有所抉择，在自己最重要和最热爱的事情上，倾注所有的力量与专注。

快乐乒乓，身体健康

"我们都有一个共同的名字：清华体育人，拼搏、无畏、坚强、勇敢都在心里生了根，跌倒了再战，疼痛了也要忍，要请父母看一看，我们生命的坚韧。我们都有一个共同的信仰，是不甘后人，无论成功还是失败，留下的是精神。时光荏苒，岁月无痕，来向母校证明，我们无悔的青春。"

清华体育代表队之歌，正如它的歌词所揭示的，清华体育带给每一名运动员是坚韧，是勇敢，是不甘后人。

但我还想说，清华乒乓除了这一切，更带给我无尽的快乐。在学校时，王老师经常给我们讲乒乓球带给她的快乐。在王老师身上，我看到她数十年如一日地坚持在自己的岗位上，不论是平日的乒乓球课堂，还是训练场上的细心指导，还是世界各地各个大型比赛现场认真而专注的执裁，我都能从她身上感受到乒乓球所给予她的快乐；在队友身上，我看到他们因为清华乒乓或结识志同道合的好友，或因此提升球技，或在各式比赛中取得佳绩，无论种种，都能感受到他们因为清华乒乓发自内心的快乐。

在他们的感染下，我也开始尝试思考球技与奖杯之外，更多的东西。我尽自己最大的努力，将这份快乐传递给更多的人。在有限的能力范围内，我有幸担任了清华乒乓球队队长、清华体育代表队大队长等职务，在马杯教练团、清华体育嘉年华等各类活动与项目中，通过一己之力，影响到更多的普通人与我们一起，拿起球拍，与乒乓球结缘。收获了健康，更拥有了一生快乐的源泉。

现如今，我已毕业近一年，走上自己热爱的工作岗位，成为一名人民教师。言语再多，道不尽我对母校、对清华乒乓球队的感激之情；青春太美好，以至怎么度过都是浪费，而我庆幸在校在队时，已绽放出绚丽的烟花。

七载清华岁月，一生乒乓情缘。未来的漫漫人生路，我愿以清华乒乓所赋予我的一切美好的品质为伴，在人生的赛场上，继续奋发拼搏！

我在清华的 21 个冠军

■ 林子钏（2012 级计算机，2016 级博）

2019 年 5 月 26 日，清华大学乒乓球队在首都高校乒乓球锦标赛中再次获得男团冠军，实现该项目的"七连冠"，作为球队的队长，我也收获了代表清华参赛的第 21 个冠军。回想这一路走来，在清华里发生的点点滴滴还清晰地刻在我的脑海里。

与清华结缘

我从 7 岁开始练习乒乓球。听父亲说，我那时晚上经常抱着乒乓球拍、手里握着球睡觉。有时候在睡觉做梦的时候，还会站起来做挥拍打球的动作。大约从那时起，乒乓球就注定成为我生命中的一部分。为了在学习之余有足够的时间训练，从小父母就为我倾注了很多心血。每天下午一放学，他们就陪我去球馆练习到天黑。为了能利用闲暇时间进行更多的练习，父母甚至买了一个球台放在家中，一有空就让我练发球。大多数小朋友的童年回忆都是各种动画片，而我的童年，记忆最深刻的却只有乒乓球。

小学初中时，每逢周六周日，父亲便会送我去汕头乒乓球学校训练。那是奥运冠军马琳的母校。每次看到球馆里墙上挂着的那些世界冠军们打球的照片和标语，都会激起我无限的热情，那些照片和标语成为我心中最初的梦想，"我也要和他们一样，拿世界冠军，为国争光！"我清晰地记得，小时候的我非常喜欢打比赛，每次听到比赛两个字，就会兴奋到两眼放光。但是一旦输了比赛，我就会哭。也许是从那时候起，那股不服输的劲就在我的心里生根发芽。每到寒暑假，父亲就带我飞往全国各地，代表汕头乒校参加比赛。到小学六年级的时候，我已经拿到了全国幼苗杯、新星杯、奥星杯第一、第三、第五等好成绩，也在全国"南北总决赛"中获得前十二名，并被评为国家一级运动员。

当时，有很多专业队的教练找到我父亲，希望能够把我送到专业队进行职业化训练。我和父母也曾犹豫过。但是，在一次去北京参加全国赛之后，我们打消了这种疑虑。那时我和父亲飞往北京什刹海参加全国重点单位乒乓球比赛。比赛之后，父亲带我来到清华园游玩，在烈日下拍下了我与清华西门的第一张合影。不知道是什么原因，清华对我有一种特殊的吸引力。我清晰地记得我站在西门下，对着"清华大学"四个大字注视了好久好久。回家的路上，我和父亲约定，"我要努力读书，长大上清华！"

在高一的一次全国中学生乒乓球锦标赛上，我遇到了大赛裁判长、清华大学的王欣教授。我依然记得在主席台上，王老师热情地鼓励我，好好打球，好好读书，清华热烈欢迎你。在我高二高三时，我也时常与王老师发短信交流。在那段时间，王老师的鼓励和肯定，让我更加坚定了考清华的信念。经过不懈的努力，2012 年 8 月，我顺利考入了清华大学。

作者（后排右四）和队友勇夺 2018 首都高校乒乓球锦标赛冠军

开启冠军时代

清华对我而言是神圣的学府，是天才的聚集地。在清华参加完军训后，我便代表清华参加了第一个比赛——北京和谐杯混合团体比赛。我还清晰地记得，我身披清华的战袍，站上赛场的那一瞬间，心里倍感自豪。我至今还保留着那块号码布，因为那代表着我最初的梦想。

开学后，我进入了清华乒乓球队这个大家庭。学长学姐们的热情关心，王欣、王亮老师的悉心教导，让我一下就爱上了球队温暖上进的氛围。在清华的生活每天都很忙，繁重的课业压力将我们很快带进了紧张的节奏，球队里的一周两练成为我们提升球技、放松身心的宝贵机会。为了保持水平，我们只能抓住每周4 小时的训练时间，提升训练效率，在比赛前争分夺秒地训练。

2012 年 12 月，我迎来了第一次高校杯。走进赛场的我，就像一只被扔进陌生环境中的小老虎，满怀冲劲，但是面对的却都是身经百战的哥哥姐姐。作为新生的我，没有包袱，面对各路高手，拼下了一场又一场比赛，在 8 进 4 和半决赛中以 3∶2 的比分，分别战胜了北工大的两位主力。然而，在决赛中，面对经验丰富的老将，我最终输给了对手，获得了单打第二名。第一次参加高校杯就获得了亚军，在别人眼里，我是一匹黑马。但是对我而言，更多的是不甘。这个亚军成为我大学四年里对自己的鞭策。

比赛过后，我反复思考着比赛中的细节，也与王欣、王亮老师以及球队里的师兄师姐，进行了深度交流，最后总结出了输球的原因。在进清华之前，我的特长是前三板进攻，这得益于我的发球好、步伐快、爆发力好；但是，在高校比赛中，面对经验丰富的对手，仅仅拥有前三板的技术是不够的，更需要的是技术的全面性、丰富性以及打球的"巧劲"。为了适应高校比赛的节奏，我必须丰富自己的技术，在打法上做出一些改变！

找到了问题之后，在每次训练中，我都在不断地尝试新的打法，丰富自己的技战术。王欣、王亮老师和球队里的师兄师姐，也都耐心地指导我。我开始逐渐听取更多别人的观点，开始在实战中尝试之前不熟悉的技术。慢慢地，我的打法开始丰富起来，我也变成了一个更全面、懂思考的球员。

这个习惯给我带来了巨大的改变。因此，我在半年后的首都高校团体赛上，战胜了之前的对手，拿到了关键一分，为球队拿下了宝贵的团体冠军。我深刻地记得，在我拿下最后一分之后，我挥拳朝天怒喊了一声，不仅是因为我赢下了比赛，更重要的，是我证明了自己，找回了自信。

在赢下了第一个高校团体冠军之后，我们开启了属于清华的冠军时代。在往后的七年中，我为清华拿下了 21 个冠军（其中包括高校团体 7 连冠，男单 4 连冠，男双 6 连冠，混双 3 次冠军，以及 1 次和谐杯混合团体冠军）。当我拿下了一个又一个冠军，来自他人的期待也越来越高。而对于我来说，每一次比赛都是一个全新的开始，只有忘掉过去的荣誉，才可能成就更强大的自己。

相互学习，共同成长

进入校队已经 8 年，我也从当初稚嫩的小伙子，变成了清华乒乓球队的老大哥。除了获得冠军本身，球队于我而言更多的是责任与担当。作为队长，我也开始慢慢挑起球队的大梁。除了保持自己的竞技水平，更多的，是要与他人沟通，带动球员里的年轻队员们，把清华乒乓球队的精神传承下去。

清华乒乓球队是我在清华园里的家。无论平时多忙多累，只要和球队里的大家一起，就总有说不完的话。每次训练时踏进气膜馆，看到王欣、王亮老师和队友们时，就像回到家一样开心。王欣老师和王亮老师，就是球队大家庭的家长，关爱我们，鼓励我们，包容我们。我们时常在训练完之后一起吃饭聊天，也时常组织团建活动。每次男女生节，大家相互表达关爱，彼此忍不住为对方的创意点赞。每个月的生日会，我们会为寿星们送上生日蛋糕。每学期末的总结会，也成了放假前大家的聚会。

从小到大，乒乓球已经成为我生命的一部分。而在我的乒乓球旅途中，清华乒乓球队是我置身最久的一个队伍。2021 年 7 月，我将离开清华园，离开乒乓球队。我想到那个时候，我应该会很舍不得吧，舍不得这个予人温暖的家，舍不得这里的每个人，舍不得这个成就梦想的集体。谢谢这个家里面的每个人，我会永远珍藏那些宝贵的回忆。

乒乓与我的快乐人生

■ 赵世佳（2013—2017 年车辆与运载学院博士后）

小时候得益于家庭浓厚的乒乓球氛围，我逐渐对乒乓球熟悉并喜爱起来。从小学开始一直坚持乒乓球的学习和训练。期间，教练基于基本条件和综合素质，推荐我到体校系统训练。但因为将乒乓球作为职业毕竟是少有的精英路线，在父母的建议下，我还是从众，选择了高考。教练的认可给了我莫大的鼓励，我也没有因为高考停止对乒乓的热爱。在紧张的学习生活之余，我与另两名体校的专业运动员组队代表学校参加长春市中学生乒乓球赛，夺得团体亚军，我因此获得国家二级运动员称号。乒乓球为我打开了人生的另

作者（右）与邓亚萍

一扇窗，让我从乒乓球的视角发现和认识这个精彩的世界。

结缘清华有乒乓

2013 年博士毕业后，我到清华大学车辆与运载学院继续深造。园子里到处是浓浓的学术氛围和忙碌、拼搏的清华人。我也每天沉浸在实验室 – 食堂 – 宿舍三点一线的生活中，有一些单调与枯燥。

直到 2014 年 11 月，清华大学工会组织 2014 年清华大学教职工乒乓球比赛，我才第一次参与清华乒乓球的大型活动。乒乓球赛是清华传统体育赛事，深受广大教职工的喜爱，也为球友们提供了一个切磋球技、相互交流的平台。全校各院系非常重视这次比赛，共有 32 个分工会组队，近 400 名教职工参赛。

汽车系积极组织乒乓球队参加比赛，时任汽车系党委书记帅石金老师亲自带队参赛。队友还有李希浩、马凡华、卢兰光、肖建华、王利军、黄海燕、张静

一、唐帆等老师，我也踊跃报名参赛。现在我还清晰记得，系工会比赛前在汽研所组织了多次练习。在训练过程中，与各位老师相知、相识、相助，也结下了深厚的情谊。女子单打比赛扣人心弦，我一度大比分落后。"世佳，不要有思想负担，放开打，加油！"队友老师们的安慰和鼓励，让我放手一搏。最终，我先后战胜来自信研院、清华附小、化工系、接待中心的老师，获得冠军。这也是汽车系历史上第一次在全校教职工乒乓球赛中获得冠军。比赛中，心理的变化是微妙的，难于控制，而心理的波动直接影响技术水平的发挥。正是团队的包容、鼓励和支持坚定了我的信心。

作者在北京市教育系统职工乒乓球比赛中执裁

这次比赛让我深深感受到"无体育，不清华"的浓厚体育氛围。随后我加入了清华大学博士后乒乓球协会，后来还担任了会长。

春天给人带来希望和生机。2015年的春天，我萌生了再提高球技的想法。于是鼓起勇气联系了清华体育部乒乓球队负责人王欣老师。我清楚地记得，2015年4月13日，我怀着激动的心情，给王欣老师写了一封邮件，没想到第二天就收到了王老师的回信。后来，王欣老师成为塑造我体育价值观、带领我走向快乐乒乓的恩师。

我是清华乒乓人

稳步提升乒乓球球技。在观摩学习和通过试打后，我正式成为清华乒乓校队一员。我非常珍惜这一来之不易的学习机会，因此平日里最期盼的就是训练了。通过多球练习、步伐练习、体能练习等系统训练，我的技术有了明显的提高，对于乒乓球的理解也逐步加深。

令我印象深刻的是，当时我总是不能准确判断对方发球的旋转。王老师从理论层面，详细给我讲解了正反手侧旋球的转向和接发球的板型；球队王亮老师（我们亲切地称为"亮哥"）纠正了我接发球跺脚的毛病，并指导我如何处理不同旋转的来球；队长陈正颖（由于球技高超，大家称呼"颖爷"）和林子钏（"钏爷"）指出我的反手站位和击球姿势、脚步问题，示范我如何控制打球的节奏等等。老师和队友们指出的这些问题，成为我后续练习中加强改正的重点。

进入校队后，我越来越痴迷乒乓球。2016 年前后，导师经常派我到苏州出差。在苏州的时候，白天工作，晚上一有空，我就挤出时间拎着球拍去渭塘政府活动中心和老大爷们切磋球技，并把平时的训练成果加以运用。

为了能提高球技，我还经常和队友梁紫微博士相约一起加练。互相给对方当陪练、以赛代练，每次都打得酣畅淋漓。这一切只是因为，我对乒乓球的热爱，我想与球队一起进步！

体悟清华乒乓校友情谊。清华乒乓有一个优良传统，一年一度的清华校友乒乓球赛是联结广大新老球迷的纽带和桥梁。每次校友赛都是一次盛会，参与者尽情享受着快乐乒乓带给大家的兴奋、激动和喜悦。校友赛由清华校友总会乒乓球协会和地方校友乒乓球协会轮流承办。王欣老师既作为清华校友总会乒乓球协会秘书长，又担任比赛裁判长，是清华乒乓的"大家长"，每次都为比赛倾注了大量的心血。王老师强烈的使命感和责任感深深感染着我。

2016 年 4 月 23 日，我有幸参加了在清华西体举办的第六届清华校友乒乓球联谊赛。比赛期间，邱勇校长以参赛的方式看望、鼓励大家，并应大家要求，和世界冠军、清华校友乒乓球协会会长邓亚萍组合，进行了两局双打表演赛。欢声笑语从西体飞出，融入热烈喜庆的清华园。

2017 年 5 月 13—14 日，我又代表清华大学队参加了在广西南宁举办的第七届清华校友乒乓球联谊赛，并荣获女子青年组季军。组织方广西校友会更是尽心竭力，真诚招待全国各地的乒乓球校友们，他们有的是大赛组织和比赛运动员双肩挑；有的则是纯粹的球赛组织者，负责协调场地、器材、接送机、酒店安排等诸多事项，每次相聚都是短暂而令人难忘。

2018 年 4 月 30 日，我以北京一队队员的身份参加了 2018 年第八届清华大学校友杯乒乓球比赛。

来自五湖四海的校友参赛热情越来越高涨，参赛人数屡创新高。为了满足校友们共同切磋、共话乒乓的热情，2019 年开始，校友赛由原来的每年一次，调整到每年两次。按照世乒赛的形式分为团体赛和个人赛，个人赛每年 4 月与校庆活动同期举行，团体赛由地方校友会下半年主办。

2019 年 4 月 27 日，欣诺通信杯第九届清华大学校友乒乓球比赛在清华大学气模馆举办，我和韩晓清师兄荣获了 90 岁以下组混合双打季军。经过艰苦努力，我反败为胜获得女子单打 50 岁以下组季军。团体赛于 2019 年 10 月在上海举行，我因工作忙而遗憾地错过参赛机会。

带领清华博后乒协共同进步。一张一弛，文武之道。清华大学博士后管理办公室为博士后的业余生活提供了丰富多彩的俱乐部活动，乒乓球协会就是其中之一。这些协会活动使博士后们在紧张的科研工作之余，全身心投入到体育锻炼中，践行"为祖国健康工作五十年"的清华体育精神。2014年10月，我加入了清华博士后乒乓球协会。乒协的活动地点在寓园旁边的教工活动中心，每周三、周日晚上（9：00-21：00）点活动。当时的会长是材料学院吴甲民，吴会长特别热心组织博士后同仁打球，而且球艺精湛。吴会长出站后，由材料学院卓龙超担任会长。后来，我从卓会长的手里接过了会长的接力棒，负责组织大家开展日常的训练活动。2017年5月，在清华大学博管办的指导下，清华大学博士后乒乓球协会和清华大学博士后联谊会共同举办了清华大学第四届博士后乒乓球联谊赛，来自清华大学不同院系的20余名博士后展开激烈争夺，比赛紧张而又精彩。激烈的比赛让大家充分意识到，乒乓球竞赛既是身体、技术、战术的较量，更是意志和品质的角逐。

在我的印象里，从本科、硕士、博士，到博士后，随着研究领域的逐步聚焦，周围的圈子也越来越小，尤其是博士后阶段，接触范围主要局限在课题组。与本院系的博士后同仁接触很少，更不用说其他院系了。乒协恰恰在为大家提供锻炼机会的同时，搭建了不同学科、不同院系博士后同仁交流的平台。这个平台不仅打开了我们深化友谊的心灵之门，也为进一步合作提供了宝贵的契机。直到现在，我还和协会的球友经常约球，交流学习，保持着密切的联系。

清华大学第四届博士后乒乓球联谊赛合影（前排右二为作者）

快乐乒乓续新篇

工作与快乐乒乓互相促进。在清华校队的历练，使我增强了进攻和相持能力，技术和心理上也得到了很大的提升。博士后出站后，我进入工业和信息化部装备工业发展中心工作。一边快速适应新的工作环境、内容、节奏，一边积极寻找身边志同道合的球友。

2017 年 8 月，中央国家机关乒乓球协会在国家奥林匹克体育中心体育馆举办了中央国家机关第十四届公仆杯乒乓球联赛。比赛以"积极健身，努力工作，喜迎党的十九大胜利召开！"为主题，吸引了来自中央国家机关 76 家单位的 1516 名运动员。经过选拔赛，我有幸代表工业和信息化部参加女子团体比赛。这次比赛部里十分重视，前期还请了教练进行集中训练。集训的效果非常显著，大家既互相熟悉了彼此的打法和特点，也通过掌握一些技巧快速提高球技。

8 月 22 日比赛正式开始，国家体育总局副局长、中国乒乓球协会主席蔡振华出席开幕式。中央国家机关乒乓球协会主席杨士秋和世界冠军、国家乒乓球队教练刘国正为比赛开球。工信部司局级、处级、普通男子、普通女子 4 个组别都派出了参赛选手。

8 月 23 日，女子团体赛开赛。这是工信部女子团体首次组队，从 C 组打起，一共有五个队，分别是工业和信息化部、国家粮食局、中国进出口银行、国家体育总局、铁路总公司。我队四名女队员，每次排阵前我们都先争取提前观察对方队员的打法特点，再决定如何排兵布阵。比赛异常激烈，尤其是我们队和体育总局、铁总三个队比分形成"套圈"，经过计算小分，判定我们赢多输少，最终以微弱优势问鼎冠军。

这次比赛让我体会最深的就是团队的力量。这场来之不易的胜利凝聚着每个人的汗水，不仅是我们女队每个队员都尽了最大的努力，不论输赢都认真地对待每一个球，争取多拿一分，同时男队员也在场外出谋划策、加油助威，给场上的我们莫大的鼓舞。

这次比赛后，我快速融入了工信部乒乓队伍的大家庭。大家平时约球切磋感受着快乐乒乓带来的乐趣。小小银球，连接着情谊与友善，传递着勇气和力量，演绎着奋斗和拼搏。

涉猎乒乓球裁判事务。能够成为一名乒乓

2017 年 8 月中央国家机关第 14 届公仆杯乒乓球联赛上，工业和信息化部乒乓球队女子队员合影（右一为作者）

球裁判员是我一直以来的梦想。每次看到王欣老师穿着裁判员服装执裁，心底便油然升起无限敬意。

当我真正有机会组织比赛，成为博士后乒乓球赛的总裁判时，却犯了难。比赛场次如何安排、比赛时间如何把控、小组赛积分"套圈"如何裁定胜负、晋级赛如何公平抽签等等这一系列的问题，在平时比赛中看似容易解决，但是真正自己操作时，却又无从下手。

幸好在亮哥的指导和帮助下，我快速地对以上问题有了相对专业的认识。比赛当天胸有成竹，顺利执裁。这短短半天的比赛历程，让我深刻体会到比赛其实是融入了策划、组织者大量的脑力和体力。这不禁让我想到历时两天的马杯、高校杯、校友赛等，几百场次比赛的安排，王老师和亮哥前期需要付出多少汗水和辛苦！

2018年9月，北京市海淀区乒乓球协会组织了晋级三级乒乓球裁判员培训。在王老师的指导下，我第一次参加了乒乓球裁判的正式培训，从裁判员管理办法、乒乓球竞赛规则、临场裁判的基本要求等方面，对规则和临场执裁进行了系统学习并通过了笔试。2018年10月，又参加了晋级二级乒乓球裁判员培训，接连取得了国家乒乓球三级裁判员证书和二级裁判员证书。

2019年3月，我有幸参加了北京市教育系统职工乒乓球比赛，进行了第一次真正意义上的临场执裁。裁判是乒乓球比赛的组成部分，对公平公正保证比赛顺利进行、把握比赛节奏等发挥着重要的作用。每一位服务乒乓球事业的裁判都值得尊敬。

最美的遇见

清华园里和蔼可亲的王欣老师和朝气蓬勃的乒乓队友，是我人生中最美的遇见。乒乓球不仅仅锻炼了身体，磨炼了意志，培养了团队意识，增强了自信，更赋予我以力量。大家对乒乓球的热爱深深地感染了我，让我越来越享受乒乓带给我的快乐。清华体育，使我的乒乓生活得以升华！

行文至此，耳边又回响起《清华校友乒乓歌》熟悉的旋律：乒乓乒乓乒乓乒，校友都来打乒乓，健康工作五十年，快乐人生身心爽！

一个有爱的大家庭

■ 兰奕轩（2016 土木建管硕）

2016 年我从湖南大学推研到了清华大学。在这以前，从初高中以来，我一直迷恋的其实是足球和篮球相互碰撞的快感和激情，觉得乒乓球比赛不够刺激。不过，有趣的是许多事物都逃不过"真香定律"。后来我知道，乒乓球比赛的紧张刺激来自于内，真正博弈在于你看不到的心理战场。感谢王欣老师、亮哥以及清华乒乓校队内的每一位小伙伴，让我不仅体会到了"真香定律"，更让我在初入清华园就认识那么多有趣的人。

今天我还想介绍一位球队里的朋友。他已经毕业，曾在清华乒乓球校队服役 7 年，为学校带来无数荣誉，为自己系队赢得"马约翰杯"七连冠，他看一轮接发球就知道对手优缺点，他就是人称颖爷的陈正颖。

我之所以写他，不是因为他名字前我加上的那么多优秀突出的定语，我写出来的，抑或是我没有写出来的。毕竟球队里乒乓球打得好的男队员、女队员有很多，看球眼光独到的也不少。可颖爷能做到球打得好，也懂得照顾人，同时还一直"母胎单身"。或许，下面我要讲的故事，可以解释为什么。

话说当年清华研究生会招聘乒乓球教练，我偶尔会去一两次，赚点零花钱，给自己的夜宵加个炸鸡腿。有次在气膜馆教乒乓球，遇到颖爷在带系队小队员训练，备战"马约翰杯"比赛。没多久，看到颖爷朝我这边的球台走来。

"颖爷好！"

"不对啊！你这样不对啊！"

"嗯？？？"

"就是你需要先让他们懂得收小臂，体会球拍摩擦球的感觉。"

"啊？？？"

"这边我来，你去那边陪我们系那个小黎打个比赛。"

"哦……"

训练结束后。

"颖爷，教得真好！"

"你琢磨球太少了！"

"颖爷，我看你教球的时候和女生话挺多的，留了电话啥了吗？"

"知道你球技差的原因了吧？我教乒乓球的时候，心里只有乒乓球。我想的，我做的，都是乒乓球。"

我想，很少有人能这么纯净地去对待乒乓球吧？更少的人，能有机会认识这么纯净的颖爷。希望未来有更多的人，更多的适龄女神，有机会真的认识他。毕竟嫁给这样聪明能干的斯文绅士——纯净的清华男生，一定可以嫁给幸福的！

清华乒乓球队给予我的最大的财富，并不是球技上技战术的培养和提高。王老师对这点的体会应该最深，我想我应该是王老师喜欢的学生里，球技最烂的那位，但是这有什么关系呢？清华乒乓球队让我认识了那么多像颖爷一样特别美好的小伙伴，在我刚到这个大大的园子里的时候。至于球技，我还年轻，还有后劲嘛。

人生宝藏

■ 胥佳（2016级新闻硕）

位于清华大学东北角的气膜馆，是我读研期间除了院馆、图书馆之外最常去的地方。每周二、周五下午，除非特殊情况，我都会来到气膜馆参加训练。无论学业压力有多大，一拿起球拍走上球场，一见到熟悉可爱的脸庞，心情都会瞬间平静下来。

作者（左一）与队友们夺得北京市第十二届"和谐杯"乒乓球比赛冠军

于我而言，清华大学乒乓球队是一个予人能量、伴人成长的集体。2016年9月我正式加入球队，在这里认识了王欣和王亮老师，结识了优秀的校友和队友，代表学校参加了北京市十余场比赛，在数次历练中见证了自己从新人到主力的巨大成长。

新　　人

在来到清华以前，我曾代表北京外国语大学参加数次北京市比赛。那时，在高手如云的北京乒坛，清华大学乒乓球队一直是赛场上最亮眼的队伍之一。清华大学的明星球员、团结向上的队风、一贯优异的竞赛成绩总能牢牢抓住观众的眼球，以至于多年以后清华与其他学校比赛的视频仍被奉为经典在高校乒乓球爱好者中流传。我想清华大学令人向往的乒乓球运动氛围也是激励着我来到清华读研的重要原因。

2016 年 5 月，高校杯团体比赛在清华举办，恰好那时我已经确认研究生保送清华。知道自己即将与清华大学乒乓球队产生些许关联，我的心情与往常相比还要激动几分。比赛间隙，我认识了大赛裁判长、清华大学乒乓球队教练王欣老师，我依然记得在主席台上，王老师热情地鼓励我："好好打球、加入校队。"

当年 9 月，我正式加入清华大学乒乓球队。校队训练内容系统、气氛热烈，基本功训练、队员分享、互发多球、队内比赛、体能训练被两位老师安排得明明白白。在良好的训练环境中热爱学习的我飞速成长。技术逐渐熟练起来，教练、队友的指点修正了我动作上的问题，再加上没什么包袱，很快我就在当年的高校杯比赛中收获了个人最好成绩。在清华男子绝对主力林子钏的"带飞"下，我收获了北京市混双冠军。在次年的团体比赛中，我作为三号主力也夺得了女子团体冠军。

这次比赛后，清华大学乒乓球队的冠军榜制作完毕，冠军榜记录了球队从 1994 年至 2017 年获得的所有冠军荣誉。每当我走进气膜馆办公室，这张密密麻麻的红色展板好像在低调地宣示着，这是一支功勋卓著、战绩显赫的队伍。在这样的团体里，让自己再进步一点的想法几乎是自然而然产生的，既是一个运动员的自我修养，也来自于团队鞭策给予的力量。

夺　　冠

优秀的团队之所以优秀，不仅仅在于集合了优秀的个人，更有赖于成员之间的交流、碰撞、感染、传承。进入校队一年后，女队特招的中坚力量悉数毕业，这无疑给我队实力造成了巨大影响。而放眼北京女子乒坛，许多优秀的新选手在各个高校崭露头角，团体实力不相上下，竞争愈发激烈。

王欣、王亮老师，以及先后两任队长（陈正颖、林子钏）在强化女队队员基本功的同时，又根据重点对手的特点、自身优势，对我们进行有针对性的指导和训练。日常的训练和战术的灌输，帮助我慢慢形成了自己的技术风格，也加深了我对乒乓球的理解。

2018 年上学期，我开始作为女子主力参加比赛。一年多的训练渐有起色，我收获了第一个"五四杯"女子单打冠军和团体亚军。其中，"五四杯"团体比赛决赛未能在女单比赛中为团队拿下一分让我无比遗憾。在关键比赛里拿下关键一分，不仅仅需要技术，更需要良好的心理素质和临场调节能力，后两者正是我需要继续攻克的难关。

　　带着这样的意识，我又投入了日常训练。这一学期球队惊喜地迎来了新人刘明炜，我、张妍、梁紫微、刘明炜开始为高校杯团体赛备战。与此前拥有乒乓球自主招生队员的阵容相比，我们并没有被寄予太多希望。然而，老队员的出色发挥和新队员的惊喜表现，竟让我们一路杀出重围、进入四强。半决赛是最艰苦的一场战役，在大比分 2∶2 的情况下，我顶住压力拿下第三分，将队伍送入决赛，和队友夺得冠军，实现了来之不易的团体二连冠。这一冠军对女队而言无疑是一剂强心剂，对我则标志着技术和心理素质的一大进步。

　　2018 年下半年，我开始忙于找工作和完成毕业设计，很多时候不在学校，但是每一个有可能参加的训练我都没有放过。与清华的乒乓球高手相比，初中、高中阶段训练中断的我，从各方面来看都和"专业"沾不上边。2018 年 11 月是我最后一次参加高校杯单项赛，从技术水平上来说，也是我离冠军最近的一次。为了实现萦绕心中六年的小梦想，队长林子钏经常陪我赛前加训，很多次我们都是最后一个离开气膜馆。凭着这股劲头，我进入了决赛。队友们帮我分析对手、布置战术，比赛时整齐的呐喊声也让我打球充满底气。决赛场面一度十分紧张，幸好我的背后有一支智慧又团结的队伍。决胜局比分交替上升，直至我 11∶9 战胜对手。录制比赛的手机记录下了这一难忘瞬间，镜头里的王亮老师终于松了一口气，激动地挥舞拳头，他看着我，无奈地说，"我要得心脏病都怪你啊，看你比赛我把旁边队员的大腿都掐青了。"跌跌爬爬总算赢了，那一刻我笑得好灿烂。这份荣誉说小也小，小到也许第二天大家就会忘记。但这份荣耀对我来说分量很重，这是我对自己清华乒乓球生涯最好的交代。

成　　长

　　进入校队即将三年，除了乒乓球训练本身，总有些人与事的画面给予我温暖与能量：先后几任队长毫无保留地将技战术经验传递给每一个人，他们的一两句点拨总能发挥神奇的功效；男、女生节，大家相互表达关爱，彼此忍不住为对方的创意点赞；每学期一次的学期总结也成了球队的保留项目，不参加好像就不能放假；王亮老师比赛前为每个人精心准备比赛信息、思考比赛战术，经常琢磨到睡不着觉；王欣老师总是与我们分享她的大赛执裁经历，鼓励我们每个人参加团队建设，要为球队做力所能及的事情；已经毕业的清华校友也一直关注着球队的发展，为我们提供最稳固的后勤保障……

　　乒乓球队顺利运转建立在大家的付出和奉献之上。在王老师的鼓励下，入队以来，我也承担了乒乓球队大大小小几乎所有的赛事、交流等稿件的撰写任务。我尽可能地用文字和图片记录下队员们拼搏的瞬间，而我知道这些文件记录下来的精彩程度，还不及比赛现场的千分之一。但想到日后大家也许能通过这些照片，回想起当年比赛时值得"吹一波"的好球，我便也觉得非常满足。2018年，我的竞赛成绩和信息员工作得到了代表队的认可，被评为了清华大学"体育十佳"。

在我入队的几年里，乒乓球队越来越好，小小银球总能带给我们意想不到的惊喜与情谊。每学年球队都有冠军进账，还能吸纳外校的优秀选手；世界冠军邓亚萍、李晓霞、郭焱接连来到球队与队员们交流；来自韩国、英国大学的乒乓球爱好者不远万里来和大家切磋球技；历次校友杯热闹非凡，人数屡创新高；就连气膜馆的装潢，也有了越来越多的乒乓球元素……

2019 年 7 月我将离开清华园，离开乒乓球队，离开这个予人温暖、成就梦想的集体。我想我会怀念在乒乓球队遇到的每一个人，怀念在乒乓球队里积极快乐、拼搏训练、追逐梦想的自己。我希望在球队、在赛场上的那个我，能在未来生活中的更多场合、更多时刻伴随未来的我。

当我 5 岁很偶然地开始上第一堂乒乓球课时，我不会想到这将开启我的业余乒乓球生涯，并将我最终带至清华乒乓球队。如果说乒乓球是我人生偶得的宝藏，那么清华乒乓球队将是大小珠宝里最闪亮的一颗。

心系体育无悔人生
——纪念清华乒乓球队黄文杰老师

■ 李登珍 [①]

　　清华乒乓球队教练黄文杰老师从小生长在广州，从上初中开始他就喜爱体育，只要有体育比赛，他都会去现场观看。田径，各种球类比赛……他都喜欢。20世纪50年代初姜永宁代表香港到广州进行乒乓球比赛，他也有幸去现场观看比赛。他常常回忆说：姜永宁有高超的乒乓球技术，很低的球都能打回去，堪称是"海底捞月"，非常好看。

　　最近我在整理黄老师的遗物时，找到了一本书，题目是《四个乒乓名手的话》，内容是姜永宁、孙梅英、傅其芳、邱钟惠等新中国第一代乒乓著名国手写的文章。这本书是1956年出版的，那时候还在上初中的黄老师就买了这本书。这本书他肯定阅读了很多遍，这几位乒乓名手的每句话都影响着他，感染着他，可见他很早就和乒乓球有缘。

青年时代的黄文杰老师

　　黄老师初中就读广州三中，这是一所重点学校。在学校里他尊敬师长，勤奋学习，对同学很友善，深得老师的喜爱。广州三中注重培养学生德，智，体全面发展，黄老师身体素质好，喜爱运动，短跑、跳远、足球是他的强项。体育老师发现他有潜能，选拔他到学校足球队踢球。在足球队除了训练队员短跑、跳远和踢球的技术，为了增强队员的耐力，还加强了长跑训练，每次训练队员们都是大汗淋漓。学校还经常组织足球队与兄弟学校进行比赛。通过比赛，使队员得到了锻炼，提高了队员踢球的积极性和临场经验。

　　黄老师参加工作后，也经常参加教工之间的足球比赛。就连职业足球运动员看了他踢球也感到十分惊讶。他们常常提起黄老师，说他的技术全面，速度快，进球多，技术水平发挥得好，而这都源于他初中时在学校足球队时打下的基础。

　　1957年黄老师初中毕业，以优异的成绩考取了广州最好的高中——华南师范大学附中。因为他为人低调，不善于表现自己，和家人、朋友也很少提起他在学校的表现，所以我们也很少知道他那时取得的成绩。在整理他的遗物时，发现在一本书里夹着一张华师附中校运会优胜纪念书签，上面写着"黄文杰跳远第一名，成绩6.04米"。他的同学说："他是个非常老实，单纯的学生。他不但学习成绩好，还是学校的体育尖子，在学校运动会上，他短跑、跳远都能夺取冠军，为班集体争得荣誉"。

　　1960年黄老师高中毕业，被保送到北京体育学院。其实那时他的父母不同意他去学习体育，班里的同学也议论纷纷，对他说："你的学习成绩好，又偏爱无线电，会装矿石收音机，你应该去学习理工，凭你的学习成绩一定能考上理工院校"。当时社会上也流传着"学会数理化，走遍天下都不怕"的说法。各种因素使他犹豫、彷徨。老师了解到他的想法，多次找他谈话，做他的思想工作，开导他说："各行各业都需要人做，你有体育特长，喜爱体育，应该选择你喜欢的专业"。黄老师是个老实，听话的学生，老师说了就"一定执行"，更何况他从心里喜爱体育，因此他毅然决然地选择了去北体学习。

　　在北体求学的五年时间里，他受到了全面的体育理论教育，除了田径专业学习之外，也学习了乒乓球专项课程。经过努力，不仅文化课成绩优秀，各项运动成绩都有很大提高。他还一直担任班里的团支部书记，为人正直、包容、友善，对自己高标准，严要求，学习认真踏实。他谦虚谨慎，团结友爱，乐于助人。下乡劳动时，他总是抢脏活、累活干，把轻松的工作让给女同学做。他对学校，对同学有着深厚的感情，毕业几十年了，他一直和同学保持密切的联系。

　　1965年他以优异的成绩从北体毕业，被分配到清华大学体育部任教，一开始担任田径教练。从事体育教学是他喜爱的职业，也是他的梦想，到清华教体育"如鱼得水"。那时他对未来的工作充满了信心，决心扎扎实实地工作，为培养学生德、智、体全面发展尽自己的一份力量。正在这时候，领导找他谈话，因为当时乒乓球队没有专职教练，准备把他从田径教练调整为乒乓球教练，这让他有些意外。虽然他在体院也学过乒乓球课，喜欢乒乓球，但毕竟乒乓球不是他的强项，当乒乓球教练会遇到很大的困难。但是最终他顾全大局，不计个人得失，坚决服从了领导的安排。

到乒乓球队后，他边工作边学习，努力掌握乒乓球知识，刻苦钻研乒乓球技术，在遇到专业问题时，向北体大的乒乓球专家王家正教授请教。他特别注重掌握乒乓球队队员的全面情况，对每个队员的长处、缺点了如指掌，并根据每个人的特点制定训练计划。他严以律己，身体力行，训练场上他不怕疲劳，挥拍给队员当陪练。长期的大运动量

黄文杰老师在训练指导中

训练使他的手腕经常充血肿胀，久治不愈，落下了病根。

　　从 1970 年清华大学恢复教学开始，在他的带领下，清华乒乓球队的整体实力不断提高，队员们勤思、苦练，善于动脑筋，并积极支持教练的工作。清华乒乓球队形成了良好的传统，成为一个团结、有凝聚力的集体，一个紧张、有战斗力的集体，在北京市的高校乒乓球比赛中一直都能取得优异的成绩。

　　黄老师除了担任校乒乓球队教练，他还承担着机械系学生的体育课教学任务，主管机械系的群众体育工作。他爱学生，关心学生，熟悉每一个学生，只要他教过的学生，他都能记住名字。他常常说："作为一名教师，连学生的名字都记不住，是对学生的不尊重"。

　　记得在一次体育课上，有一个学生胃病发作，呕吐不止，胃痛得直冒汗。黄老师马上安排人把他送到医院。之后又去看望这个学生，问寒问暖，还把家里做好的饭，煲好的汤送到学生床前，并安慰学生好好休息，争取尽快恢复健康。

　　工作中黄老师任劳任怨，吃苦耐劳。体育部有个不成文的约定，只要有学生在场馆锻炼，教师就不能离开。因此黄老师经常都是很晚才能回家休息。我曾经对他说："你高中就读广州最好的学校，学习成绩又好，应该去学习理工，你却一辈子从事体育。尤其在室外上课，夏天炎热，冬天寒冷。选择了又苦又累的职业，你后悔过吗？"黄老师说："我从来没有后悔过，学体育挺好，要是有来生，下辈子我还选择体育！"由此可见，他对所从事的体育工作是多么热爱和执着。

　　黄老师为人真诚谦和，对同学、对朋友有着深厚的感情。北体每年校庆他都提前回到学校，然后和班里的每一位同学都取得联系，他向同学问清楚来京参加校庆的人数、来京的时间、乘车的车次。了解清楚后，他会亲自到车站迎接同学。校庆结束后，他又会去送行，一直把同学送上火车。他在同学心目中是一个

热情、善良、重情谊的人。

1985 年 8 月，黄老师从清华大学体育部调到深圳大学，先后担任深圳大学体育部副主任、主任等职务。在深圳各种诱惑比较多，黄老师却能始终把握好自己，站得稳、行得正。他坚持原则，清正廉洁，无私无畏，一尘不染。对待工作勤勤恳恳，兢兢业业，从来都不辞辛劳。

他把清华的好经验、好传统带到了深圳大学。国家教委有一年曾在深圳大学进行教学评估，最终结果出人意料，体育部在 73 项评价指标中全部合格，成为深圳大学教学最好的单位。全校有几十个部门，黄老师领导的体育部是唯一一个受到校长表扬的部门。由于他工作出色，曾被评为"全国群众体育先进个人"，这是对他长期从事体育工作的肯定和鼓励。

光阴似箭，黄老师从到清华大学担任体育老师开始，距离今天已经五十多年了！在清华的二十年时间留给他太多美好的回忆，他永远不会忘记那是自己开始实现理想和挥洒青春热血的地方。他一生都感恩清华体育部领导和同仁对他的教诲、信任、帮助，感恩清华一代代学生们对他的尊重、爱戴，他永远都活在美丽的清华园！

永远和学生在一起的黄老师

■ 袁帆（1975 级建工）

黄文杰老师（前排中）与清华大学乒乓球队欢送 1975 级同学（第三排右二为作者）毕业留影

　　每一个曾经在 20 世纪 70 年代参加过清华乒乓球队的学生，都会对他们的教练留下深刻的印象：个子不高但充满活力，为人低调但真诚待人，言语不多但恰到好处；谁有困难他都会全力帮助，谁有成绩他都会为你高兴。这位教练就是黄文杰老师。

　　黄老师是广东人，20 世纪 60 年代中期以优异成绩从北京体育学院毕业，分配到清华大学体育部任教，是得到过马约翰教授真传的"关门弟子"之一。从 1970 年清华大学重新招生开始，黄老师就全身心地投入到体育教学工作中，这期间他还远赴四川绵阳，为清华绵阳分校的体育教学做出过贡献。

　　除了正常的体育教学之外，他作为教练曾经长期执教于清华大学乒乓球代表队，与代表队队员结下了深厚的友谊。正是由于他善于教学、悉心指导，使得清华乒乓球队保持了很强的凝聚力，在北京高校的历次乒乓球比赛中都能取得优异成绩，对推动清华体育教学发展，特别是乒乓球运动的普及与提高奠定了坚实基础，立下了汗马功劳，在清华大学体育发展历史上留下深深印记。

1983年深圳大学成立时，黄老师被调任深圳大学体育部主任，以后担任深圳大学人事处处长。黄老师将清华体育的好传统带到深圳大学，在深圳、广州体育界，尤其是乒乓球界都享有很高的声誉。尽管如此，黄老师与清华老乒乓球队队员的联系与交流从未间断，师生之谊保持了四十多年。

黄老师一直以来都心系清华，关心着清华校友乒乓球运动的发展。2011年首届清华校友乒乓球联谊赛在成都举行，黄老师特别从深圳赶去蓉城，见证了这一清华校友经典赛事的正式开启。

2014年5月31日，第四届清华校友乒乓球联谊赛在清华西体育馆举行。黄老师特意与老队员们相约，从全国各地回到清华聚会。很多同学都是几十年没见过黄老师了，师生共同回忆起当年一起训练、比赛的难忘情景，都感到非常的亲切。在那次活动中，黄老师向清华大学党委书记陈旭赠送了一幅清华乒乓球队的老照片，陈书记热情慰问了黄老师，并合影留念。

2014年5月在清华校友乒乓球赛场上，黄文杰老师（左）向清华大学党委书记陈旭（中）赠送一幅清华乒乓球队的老照片

2018年校庆期间，第八届清华校友乒乓球联谊赛再一次于清华举行。但黄老师已身患重病多时，不能回北京与大家相聚。为了表示对黄老师的思念之情，几位清华乒乓球队老队员特意组队参赛，并冠名为"文杰队"，以此向黄老师表示深深的敬意！

2018年9月30日，黄老师因病医治无效，永远离开了他全心投入的教育事业、他魂牵梦绕的水木清华、他毕生惦念的莘莘学子。闻此噩耗，作为深受其教诲之益的老队员们无不哀痛不已。尽管黄老师离开了我们，但大家会永远记得，在我们的成长之路上，有一位"永远和学生在一起的黄老师"。这正是：

昔日教诲难忘，清华体育功臣；恩师驾鹤西去，文杰永留人间！

气膜馆带给我的好运

■ 刘昊宇（2014—2015 年体育部实习教师）

现在我以邓亚萍体育奖学金首位获得者的身份，在英国诺丁汉大学完成了第二硕士学位，并继续攻读博士学位。我想给我的这篇文章起名叫《好运气膜馆》。因为就是在清华大学的气膜馆里的实习经历，送给我一个幸运的人生新起点。

我 6 岁开始学习乒乓球，11 岁进入河北省乒乓球队，16 岁再次重回校园，相继完成高中和本科学业。

作者以邓亚萍体育奖学金获得者的身份代表英国诺丁汉大学参加 2019 年欧洲大学生乒乓球锦标赛（EUSA），获得女子单打铜牌，双打及团体银牌

之后参加全国研究生统一考试，跨学校、跨地区和跨专业考上了北京体育大学体育教育专业。

我与清华的结缘发生在我的研究生求学期间。2014 年，在我研究生第二年的一天，导师刘丰德问我想不想去清华大学实习，我说当然。清华大学在我心中一直是个遥不可及的美好。她承载着中国发展的历史，是中国学子的最高殿堂，连我的偶像邓亚萍也从这里开始了她的退役求学之路。而我，这个北京体育大学的"学渣"，却要去这一所我一直仰望的学府里，教中国的尖端人才。虽然教的是手到擒来的乒乓球技术，但也不免心中发怵。

记得第一次走进我实习导师王欣老师的办公室情景。橱窗里放着清华乒乓球队的奖杯、奖状和球队的合影照，橱窗的旁边放着签满名字的大球拍。王老师坐在办公室尽头的办公桌边，慈祥地冲我微笑。与她相互介绍后，一直压在我胸口的大石头总算是掉下一半。因为王老师温柔朴实，与我原本想象中顶级国际级裁判长和高等学府老师的骄傲形象完全相反。她告诉我，我在清华这一学期的实习任务是，一跟着她带三个班的教学课；二学会自己按照教学大纲编写教案；三学会在初期时跟着她学习教学方式，并逐渐尝试自己完成课堂教学；四学会带领清华乒乓球队训练和比赛；五努力完成一篇论文并发表；六学会组织比赛……这看起来很具挑战的计划，没想到在王老师的带领下，一步一步真的全部做到了。

乒乓球课是在清华大学紫荆宿舍旁的气膜馆里。虽然那里灯光和通风条件并不理想，但王老师却对她的工作投入了一百分的热情。每天上课前30分钟，王老师都会让我交上我设计的教案，并跟我讨论如何才能将课上得更生动有趣。因为王老师是国际级裁判长，在课上教技术的同时，也会通过游戏和双语的形式，教学生乒乓球规则和裁判知识。王老师总说"学规则就是学规矩"，课后会带着我总结课堂教学方法。她安排我从集合宣布本课内容开始，鼓励我讲好下课前的课后小结，我很快就上手了。紧张地上了几节课后，我便可以"脸皮厚厚"地面对着几十个学生滔滔不绝了。更让我意外的是，清华学霸们并不会将这堂乒乓球课看作是他们学业中微不足道一门体育课，而是像专业课一样认真对待。他们会在集中教学时认真听讲，在提问时积极互动，在练球时珍惜每一拍。当然，他们并不是盲目听讲，会用他们一贯追求知识真谛的态度来听课。比如，在一节学习发侧旋球的课上，学生们就对球在空中运行时的旋转方向进行了激烈讨论。我想，这就是清华才子们的特别之处吧！

清华乒乓球队的训练也是在气膜馆里，每次的训练都像一次家人的团聚。而奇怪的是，我也能够感受到这个小家庭的一份浓浓的爱意。球队里的队员虽说个个都是学霸，可球技水平也很高。比如林子钏、林嵘净在北京市高校乒乓球锦标赛中多次夺冠。队员们的谦虚与淳朴，让我感到格外温暖。他们会亲切地称呼我为刘指导，会时常主动找我讨论球技，更喜欢向我切磋球技。他们非常珍惜每一次训练的机会，想在有限的时间里更快地提高球技。

在这间气膜馆里，我还跟着王老师发起组织了4次"清华大学乒乓球积分赛"。这一比赛被一直延续了很长时间。从设计、找赞助、发广告、排秩序册到组织比赛，每一个环节都让我收获满满。因为组织这4周一次的比赛，我又结识了更多清华大学校友和在读的乒乓爱好者，学到了组织比赛和临场裁判操作的理论和实践知识，也提高了办事效率。

记得第一次比赛设计秩序册时，由于我不细心，画出的表格格式总是出错，总是要等到打印出来才会被发现，所以浪费了很多纸。王老师非常生气，这是我第一次也是唯一一次被温柔慈祥的王老师批评。从此，我再做秩序册时，总是一次性成功，提高了效率，也节约了纸张。

就在我成功完成实习工作，领到证书后的一天，还是在气膜馆里，王老师问我："有一个好消息，一个坏消息，想先听哪个？"现在的我已不记得坏消息是什么了，但这个好消息却给了我一个不一样的人生。"英国诺丁汉大学提供全奖硕士学习机会，要求乒乓球和学习都优秀的人，你想不想试试？"王老师问我。"当然当然！"我激动地说。接下来，王老师便推荐了我，并将我准备的简历发送给了招生老师。再后来，机会真的被我抓住了，我以邓亚萍体育奖学金首位获奖者的身份踏上了去往英国的旅途。

之后，总是有人会对我说："你好幸运啊！"是的，我很幸运。我的幸运来自那清华大学里好运的气膜馆。那个神奇的环境，敬业的老师，求知的学生，淳朴的校风以及有爱的集体，是我难忘的回忆，更是我人生的新起点。

我在清华乒乓找到位置

——谨此献给清华大学 110 周年校庆

■ 苏一博（2015级材料直博）

我在2018MITOPEN中获得的三块奖牌

2018 年 10 月 14 日，在麻省理工学院的体育馆中，经过 12 小时的激战，我一举拿下了 MITOPEN U2050 组的单打冠军，OPEN SINGLE 组季军以及 U1850 组的亚军。这是我第一次作为一名清华大学的博士生，站在世界的舞台上，展现中国人的风采。而这一切都开始于 2015 年的 8 月，那时，我正踏着初秋的暖风，满怀期待地走进美丽的清华园，憧憬着在材料学院为期五年的直博生活。

我自小学二年级开始学习乒乓球，对这项运动有着深厚的感情，所以来到清华的第一件事，便是去校乒乓球队碰碰运气。我告诉校队的王欣老师，我在中南大学读本科的时候曾代表学校去黄山参加过全国大学生乒乓球比赛，并获团体一等奖。凭借这个成绩，王欣老师同意我先跟队训练，而这一跟，就再也不愿离开。校队是一个非常优秀又非常温暖的大家庭。在我加入校队的这几年，球队每年都在刷新着高校杯男子团体的连冠纪录；时常会有邓亚萍、郭焱等乒乓大咖进队指导；男生节、女生节活动一次不落，十分友爱。而最重要的是，经过这几年的成长，我开始能够为优秀的球队贡献自己的力量，尽管这个自我雕琢的过程十分的艰难。

进队之初，我很快发现我与球队的主力队员们相比，水平有很大的差距。这让刚进入清华的我，倍感挫败。校乒乓球队大部分队员本科都是清华的，成绩都非常好。当我意识到，这些学习成绩比我优秀的队友，在我唯一自豪的乒乓球上又能完胜我的时候，我的自信心崩塌了，随之而来的是漫长的失落感和无力感。

在一次训练中，王欣老师对我们讲：每个队员都要在球队中找到自己的位置。普普通通的一句话，却向灯塔一样，照亮了我的内心，让我重新振作起来。闻道有先后，术业有专攻，虚心地向强者学习，才有可能成为强者。之后，我开始如饥似渴地向高手、教练学习请教，梦想着有一天也能像他们一样，在球场上挥洒自如。他们真诚友善，教给我很多。但是，两年的努力与进步却收效甚微：入队第一年的五四杯一无所获，高校杯无缘参加；第二年五四杯弃赛，高校杯作为5号替补。因为4号球员迟到，我才勉强拿到一次毫无难度的上场的机会。但我还是很快地调整心态，重新出发，量变终于迎来了质变。第三年我以队长的身份参加五四杯，并斩获团体亚军；作为三号主力参加高校杯并夺冠。这些成长让我感到无比自豪。

伴随着在乒乓中重整旗鼓，我的工作与学习也渐入佳境：2018年，我在SCI一区发表论文，并拿到国家留学基金委的资助赴哈佛大学访学一年。邓亚萍师姐曾对我们说：世界上很多事物都是相通的，比如打球的战术训练就像编程，要不断地找出自己程序中的bug，直到最终实现，勤加练习，做到一点运行，程序跑得行云流水。我很庆幸，自己在清华的这几年，能遇到王欣老师，遇到亮哥、子钏、正颖、健豪、马姐等等很多优秀的队友，还有很多因乒乓球而结识的朋友，是他们不停地引领着我的成长。

但，我与清华的乒乓情缘还远不止这些。

五四杯的奖杯数量变化

校队中的奉献精神与拼搏精神深深地影响了我，作为一个清华人，不能只懂得索取，不懂得奉献。当我了解到材料学院乒乓球运动长期以来低迷不振，在马杯中"备受欺凌"的情况时，我暗下决心，要用在材料学院直博的这五年，带领院队打出属于我们自己的辉煌。略加思忖，我认为第一步则是取消僵化的院队模式，成立零门槛加入的开放性的乒乓球俱乐部，重燃学院乒乓球运动的热情。于是 2015 年 11 月，在学院领导的支持下，我们成立了材料学院第一个面向全院开放性的俱乐部（乒乓球俱乐部），以学院资助、体特基金资助以及俱乐部会费等作为俱乐部的经费来源，提供全年固定场地、多球训练、马杯教练（由我担任）指导等服务，成立之初便吸引了大量的乒乓球爱好者加入。一年半以来经常有一些其他学院的同学，甚至一些外国友人慕名参加我们的系队训练。

不经历风雨，焉能见彩虹。2016 年马杯，我怀着一腔热血开始两天的奋战，却只收获了一个男单亚军，团体止步八强，女生单项全军覆没。那时，我突然觉得自己很无力，自己无奈、也无力带领团队。我对团体失利进行了深入的反思，小组赛被对手算计，自己发挥失常，淘汰赛男单 2 号阮重义，因为足球马杯比赛时间冲突而缺席，天不时、地不利、人不和、己不顺，何谈夺冠。越是得不到就越想得到，马杯夺冠之梦悄声播种。

前事之鉴，后事之师。有准备的人总归是幸运的，我明白这个道理，却没想到"幸运"来得让人如此措手不及。仅一年过后，在 2017 年春季乒乓球马杯中，我们院队的同学们便勠力同心，组成最强阵容。在比赛中我们顽强拼搏，披荆斩棘，先后斩获乙组团体冠军、男双冠军、女双季军，创造了材料学院有史以来乒乓球项目的最好成绩。在所有的比赛中，我对学院最大的贡献莫过团体比赛的决赛中，我虎口夺食，战胜了校队 3 号种子张迪洋（代表乙组男单最高水平），最终以 3∶2 险胜强大的化学系（多次获乙组团体冠军）。这一战一扫阴霾，让我重新找回了丢失的自我，获胜的那一刻，我感受到了生命的怒放。

这次夺冠，在赛场上挥洒汗水的每个队友，都给我深深的感动，留下了许多故事。男单 2 号刘沅明比赛前夕人在深圳，他克服导师的压力于比赛当天凌晨 1 点才到北京住下，第二天比赛结束后，又赶着下午的飞机飞回深圳。可见在他心中马杯的分量。我尽我最大的努力，为他报销机票，也与他一起斩获团体冠军与男双冠军。送他回去时，看着他开心的背影，我想我对得起他的付出。

最后，还要提一下我们可爱的廖杰翠师姐。是小翠师姐带我加入材料学院乒乓球队的，她算是我的伯乐。她很爱打球，又很怕拖累队友，也很想在马杯取得一些好成绩。那次马杯是她在清华的最后一届马杯。比赛之前，我就想给她的谢幕之战，留下一些美好的回忆，我想我们做到了。

在这一切故事的开端，我要感谢我的父母。他们下班之后每天还要坚持花时间陪我加练，为我的乒乓球打下一个良好的基础。那个时候，乒乓球是生活的一部分。而现在，我要感谢清华，感谢校乒乓球队，因为在经历了这么多故事之后，乒乓球已经融入了我的生命。

拼搏、传承与奉献
——我的清华乒乓密码

■ 周冉（2016 级机械，2020 级直博）

小时候，为了追寻乒乓梦想，我曾前往上海曹燕华乒乓球培训学校就读，在那里度过了小学最后的两年时光。可是进入中学之后，为了学业我放弃了乒乓追求，几乎很少再拿起球拍，在球场上激情地呐喊，享受在球场上的快乐。

然而，当考入清华之后，我对乒乓球的这份热爱却意想不到地在这里得到了释放。除了学业之外，乒乓球成了我大学生活最重要的组成部分，气膜馆成了我最常去、最爱去的体育场馆。

军训期间第一堂体育课，我就被"育人至上、体魄与人格并重"的清华体教观深深触动，被马冬晗、马冬昕两位学姐的乒乓情缘所感动。一次偶然的机会，我在校队训练时见到了王欣老师，表达了自己加入球队的愿望，王老师就给了我跟队试训的机会。

就这样，我大一便跟队训练，希望用努力认真的态度获得教练的认可；后来，我成为了一名球队新人，看着球队的学长学姐身披清华的战袍在赛场拼搏时，我下定决心，一定要走上赛场；经过长久的努力，我终于成为了一名比赛队员。能够代表清华大学出战，是一件让我极为兴奋的事情。

作者在赛场中

刚开始代表球队出战时，我常常因为率先输球而被队友调侃。记得在 2018 年全国"阳光杯"团体比赛上，我在八进四比赛中作为第二单打，不慎摔伤膝盖，被对手逆转，好在靠谱的队友还是帮球队取得了胜利。不想总是"躺赢"的我，忘记了伤痛，丢掉了思想包袱，力克强敌，带领队伍杀入决赛，并在决赛中担任一号单打，为球队率先拿下一分。通过这次比赛，我愈发感受到为球队做出贡献、赢得胜利的快感，我更加珍惜球队所给予我的每一次上场机会，尽己所能在每场比赛中发挥自己的最好水平。

在外界看来，清华乒乓是一支王者之师，在北京高校有着不可撼动的地位。作为其中的一员，我却深深地感受到了这份荣誉的不易，是每个人经年累月的不懈努力，才成就了这样一个优秀的集体。王欣老师和亮哥作为球队的大家长，始终把握着整体球队的前进方向，在赛场上给予我们最积极的鼓励和最有效的战术指导；老队员会分享自己的比赛经验和技术要领，以身作则的同时，带领新队员不断进步。我进队以来，受到了颖爷、钏爷、豪哥、一搏等学长的睿智指导，这让我受益匪浅；同一批队员彼此互相鼓励，经常聚在一起讨论、聊球，赛前还会私下约着一起加练；即使没有比赛任务的队员，也会无私地陪着有比赛任务的队员进行针对性的训练，默默地为球队贡献着自己的力量。队友们戮力齐心，荣辱与共，最终汇成了这样一个优秀的集体。

清华乒乓所带给我的，远不止运动技能，它对我大学生涯产生了至关重要的影响。清华乒乓于我而言，是一份喜爱、一份磨炼和人格塑造。它磨砺了我个人奋力拼搏的品质，让我深刻领会团队代代传承、甘于奉献精神。

作者和王欣老师在2019年清华大学特等奖答辩会现场

拼搏、传承、奉献，这是我大学生活的关键词，也是清华乒乓给予我的宝贵的精神财富。它让我能够潜心学业，脚踏实地；让我立足社工，薪火相传；让我献身公益，温情关怀。我在球队得到的熏陶和获得的成长，让我能够更加自信、从容、专注地投入到学习、社工、志愿等各个领域。

2019年，我有幸参加清华大学本科生特等奖学金答辩，乒乓球队是给予了我最大支持和鼓励的集体。当我找王欣老师当我的介绍人时，王老师二话不说就答应了。在答辩前一周，王老师每天在办公室等我，陪着我一起演练，给我提出了很多宝贵的建议。在答辩会的现场，王老师早早到场，直到最后结果宣布完成才离去。球队队友也给了我许多鼓励，在答辩前两天恰巧是男生节，我收到了球队女生们精心准备的男生节礼物——包含一段祝福的定制 U 盘。当时，我整个人压力非常大，感觉随时都要撑不下去了。但是女队友们的一段真诚祝福让我感动，缓解了我当时低沉的情绪，我用她们送的 U 盘去拷贝我的答辩 PPT，希望能借此给自己带来好运。我是球队第 4 位获得特等奖学金的队员，之前周寅婕、马冬晗、马冬昕三位师姐为我树立了榜样，听着她们的故事我觉得自己应当做得更好，应当勇于承担挑战。感谢乒乓球队这个大家庭，让我能有机会以清华的乒乓故事开始我的答辩。更重要的是，让我的大学生活变得充实、快乐而富有价值。

　　未来五年的直博时光，我将继续在清华乒乓球队，带着本科时代的美好和遗憾继续前行，找准自己的定位，为球队贡献自己更大的力量。

一个实习教师的清华故事

■ 张睿（2017—2018 年体育部实习教师）

两年前，我还是北京体育大学研究生二年级的学生，当我从导师那里得知，有一个可以去清华大学实习的机会，我毫不犹豫地提出了申请。就这样，我和李冬阳、邓珊幸运地成为清华乒乓球项目的实习生。从此，我们共同揭开了清华大学这所曾经觉得遥不可及的国内顶尖大学的神秘面纱，也因此与它结下了一段深厚的情缘。

在实习前，我和很多人一样，对清华的认识基本停留在：这里汇聚了全国的高考状元和高才生，他们拥有超高的智商，学习能力超强，学霸的世界我一定懂不了。这样的刻板印象，在我真正进入清华以后，发生了翻天覆地的变化。

第一次参加清华大学体育部召开的全体大会，迎接新学期，各个项目的老师都作了发言，大家提出需要注意的问题和新学期的计划，感受到老师们的认真和期待。当时我在想，清华大学的学生运动能力肯定一般，时间都花在学习上了，哪会有心思出来运动呢！

走进清华校史馆，我们才知道清华对体育的重视。从 1911 年建校开始，清华已有 100 多年的历史。校史馆内有专门为体育设立的分馆，里面记录着清华体育发展壮大的辉煌历程，墙上挂着响当当的口号："为祖国健康工作五十年！"这不仅成为清华学子终生的奋斗目标，也是清华体育一直坚持"育人至上、体魄与人格并重"体育教育观的有力诠释。馆内存放着很多与奥运会有关的照片、奖杯和奖牌。当看到乒乓球奥运冠军邓亚萍夺冠的照片时，我内心十分激动！

"无体育，不清华"，清华人的体育精神，随着实习时间的延长，我才真真切切地感受到，将体育作为一种虔诚的追求，体现的是清华师生志存高远、心系祖国、为祖国健康工作的豪情！

在清华实习的日子里，我和另外两个小伙伴总会在北体相约，骑着电动车穿过清华西门，沿着紫荆路一路向东，到达清华东北角一座白色气膜结构的建筑，其名为"紫荆气膜馆"，这便是我们三个人工作的地方。记得第一次去实习，心里既忐忑又紧张，走进办公室，王欣老师已经在等待我们的到来，并热情地欢迎我们，顿时我们觉得很温暖。由于我们都没有在高校教学实践的经验，王欣老师开始耐心地指导我们，课前要清点上课所需的物品，课后要检查器材归位的情况，衣着是否整齐干净，口令是否清晰有力。这些课堂细节决定是否能上好一节体育课，这是王欣老师给我们上的第一课。自此，我们三个人被分配到不同的班级，开始了各自的乒乓球教学实习之路。

清华的乒乓球选修课，总是学生抢课的重点对象之一，课程共 16 周，前 8 周主要讲解乒乓球的基本技术，后 8 周就是教学型比赛。每次正式上课前，王欣老师都会请事先准备好的两位同学，为大家讲述关于乒乓球有趣的故事，随后王欣老师会进行补充。记得当时大家都分享了好多自己感兴趣的乒乓球话题，我也不知不觉地融入其中，并收获了好多知识。在选课的学生里，有些学生爱好乒乓球，小时候也接触过，所以上手很快，但有些学生是零基础，完全不会打乒乓球。王欣老师采用按水平分组配对的方法，让水平相近的两人成为搭档，共同进步。每个人在班上都有自己的搭档，搭档间相互握手，自我介绍，很快就有了归属感，课堂气氛十分融洽。

2017 年作者（前排蹲者右二）在清华大学实习，和乒乓球班同学合影留念

任何一项运动，光练技术动作相当于纸上谈兵，只有在实战时发挥作用，才能体会到运动带来的成就感。"打一场比赛交一个朋友"，王欣老师总是说，努力赢得比赛是对对手最大的尊重，场上拼尽全力，场下依然要握手，探讨球技，不仅能提升技术水平，还多交了一个朋友。这样两全其美的事情，我想只有在王欣老师的课堂上，才有如此收获吧。

乒乓球课的考核标准，是搭档正手对攻40板为过关。最开始学生基础参差不齐，有些同学甚至连握拍都不会，我对这个标准提出过质疑。当时，我们三个实习生都认为要求太高了，短短16周对于从没打过乒乓球的人来说，这个考核标准几乎是不可能完成的！只见王欣老师脸上露出笑容，并很有信心地告诉我们，一定可以完成，期末考核我们拭目以待。在助课的过程中，我发现，清华的学生和我想得一样，他们对课堂的投入，对所学知识的认真程度，远超过普通同学，他们抓住课堂练习的每分每秒，让自己尽快掌握老师所讲的内容。但他们又和我想得不一样，他们善于沟通，积极请教，有时还要约我打上一局比赛，一点都不死板。转眼到了期末，我能感受到他们是有压力的，我亲自参与了整场考核，严格检查每组对攻的板数。最后，竟然所有人全部通过！有同学告诉我，为了这个考试，他们天天约出来训练，两个人配合找方法，慢慢就达到了要求，连他们自己也觉得惊讶。这件事让我深受启发，也许不是目标定得太高，而是我们没有尽最大努力去实现目标，优秀真的是一种习惯。

除了上课，我们还和清华乒乓球校队的队员们一起训练。校队总教练是王亮老师，我们亲切地叫他"亮哥"。在王欣老师和亮哥的带领下，校队不断创造辉煌战绩，直至2019年首都高校乒乓球锦标赛，已实现男团三连冠！取得这样傲人的成绩，离不开队员们的奋勇拼搏，我能有幸结识这么多优秀的乒乓球高手，也是人生宝贵的财富。队里的林子钏，外号"钏神"，源于他的正手拉球经常直接拉穿对手，使对手毫无招架之力；胥佳，反手极强的杀伤力，让她成为当之无愧的女单一号，流利的英文口语也让她成为球队对外交流的"翻译"；陈正颖，担任队长，外号"颖爷"，面对比他力量强、底子厚的对手，他却能以技巧取胜，让对手掉入他设计好的套路，让大家不得不服他的头脑；马冬昕，双胞胎"姐妹花"里的妹妹，打球移动很快，拥有绝佳的防守和刁钻的落点，令对手很难突破，后来才知道她是博士生，而且是清华特等奖学金获得者，敬佩之心油然而生。回忆里还有好多人，球打得好，成绩优异，性格也开朗。我们与他们之间，也因为乒乓球而结下一段深厚的友谊。

在清华大学实习期间，作者（前排中）与班级同学合影

　　如今，我已经走上工作岗位，成为高校的一名体育教师，清华的实习经历始终深深地影响着我。在清华的这一年，我收获了宝贵的课堂经验，在组织教学与比赛中渐渐变得游刃有余，丢掉了最初的胆怯与羞涩；这一年，从王欣老师身上学习到对待工作有条不紊、严谨负责，对待身边的人热情温暖、广交益友；这一年，感受到清华体育敢于创新、一切为了学生身体健康所做出的努力，感受到这所充满文化底蕴的百年名校，所要继承和发扬的体育精神。每当有人提起"清华大学"，我都会骄傲地讲述我们的"实习生故事"，还有我最敬爱的王欣老师，我们永远是您的"大宝贝"，也会带着您的教导勇往前行！

王欣：得天下英才而育之 [①]

■ 孟雁松（《乒乓世界》杂志社内容总监、编辑）

2020 年第一场雪落下后的第二天，我来到清华大学，从南门进去后一路向北穿过偌大的校园，在最北边的紫荆气膜馆馆长办公室里，我继高校招生模拟赛后再一次见到了王欣老师。王老师拉着我看她电脑新换的桌面，那是前一天积雪正厚的时候，同事给她拍的一张照片，一脸满足的笑正是她讲起自己故事时惯有的表情。

尽管从小打乒乓球，但王欣的人生却曾经有很多种可能，也许按照母亲的期望成为一名医生，也许顺着大学时候的天赋练了体操，也许在一所没有乒乓球项目的学校里当一名普通的体育老师……但命运给了王欣最好的安排，在中国最顶尖的学府里，教最优秀的学生打乒乓球，这样的幸运和幸福让王欣舍不得离开自己的岗位，已经辛勤教课 36 年的她，仍然以返聘副教授的身份兢兢业业地站在清华大学的乒乓球台边，和她最喜爱的孩子们在一起。能够"得天下英才而师之"，是王欣这辈子最感恩的事。

没当过赤脚医生的体操冠军不是好老师

王欣的办公柜里藏着很多"宝贝"，最意外的要数一摞创刊初期的《乒乓世界》杂志，在这些上世纪 80 年代的杂志扉页上，编委署名一栏里一直都有王欣的父亲王家正的名字。王家正是北京体育大学第一位乒乓球教授，"校长的工作证编号是 1 号，我父亲的是 2 号，这个工作证现在还镶在相框里挂在我家墙上"，

[①] 本文发表于《乒乓世界》2020 年第 2 期，作者系该刊内容总监、编辑。编入本书时，文中标题均为编者重拟。

同样被收藏的还有父亲做乒乓球裁判时和周总理的合影、有父亲荣获两项国家级特等奖时江泽民为他颁奖的照片……受父亲的影响，王欣很小的时候就开始接触乒乓球，"两个三屉桌一拼就是球台，父亲带着我在家里练球"。后来，北京市海淀体校成立，王欣成为第一批学员，从初中一直打到高中，高中毕业响应毛主席"知识青年上山下乡"的号召，就和清华附中的同学一起插队去了昌平高崖口公社知青大队。

两年多的插队时光几乎不再有乒乓球相伴，从小聪明好学的王欣成了知青队里的"赤脚医生"。因为这段经历，王欣险些真的走上学医之路，"母亲特想让我当医生，1977年恢复高考，我就考了医学院，结果没考上"。王欣说："落榜很难受，但隐隐地感觉当一扇门关上时，另一个机会就摆在面前。"第二年再考，王欣顺利地进入了北京体育大学体育系，回到了她深爱的乒乓球身边。

我身边学生全是学霸

1986年，清华大学乒乓球队刚刚经历了一年没有主教练的日子。"当时的老教练黄文杰老师被派去支援深圳大学了，我父亲被请到清华临时帮忙上乒乓球课。"学校催着王家正帮忙物色一位合适的教练，他这才把自己一心惦念着乒乓球的女儿推荐了出来。从小科班出身又有着北体大教育背景的王欣和清华乒乓球队"一见钟情"，她很快办好了手续，一进清华就开始带队参加比赛。

王欣在清华乒乓球队教练的位置上耕耘了33年，拿到的全国和北京市高校比赛奖杯难以计数。从特招生到自主招生，再到近些年没有任何政策支持，尽管生源质量和大赛成绩也不时有一些浮动，但她一直以严谨的带队态度和一颗宽容的平常心来指导学生。王欣给清华乒乓球队员树立了"三肩挑"的传统，即学习好，运动成绩好，社会工作也要做得好。因此，这些叱咤乒乓赛场的虎将们同时也是学霸级人物，专业前三、获得清华特奖、考取全额奖学金赴美赴英在常青藤名校读硕读博的"牛人"层出不穷。"学习好，球也好，我身边都是这样的人。"

教了 1.7 万多学生

2018年，在亲自物色、培养了一段时间之后，61岁的王欣把清华乒乓球队交给了年轻的教练员王亮，自己正式办理了退休。由于岗位的需要和自己对乒乓球的不舍，王欣没有离开清华，而是留下来继续教授普通学生乒乓球课。"我喜欢上班，喜欢和清华的学生们在一起。"

王欣带四个班的乒乓球课，这一天她手里拿着给学生们期末打的分，成绩单上有态度分、体测分、3000 米跑、跳远和乒乓球专项。王欣说，她会因人而异帮助那些身体素质差的学生想办法通过考试。

有些时候，王欣在学生们面前更像一个唠叨的母亲，学生们也把老师这份朴素的爱深深记在心里。2014 年清华第 5 届清韵烛光奖，学生们投票把王欣选作"最喜爱的老师"，这份肯定让王欣一直感动，"我教过 1 万 7 千多学生，心里是真的特别高兴"。

裁判工作是我的继续教育

在乒乓圈里，王欣还有一个身份为人所熟知，那就是中国乒协裁判委员会副主任。在乒乓裁判这个圈子里不断学习实践，摸爬滚打了将近 40 年，王欣在全国各地结识了很多朋友，然而在受人尊敬的同时，她也遇到过不少奇葩事件。

比如 2007 年深圳中国大奖赛上，王欣给违规指导的德国教练出示红牌，驱除他离开赛区，输球后的德国队教练用中文爆粗口，王欣向国际乒联申诉，让他赔礼道歉。当德国教练在媒体面前公开道歉的时候，王欣大方地接过了对方献上的鲜花，结束了一个不愉快的事件。

在清华工作的这 30 多年，王欣一直继续着自己的裁判事业，在她看来，做裁判能让自己保持年轻状态，"做裁判就是我的继续教育课程。我当裁判时就坐在顶尖高手的旁边，他们每一个动作、每一次战术变化、甚至每一次斗智斗勇的表情我都看得一清二楚，回来都可以和学生们分享"。

如今已经卸下校队重担的王欣，把更多的精力放在了清华校友乒乓球赛上，"从第一届开始我就担任裁判长，帮着组织比赛。回来参加比赛的校友，大部分都是我的'亲学生'（清华乒乓球队的学生），还有很多上过乒乓球课的学生"。清华校友乒乓球赛如今已经举办了九届，赛事越做越成熟，王欣也越来越有经验，从清华走出去的乒乓校友很多都有了自己的企业，都争着投钱办比赛，"去年在上海，今年要去成都打了。校友投钱，服装和食宿都能解决"。

2019 年第九届清华校友赛的秩序册上，回顾了历届比赛的集体大合影，眼看着一张照片比一张照片人多，画面里都快要装不下了。能在壮年时指导年轻的"天下英才"，又能在退休后为清华校友们做些以球会友增进友谊的事情，王欣说自己的一生都特别幸福，"做这个比赛不为挣钱，大家打球打高兴了，我看着就高兴了"。

清华乒乓球队 30 年发展史略

■ 曾祥威（2019 级体育部研）

在清华大学的百年历史上，体育始终是学校教育的重要组成部分。从马约翰教授"体育的价值迁移"到蒋南翔校长"为祖国健康工作五十年"口号的提出；从清华学堂时期的"强迫运动"到今天的"大一行动计划"，清华体育的发展，始终密切围绕着清华办校理念[①]，清华体育代表队是其中突出的典型之一，见证了清华体育的发展历程。

清华体育的理念深入清华人的心中。百年的清华体育，留下了许多财富，"无体育，不清华"。历经岁月的洗礼和积淀，"为祖国健康工作五十年"，如今已经成为几乎所有校友的终身工作信条。不少校友在返校时都提到了这一信念，他们毕业后投身各行各业，将清华体育所倡导的坚守坚持、追求卓越、不断突破的精神，融入自己的一生当中，创造出无数辉煌[②]。

在清华体育代表队中，清华乒乓球队是其中的优秀代表。球队自 1930 年代建队以来，走过风风雨雨，如今仍然活跃在体育运动一线上，是清华一支不可或缺的优秀体育代表队。

乒乓球在清华大学里拥有广泛的群众基础。清华乒乓球校队队员是这广泛的爱好者当中的佼佼者，他们对外代表清华大学征战大小赛场，对内积极推广校园群众体育，承担着为校争光、传播清华体育精神的重担。从 1934 年乒乓球台入驻体育馆开始，清华人的乒乓球热情始终处于浓厚的氛围之中。1935 年清华乒乓球队获得五大学联赛冠军，1936 年再次获得冠军。值得一提的是，队员有后来大名鼎鼎的两弹一星元勋钱三强先生、中国航空界的一代宗师徐舜寿先生，以及国家最高科技奖得主叶笃正院士等人。

后因战争等社会政治原因，清华乒乓球队在很长一段时间里不复存在。直到新中国成立后的 1956 年 3 月 21 日，清华乒乓球代表队正式成立，并延续至今。

---

① 沈晓明.清华的体育事业为何长盛不衰[J].文史月刊，2013，（04）:63-64.

② 叶宏开.韦庆缘.挺起胸来——清华大学百年体育回顾（上）.清华大学出版社，2009:96-99.

在首届北京高校乒乓球比赛中，男队获得团体第三名，女队获得了团体冠军。到1966年"文革"开始前，北京高校乒乓球赛一共举行了8届，清华大学乒乓球男队一共获得了五次冠军、两次亚军以及一次季军，女队则获得了七次冠军、一次亚军。这一期间，清华乒乓球队基本代表了北京高校乒乓球队的最高水平。这段时期清华乒乓球队的带队教练，从殷贡章老师到王维屏老师、李鹤云老师，再到杨朴老师，队员常年保持在25人左右。

1970年清华大学恢复招生后，乒乓球队的带队教练是黄文杰老师。在他执教的15年间，清华乒乓球水平仍然在北京高校名列前茅。王欣老师从1986年6月进入清华大学任教，开始带领清华乒乓球队，到2018年退休，执教乒乓球队33年。在她的带领下，清华乒乓球队在近三十年始终处于北京市高校中的顶层位置，成绩优异。现将她这30多年的带队经历，分为1989—2006年、2007—2011年、2012年至今3个时期，划分方式是由招生方式以及首都高校比赛的成绩作为依据。

一、高水平运动队时期（1989—2006年）

1986年王欣老师接管清华乒乓球队时，球队里的学生都是黄文杰老师一手招到并培养的球好学习好的学生，如张明、王学军、薛文黎、李翱翔、龚杰、王新新、丁青青等。球队成绩也非常好。后来体育部开始执行乒乓球特招的招生方式，将打球较好的高水平学生的分数降到了重点本科线以下20分，清华大学是较早开启乒乓球特长生招生的院校。从第一届录招的刘立恺、胡晟斐，到最后一届的朱成、杨叶丹、周寅婕、陈天奇，这种招生方式从1989年到2006年持续了15年，招进来的学生组成了清华大学乒乓球一队，属于清华的B类体育代表队，即高水平运动队。

清华大学乒乓球二队就是从普通学生中，通过选拔招新，寻找有一点训练基础的、打球好的同学。他们都是全国各地学习成绩顶尖的好学生，是自己考上清华的学生，其次才是有一定基础的乒乓球爱好者。由于首都高校比赛不允许一所学校同时报名参加两个组别，所以这个时期乒乓球二队的队员们，无法代表学校参加首都高校乒乓球锦标赛，实属遗憾。正因如此，王欣老师当时对二队并不重视，为后来的断层埋下隐患。

这个时期清华大学乒乓球一队主要参加首都高校乒乓球锦标赛专业组和全国高校乒乓球赛。1994—2006年12届首都高校杯的成绩，如表1所示。男队获得 5 次团体冠军，4 次团体亚军，2 次团体季军，成绩十分稳定。其中，刘立恺、王一男、戴远、朱成均拿过男子单打冠军，王一男更是 3 次获得男子单打冠军。女队虽然没有人拿过单打冠军，但是由于实力比较均衡，因此名次基本一直处于高校前三甲之列，在全国高校赛中清华大学乒乓球队也取得过团体第四，男双第二的优异成绩。男女成绩的差别，也取决于王欣老师的建队模式，每年招收 2 名男子乒乓球特长生，招收 1 名女子乒乓球特长生，因此，清华乒乓球队男队成绩优于女队。

这一时期清华大学乒乓球队最辉煌的时间，当属 1999—2002 年时期。这四年在首都高校乒乓球赛上一共获得了 11 个冠军。其中，包括男子团体三连冠，王一男获得 3 次男单冠军。他由此成为清华乒乓球队这一时期当之无愧的领军人物。清华乒乓球队在 2000 年首次实现包揽男子项目的所有金牌，随后两年连续包揽男子项目的全部冠军，男团、男单、男双全部实现三连冠。

表 1　首都高校乒乓球锦标赛成绩（1994—2006 年）

年份	比赛地点	男子团体	女子团体	男子单打	女子单打	男子双打	女子双打	混合双打
1994	协和医学院	甲组团体第二名		刘立恺第三名 胡晓程第五名		刘立恺/胡晓程第二名 罗俊峰/张义第五名		
1995	清华大学	甲组团体第二名	甲组团体第一名	刘立恺第一名 胡晓程第二名 张义第五名	李珊第三名 胡晟斐第五名			
1996	无比赛							
1997	北京联合大学	甲组团体第一名	甲组团体第三名					
1998	北京交通大学	甲组团体第三名	甲组团体第二名		王凌雪第三名 于婷第五名 王蕾第五名	戴远/徐阳第二名	于婷/王凌雪第一名 李珊/王蕾第二名	刘洋/于婷第二名 戴远/王凌雪第三名

续表

年份	比赛地点	男子团体	女子团体	男子单打	女子单打	男子双打	女子双打	混合双打
1999	北京邮电大学	甲组团体第三名	甲组团体第五名	王一男第一名 戴远第三名 刘洋第五名		戴远/王一男第三名 徐阳/刘洋第五名	于婷/王凌雪第五名	王一男/王凌雪第二名 戴远/于婷第五名
2000	北京联合大学	甲组团体第一名	甲组团体第二名	王一男第一名	王凌雪第二名	戴远/王一男第一名		
2001	中国人民大学	甲组团体第一名	甲组团体第三名	戴远第一名 王一男第二名	欧阳璐莎第三名 王凌雪第七名	戴远/王一男第一名	欧阳璐莎/王凌雪第五名	戴远/欧阳璐莎第一名 王一男/王凌雪第三名
2002	北京广播学院	甲组团体第一名	甲组团体第三名	王一男第一名 唐晓斌第三名 戴远第三名	欧阳璐莎第五名 詹逸思第五名	戴远/王一男第一名 唐晓斌/高阳第三名	詹逸思/王凌雪第二名	戴远/欧阳璐莎第三名 王一男/詹逸思第三名
2003	首都经贸大学	甲组团体第二名	甲组团体第三名	朱成第二名 王一男第三名 高阳第五名 唐晓斌第五名	詹逸思第五名	唐晓斌/高阳第三名 朱成/王一男第三名	詹逸思/杨叶丹第三名 赵莹/王凌雪第五名	王一男/詹逸思第五名
2004	北京第六十六中学	甲组团体第二名	甲组团体第三名	朱成第五名 王一男第五名 唐晓斌第五名	詹逸思第三名	朱成/王一男第二名	詹逸思/杨叶丹第二名	朱成/杨叶丹第五名 王一男/詹逸思第五名

续表

年份	比赛地点	男子团体	女子团体	男子单打	女子单打	男子双打	女子双打	混合双打
2005	首都经贸大学	甲组团体第一名	甲组团体第二名	朱成第一名 高阳第三名		朱成/王一男第二名 高阳/唐晓斌第三名	詹逸思/杨叶丹第三名	
2006	北方工业大学	甲组团体第二名	甲组团体第三名	朱成第一名 高阳第二名 赵超恩第五名	詹逸思第五名 杨叶丹第五名	高阳/朱成第三名	詹逸思/杨叶丹第三名	

在此期间，清华乒乓球队不仅在赛场上成绩优异，而且在学习和社会工作上，队员们表现同样突出。王欣老师在此期间树立了清华乒乓球队的一个传统，即"三肩挑"模式，即学习好、运动成绩好、社会工作也做得好。其中，王凌雪、于婷、刘立恺等人都是专业成绩前三的学霸级人物，张明、于军、李翎翔等人毕业后均获得全额奖学金，赴美国常青藤名校读博，周寅婕是乒乓球队首位清华大学特奖获得者。此后，乒乓球队又先后有三人获得清华大学特奖。

当时，清华乒乓球队的训练场地在西体育馆。那时的西体尚未整修，条件比较艰苦，木地板已经磨得十分光滑，在快速移动的过程中稍不注意便会重重摔跤。训练时间也比较短，且与排球队、武术队训练时段重合。虽然一周五练，但每天仅训练 1 个多小时，与清华的主要竞争对手北大形成鲜明对比。北大的训练条件比较优越，而且训练时间较长，基本保持着半专业级的训练。即便如此，清华球队实力仍占据上风，实属不易。

二、低谷转型期（2007—2011 年）

2003 年开始，多所学校利用招生政策上的优势，陆续招收了许多专业队退役的高水平运动员，对清华乒乓球队产生了巨大冲击。这时清华乒乓球队停止了特招，新老交替时期，依靠着最后几位特长生维持住成绩（见表 2）。从 2007 年开始，清华乒乓球队成绩每况愈下，直到 2011 年。我将 2007—2011 年这段时期称之为低谷期，王欣老师在这段时间由于球队成绩与之前产生了明显的落差，甚至产生了放弃带领乒乓球队的念头。也正是在此期间，王欣老师对于乒乓球建队的理念产生变化，从之前对特长生的重视，转为对普通学生的球技挖掘，让更多的同学们参与进乒乓球队之中，培养他们的球技为学校争光，这为后来球队的再次辉煌打下基础。因此这个阶段是清华乒乓球队的转型期。

表 2　首都高校乒乓球锦标赛成绩（2007—2011 年）

年份	比赛地点	男子团体	女子团体	男子单打	女子单打	男子双打	女子双打	混合双打
2007	首都经贸大学		甲组团体第四名		詹逸思第二名		詹逸思/周寅婕第七名	
2008	首都经贸大学		甲 B 组团体第一名					
2009	北京外国语大学	乙 B 组团体第六名	甲 B 组团体第五名				肖与华/颜婷婷第五名	
2010	北方工业大学	乙 B 组团体第二名	甲 B 组团体第二名	赵航第四名 王学斐第五名 王宸第七名	周寅婕第八名	王学斐/马照第六名	周寅婕/林嵘净第六名	
2011	北方工业大学	甲 C 组团体第一名	甲 B 组团体第三名	陈正颖第一名 张迪洋第四名				

　　这个时期清华乒乓球队不再招收乒乓球特长生，这意味着校一队不再有新鲜血液注入。在此背景下，王欣老师将原来的一队和二队合并。自此，清华乒乓球队的格局发生了重大变化，清华乒乓球队在体育代表队中的等级由 B 类变为 C 类，进入了校队与乒乓球协会相互配合的阶段，并持续至今。

　　合并后的校乒乓球队的实力与原来的一队相比，判若云泥。但王欣老师在教学理念转变之后，努力为清华乒乓球队协调各种资源和机会，采取一系列新的人才选拔、培养措施，通过从热爱乒乓球的学生里面，挑取有潜力者进入校队，并实行末位淘汰制，不断更新队伍。参加首都高校乒乓球比赛的人选，依靠队内比赛选拔。用培养与竞争相结合的机制，使清华乒乓球队逐渐恢复活力。虽然这个时期清华乒乓球队的成绩并不理想，但王欣老师不断地为校队联系各种对外交流的机会，增加队员们的视野和实战经验。其中影响力较大的活动有：在清华综合体育馆举办两岸乒乓球交流会，和台湾新竹清华大学乒乓球队进行对抗赛，和香港理工大学的乒乓球队交流活动等。

正是在这个时期，王欣老师创新性地组织了清华大学乒乓球校友杯比赛，旨在为不同年龄段热爱乒乓球的清华校友们提供相互交流的平台。从 2011 年举办第一届校友杯比赛开始，持续至今，已经成功举办过九届。广大校友乒乓球爱好者参赛热情越来越高，参赛者年纪最大的校友是 1952 级水利水工系的王芸校友，年轻校友更是积极踊跃参与。特别值得一提的是，邱勇校长曾几次参加比赛，并与队友一起多次夺冠，起到了很好的示范作用。

在这段时间里，清华乒乓球队克服训练场地不断变迁带来的困难，坚持训练。2007 年训练场地从西体搬到原学生服务中心。因两年后校园重新规划，原学生服务中心被拆除新建了人文社科图书馆，导致乒乓球活动场地再次搬迁。为了让所有喜欢打乒乓球的同学能有上课和活动的场所，经王欣老师与体育部以及学校多方协调，最终将过渡场地落实在了东操的射击馆。这里也成为随后一年里学校乒乓球队训练，学校乒乓球课以及学生活动的场所。与此同时，体育部经过努力，逐步落实了清华大学紫荆气膜馆的项目选址和修建，使得清华开展乒乓球项目有了固定的教学与训练基地。新建的气膜馆因为离紫荆公寓更近，更方便老师和同学们的活动和交流。王欣老师还亲自担任气膜馆馆长，使气膜馆成为清华乒乓球队走向复兴的"摇篮"。

三、重塑辉煌期（2012—）

王欣老师为了引进优质的生源，积极争取自主招生的名额。在体育部的努力和学校的支持下，清华大学乒乓球队从 2010 年开启了自主招生模式，进行降分录取，最高可降 60 分。王欣老师在担任全国中学生乒乓球比赛裁判长的同时，通过不断观察，物色优秀苗子。因为同时符合"学习分数高，打球又好"要求的人才很少，选拔具有相当难度。但在王欣老师的努力下，2010 年林嵘净，2011 年张迪洋、陈正颖，2012 年林子钏等人在高手云集的选拔中脱颖而出，成功获得自主招生加分，并以优异的成绩考入清华大学。但因种种原因，自主招生的模式只持续了短短三年。

但也正是由于这三年，清华乒乓球队重新启航，再现辉煌。王欣老师精心打造了三虎将的模式，为清华校队注入新鲜血液，从此清华乒乓球队在首都高校乒乓球锦标赛的非专业组中傲视群雄（见表 3）。从 2013 年至今，男子团体实现了七连冠的骄人业绩，女子团体也获得了 4 个冠军。其中目前计算机系博士四年级在读研究生林子钏同学，是这个时期清华乒乓球队的领军人物。在他 8 年征战首都高校乒乓球锦标赛中，一共获得了 19 个冠军。其中包括团体七连冠、男子单打 4 冠 2 亚 2 季、男双 5 冠 1 亚、混双 3 冠 1 亚 1 季，是首都高校乒乓球圈的风云人物，成为首都高校乒乓球锦标赛创立至今成绩最好的参赛者。不仅如此，他在科研方面非常出色，目前已经投中了两篇人工智能领域 A 类国际会议论文，属于行业中的佼佼者。

表 3　首都高校乒乓球锦标赛成绩（2012—2019 年）

年份	比赛地点	男子团体	女子团体	男子单打	女子单打	男子双打	女子双打	混合双打
2012	北京邮电大学北方工业大学	甲 B 组团体第三名		林子钏第二名 陈正颖第三名 宋承辉第五名	袁雯第二名 王鹤婷第五名	林子钏/陈正颖第五名	袁雯/林嵘净第一名	陈正颖/袁雯第一名 林嵘净/林子钏第二名
2013	北京大学北方工业大学	甲 B 组团体第一名	甲 B 组团体第一名	林子钏第一名 张迪洋第三名 陈正颖第五名	林嵘净第二名	林子钏/陈正颖第一名	袁雯/林嵘净第一名 王鹤婷/黄雅卿第五名	林子钏/袁雯第一名 陈正颖/林嵘净第二名
2014	清华大学北方工业大学	甲 B 组团体第一名	甲 B 组团体第一名	林子钏第一名 陈正颖第三名 张迪洋第五名		林子钏/陈正颖第一名	王鹤婷/马冬昕第三名	陈正颖/王鹤婷第一名 林子钏/詹逸思第五名
2015	北京邮电大学北方工业大学	甲 B 组团体第一名	甲 B 组团体第四名	林子钏第一名 陈正颖第二名	林嵘净第五名	林子钏/陈正颖第一名	詹逸思/林嵘净第一名	林子钏/詹逸思第五名 陈正颖/林嵘净第五名
2016	清华大学北方工业大学	甲 B 组团体第一名	甲 B 组团体第三名	林子钏第一名 陈正颖第二名 张迪洋第五名	胥佳第二名	林子钏/陈正颖第一名 张迪洋/杜舟野第五名	胥佳/邹洋第五名	林子钏/胥佳第一名

续表

年份	比赛地点	男子团体	女子团体	男子单打	女子单打	男子双打	女子双打	混合双打
2017	北京大学 北方工业大学	乙组团体第一名	乙组团体第一名	夏天第一名 林子钏第三名	张妍第四名	林子钏/陈正颖第一名	胥佳/邹洋第五名	林子钏/胥佳第一名
2018	北京工业大学 北方工业大学	乙组团体第一名	乙组团体第一名	林子钏第三名	胥佳第一名	张健豪/周冉第五名		林子钏/胥佳第三名
2019	北京工业职业技术学院 北方工业大学	乙组团体第一名	乙组团体第二名	林子钏第二名	刘明炜第一名 张曜第二名	林子钏/刘书翔第二名	刘明炜/张曜第一名 张妍/梁紫微第五名	

　　面对自主招生断档的现实，王欣老师采取"两条腿走路"的思路。一方面继续发挥优秀老队员的作用，一方面通过校内的马约翰杯和选拔赛，选拔有一定乒乓球基础的同学。虽然这段时期乒乓球队是清华大学 C 类体育代表队，但是王欣老师的付出与投入不亚于她在带 B 类队的时候。因为清华学生课业沉重，学习压力非常大，经常会有同学因为学业耽误训练或者训练迟到。

　　对于这种局面，她认为强硬推行规章制度不但行不通，而且会打压同学积极性。于是她在每个新学期开始的时候，会找每个队员进行详谈，在了解具体情况之后，帮他们制定有针对性的训练计划。同时让水平较高的队员，如林子钏、陈正颖等，在训练中为队员们指导技术要领，提高他们的技术和竞技能力。通过与技术较好的队员一起训练和比赛，普通学生的竞技能力也在飞速增长。

　　此时，王欣老师因临近退休，培养接班人的工作十分紧迫。因此招聘如今的教练员王亮到气膜馆工作，并鼓励王亮与乒乓球队一同训练。经过一段培养期，王亮在 2018 年秋学期顺利接手乒乓球队教练工作，王欣老师自此正式退休。

　　因实施了一系列针对性措施，在张迪洋，陈正颖等队员毕业之后，清华乒乓球队依旧在首都高校中摘金夺银，实力所受到的影响并不大。这一时期清华乒乓球队不仅竞技成绩十分突出，队员们学业成绩也十分优异。继周寅婕之后，球队又出现了三名队员荣获清华大学特等奖学金，2008 级队员马冬昕、马冬晗姐妹和 2016 级队员周冉。

　　此外，乒乓球队其他许多队员的成绩在各自专业都名列前茅，清华大学乒乓球队的队员们在竞技实力和文化成绩两方面协调发展，成效显著。通过乒乓球训练，队员们学会时间与精力的平衡，进而合理规划未来的每一步，这是体育运动带给人潜移默化的影响，也是清华乒乓球队培养人才的一个缩影。

自从转化为 C 类队之后，清华乒乓球队的训练时间一周仅有两次，分别为每周二和每周五的晚上 5~7 点，因此对训练的高效性提出很高要求。王欣老师要求队员不仅在训练中和赛场上要认真打好每一球，还要将这种态度带到学习中。通过这种全方位的统一要求，对代表队员学习与科研能力的不断提高产生很大帮助，成为显现体育正向迁移价值的经典案例。

结语

新中国成立后清华乒乓球队自成立以来，已经经历了 60 多年的风雨。这支乒乓球队之所以能在首都高校中始终保持骄人战绩，并能培养出一代又一代全面发展的优秀人才，有其内在的规律和独特的原因。在近来的 30 年中，清华大学乒乓球队经历了不断变化，由 B 类体育代表队转为 C 类体育代表队，由特招转为无特招，再到自主招生，取消自主招生，等等。所有外部条件的变化都没有改变球队前进的方向，经验值得总结，传统值得发扬。

清华乒乓球队未来也许不一定都能保持巅峰状态，但数十年积累下的深厚底蕴和百年来形成的清华体育精神，即使出现波动也能在短时期内快速崛起。这样的队伍即使失去几个箭头人物也不会失去它的韧性，处于低谷也不会气馁，只等下个箭头人物的出现，就会再次走向辉煌。

参考文献

1. 谭华 . 70 年前的一场中国体育发展道路之争 [J]. 体育文化导刊，2005,（7）:62–65.

2. 叶宏开、韦庆媛、冯茵 . 挺起胸来——清华大学百年体育回顾（上）[M]. 清华大学出版社，2009:96–99.

3. 沈晓明 . 清华的体育事业为何长盛不衰 [J]. 文史月刊，2013,（04）:63–64.

4. 清华大学体育代表队 1950—60 年代纪实——回忆与感言（上）[M]. 2014:472–478.

校刊中的清华乒乓（1918—1936年）

■ 于婷（1997 级精仪）

清华 110 周年校庆在即，也是我本科毕业 20 周年的重要年份。遥想 1997 年，清华乒乓队正在西体育馆二层训练，我也有幸成为清华乒乓球队的一员。这座承载着清华体育精神的西体育馆，使多少清华学子以强身健体，报效祖国，为理想而奋斗。

毕业后留校工作是我的荣幸，能在图书馆工作是我的骄傲。清华资深乒乓教练王欣老师联系到我，希望从图书馆资料中，查找一些清华乒乓早年历史资料。

纵观图书馆，能反映清华早年乒乓历史情况的，首先想到的是查阅《清华周刊》。《清华周刊》创刊于 1914 年 3 月，至 1937 年 5 月共出版 676 期。抗战爆发，清华南迁，《周刊》被迫停刊。1947 年 2 月复刊后，只出了 17 期便再次停刊。《清华周刊》是学生刊物，上至总编，下至发行，大都由学生担任。虽然如此，它仍是当时校内影响力很大的综合性刊物；一份学生刊物具有如此规模，能延续如此长的历史，在中国教育史上是鲜见的。闻一多、顾毓琇、梁实秋、周培源、梅汝璈、贺麟、蒋南翔等都曾担任过《周刊》的主编、经理等重要职务，并在《周刊》上发表了不少文章。

通过查找《清华周刊》，发现最早一篇有关清华乒乓活动的记录，是 1918 年第 131 期第 1–2 页所报道的乒乓比赛。

题名：校闻：乒乓比赛

刊名：清华周刊　年：1918　卷 / 期：第 131 期　页：1-2

乒乓比赛　前星期六中等科一二年级学生在食堂开游艺会举行檯球（檯同台，檯球即乒乓球，编者注）比赛，由陈筱田、李仲华二先生裁判，以沈鸿来吴详骏二君为最优云。

接下来查到的是《清华周刊》1920 年代的 3 篇报道，对学生乒乓球赛的赛况进行了连续报道。另外一篇报道了大三年级乒乓队的情况，可见当时乒乓球运动在清华的普及程度。

《清华周刊》1918 年第 131 期

1）题名：新闻：杂闻：**乒乓比赛**

刊名：清华周刊　年：1924　卷／期：第 325 期　页：20-21

乒乓比赛　上星期童子军司令部系狼队当值，该队于兴余之暇，发起乒乓球个人比赛，消息发表后，报名者络绎不绝，已于上星期六预赛一次，并将于次日举行决赛，鹿死谁手，尚不得而知，闻该队并预备贵重奖品，以备赠予夺得锦标者云。

2）题名：新闻：**乒乓比赛续志**

刊名：清华周刊　年：1924　卷／期：第 326 期　页：25

乒乓比赛续志　上期本刊载有乒乓球比赛一节，未有结果；兹悉于次日举行第二次预赛，结果为刘约瑟、程佰京、沈锡林三君，当即举行最后决赛。三君妙手高技，神出鬼没，观者莫不啧啧称羡，结果锦标为刘君约瑟所得。童子军狼队诸君拟赠以精致铜墨盒一个，上镌"乒乓球比赛个人第一"字样，现在托售品公社代为置办云。

3）题名：新闻：杂讯：**大三乒乓队**

刊名：清华周刊　年：1928　卷／期：第 29 卷第 6 期　页：460

杂讯　大三乒乓队　大三级乒乓队队员，多系圣约翰大学、南洋大学健将，球术精通，应接尤好。不日闻将向全校同学挑战。据其队员自称，必可奏凯而归，如有不信者，尽可先来一决胜负云。

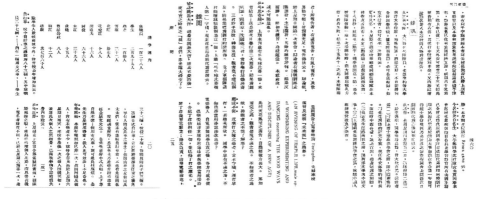

《清华周刊》1928 年第 29 卷第 6 期

以上收获令人兴奋不已。清华乒乓源远流长，仅在《清华周刊》中就可以追溯到 1918 年，至今已有 103 年历史。下面资料更让我们看到了 1930 年代是清华乒乓活跃的年代，有 6 篇报道，分别来自《清华副刊》《清华校刊》《清华周刊》。

《清华校刊》是清华最早的校刊（报），创刊于 1926 年。1928 年国立清华大学成立后，《国立清华大学校刊》于 1928 年 12 月 29 日创刊。在清华不断发展壮大的历史时期，《国立清华大学校刊》成为清华有历史影响力的校刊（报），奠定了清华校报的风格与传统。

文章内容不仅包括乒乓比赛的通讯，还有乒乓设施如球室、球台的增置，乒乓球队的队员招募，乒乓球队员照片方面的内容。更有一篇长达两页的关于北平五大学乒乓球赛事、赛况及精彩评述文章，对球队、队员、对手等描述准确形象，惟妙惟肖，赛事进程跌宕起伏，使读者如临现场。这些生动有趣的描述，可见作者对乒乓球运动和乒乓球队的熟悉及喜爱。

一、新增乒乓设施

题名：校闻一束：新置乒乓球台

刊名：清华副刊　年：1933　卷 / 期：第 40 卷第 3 期　页：17

新置乒乓球台　本校体育部拟于最近在女生宿舍食堂内，设置乒乓球台两座，由汪沅先生负责管理；除乒乓球须自备外，其余用具（如拍子，网等）皆由该部供给云。

题名：校闻：增辟乒乓球及理化图书等室

刊名：清华校刊　年：1936　卷 / 期：第 2 卷第 1/2 期　页：94

增开乒乓球及理化图书等室　本年度开学以来，学生人数激增，原有理化室、图书室、乒乓球室等，不敷支配，特增开理化实验室一间，图书室二间，乒乒球室两间，以备学生实习，及课余自修游戏等用，并于各室，添加油漆，布置整理，气象颇为兴盛云。

二、乒乓队招募队员

题名：新闻：体育丛讯：附第九级乒乓队启事

刊名：清华副刊　年：1934　卷／期：第 42 卷第 8 期　页：25

第九级乒乓队招募勇士　该队成立伊始深欲罗致健将，惟由私人物色，不免遗漏，以致埋没，将于前日公开徵求队员。

附第九级乒乓队启事

本队业已成立，欢迎比赛，用联感情，而增球艺，倘荷赐教，请与六院八〇八号曹岳维或四院二二四号胡鹏飞接洽可也。

第九级乒乓队启（飞）

题名：清华乒乓联合会征求会员

刊名：国立清华大学校刊　年：1935 年 10 月 21 日

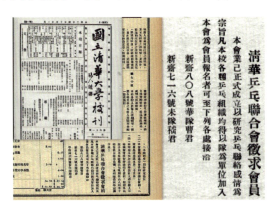

《国立清华大学校刊》1935 年 10 月 21 日

本会业已正式成立，以研究乒乓联络感情为宗旨。凡本校各种乒乓组织均得以队为单位加入本会。为会员报名者可至下列各处接洽：

新斋 808 号华队曹君

新斋 716 号未队嵇君

三、乒乓队况、赛况、乒乓队员照片、五大学乒乓球比赛评述

1. 题名：新闻：清华军威风逼人，乒乓队有胜无败

刊名：清华副刊　年：1936　卷／期：第 44 卷第 1 期　页：28

清华军威风逼人，乒乓队有胜无败

我校乒乓球队历来所向无敌，观乎上星期战绩真令人五体投地，不信听洒家道来：

三月二十一日五大学乒乓锦标赛，清华对北大，总结果四比一，清华胜。

三月二十七日汇光队大举犯清华，结果以五比二被击退。

二十八日五大学赛，清华又以三比二巧取东邻燕大，五大锦标在握矣！

2. 题名：各种比赛第一名［照片］

刊名：**清华校刊** 年：1937 卷／期：第

3 卷第 1/2/3 期 页：1

乒乓球吕金奉

3. 题名：国内新闻：乒乓世界

作者：**龙** 刊名：**清华周刊** 年：1937

卷／期：第 46 卷第 1 期 页：19-20

《国立清华大学校刊》1937 年第 3 卷
第 1/2/3 期

本校男子乒乓球队，自前年成立以来，连
膺五大学冠军。实力强劲，名震平津。今年自
入春以来，重整旗鼓。除历年老将以外，又增
选新队员，正式成军。现五大学比赛第一循环
已告完竣，我队屡战皆捷，迭克燕京师大辅仁
等队，锦标在望，记者对于乒乓一道，特感兴
趣，每战必往，作壁上观阵。归来后复因兴之所至，作赛后记一篇。兹特照录如
下，以供同好：第一周 清华对燕京（4：1 清华胜）

是役也，不异为五大学之主力战，胜败有关锦标得失。燕京自去岁刘骏俞德
康二君入队后，实力陡然增强，已久怀夺标野心。惟我方除王曹屠等老将外，尚
有鲍志一及叶笃正二支生力军，一为海上老将，一为津市名手，俱怀绝技，绝难
雌伏，于是大战爆发，双方排开阵线，你瞧：清华燕京比较：

王务义　胜　张嘉会　3：2

曹岳维　胜　江大伟　3：0

屠　双　负　刘　骏　0：3

鲍志一　胜　俞德康　3：2

叶笃正　胜　蔡念苏　3：2

第一组　张嘉会为本年度燕大冠军，球艺较以前显有进步。王君虽久疏练
习，但击球仍锋利无比，不失健将风度。王善抽左角，适能攻张之弱点。张发球
诡计多端，我方因之而失分者，不在少数。第一局王君胜来，并不费力。第二局
至平等后使能获胜，球势已略有转变。第三第四两局，张反胜，成均衡之势。至
此空气益见紧张，双方小心翼翼，各施其能。张因认真过度，反现慌张之态。王

咬紧牙关，以 5∶0 换得开球权。结果以 10∶6 获得最后一局胜利，难能可贵。

第二组　江大伟亦为燕大健者，惟老曹球艺，确高一等。当时因情绪紧张，故胜来亦不太易。第一第三两局，均于平等后始获胜，可见其竞争之剧烈。

第三组　刘骏为北平市代表，被认为燕大之最强者。屠双虽大敌当前，但毫不气馁。第一局于再度平等后始告失败。入后刘君渐露锋芒，再下二局，屠君不幸败下阵来。

第四组　俞君亦北平市代表，擅长抽，惟左角方面，击球较弱。鲍能攻其弱点，是制胜之主因也。二人战来精彩百出，空气亦最紧张。鲍连失二局，入后反胜三局，已用尽"奶力"矣。

第五组　此组比赛 与全队胜负，并无关系，故双方各能施其所长。蔡为燕大队长，球艺亦颇老练，叶以 3∶2 胜之，大不易也。

第二周　清华对师大（4∶1 清华胜）

师大球桌，弹性甚弱，我队队员，擅抽"硬球"，遇此弹性不强之桌子，均一筹莫展，成绩因以减色：

曹岳维　胜　曹世扬　3∶0

鲍志一　胜　宋　达　3∶2

叶笃正　胜　苏明璇　3∶2

徐舜寿　胜　吴化南　3∶1

廖增武　负　刘敬琨　1∶3

二曹相遇，岳维艺高一筹，惟因未黯桌性，故自杀与出线者甚多，殊未能展其所长。鲍之球艺，远胜于宋，其战绩如此恶劣，实为意外，每因操之过急而反致误事。其始鲍先遭败北，惟因胸有成竹，终获最后胜利。叶苏之战，最为精彩。师大各队员中，以苏君较能利用攻势。叶除尽量施展其平日接球之技能外，尚能乘机反攻，出奇制胜，博得掌声不少。小徐战来，稳如泰山，其球"怪离怪起"，往往使敌方有不可捉摸之慨。"硬"后能"软"，"软"后能"硬"，吴君疲于奔命，只能甘拜下风。刘君为师大队长，左手执拍。我方廖干事，久疏练习，因小真眼部有病，故临时拉来客串。廖君虽负，打来却有意外妙处，平常左手握拍者，每以右方见弱，故其必先注意右方。廖以"实则实之"之法攻其左方，使其防不胜防，深得制敌之三味矣。

第三周　清华对辅仁（4∶1 清华胜）

曹岳维　胜　刘学琦　3∶1

屠　双　胜　孙　敏　3∶1

鲍志一　负　支厚康　2∶3

叶笃正　胜　徐文涛　3∶0

王世真　胜　冯武光　3∶0

老曹对阿刘，实力有余，让他一局，是客气。孙敏并非弱者，惟屠双稳健可靠，胜来不太费力。鲍君胆大包天，猛攻不已。支君远接，球艺有相当可观。鲍卒因自信过度，惨遭败北。叶君能攻擅守，徐君远非其敌，叶君胜来，毫不费事。冯武光球艺既弱，又乏经验。小真第一局以 10∶0 胜之，不太过谦。

110 年的清华拥有百余年的乒乓运动史。清华乒乓运动与清华紧密相连，是学生们喜爱的运动，有专门的乒乓球队，在大学比赛中独树一帜，取得辉煌战绩。新时代清华乒乓继往开来，继续为学生们深爱，强健其体魄，文明其精神！

1956—1966年清华大学乒乓球队纪事

清华乒乓球队的组建

⚫ 中国乒乓球运动有较好的群众基础，1952年10月，由中华全国体育总会主办的全国乒乓球冠军赛在北京清华大学体育馆举行，姜永宁、孙梅英分获男女单打冠军，这对推动清华乒乓球运动的开展无疑起了重要的作用。

⚫ 1954年、1955年清华大学重新组建乒乓球队，他们坚持练球，同时也组织一些比赛。主要成员有过镇海（土建系51级）、过增元（动力系53级）、钱金庆（动力系53级）等。

⚫ 1956年初寒假期间，校体育教研组殷贡章老师委托过增元、赵雨苍（机械系55级）、过胜泉（无线电系55级）组织举办清华乒乓球个人锦标赛，为正式组建乒乓球代表队做准备。

⚫ 1956年3月21日清华乒乓球代表队正式成立。

　　教　　练：殷贡章讲师

　　队　　长：过增元、钱金庆、过胜泉、赵雨苍

　　男队队员：过增元（53级）、钱金庆（53级）、赵雨苍（55级）、过胜泉（55级）、黄经国（55级）、郑永熙（55级）、杨锦生（55级）、张海拎

　　女队队员：樊正英（52级）、龚柔坚（53级）、李祥玉（53级）、伍步仉（53级）、唐景肃（54级）

1956年清华大学乒乓队建队首批队员
前排左起：龚柔坚、李祥玉、樊正英、唐景肃、伍步仉
后排左起：殷贡章（教练）、顾俊仁、过胜泉、杨锦生、过增元、钱金庆、黄经国、赵雨苍

乒乓队编制、重大比赛及成绩（按学年编写）

1955 学年

- 1956 年 3 月，举办清华乒乓球个人锦标赛。

  比赛结果：男子组第一名赵雨苍，女子组第一名龚柔坚。

1956 学年

- 参加北京高校首届乒乓球"三好杯"比赛。共有 20 多所高校参赛，其中包括北京体育学院男女队。男、女队赛制分别采用五人和三人对抗赛。我校男队 2∶3 负钢铁学院，获团体第三名；女子 2∶1 胜体育学院获团体冠军。

- 1956 年 10 月，校乒乓球队在新生中举办选拔赛，直接选取优秀新生力量入队。后来，这个选拔方法坚持了下去。1956 年入选新队员如下。

  男队：顾俊仁（工物 56）、蔡建蜀（土建 56）、周德铭（电机 56）、朱敬铨（自控 56）、杨永吉（机械 56）

  女队：殷显安（机械 55）、陈丽峰（动力 56）、胡素英（电机 56）、周娴（电机 56）、周平（建筑 56）

1957 学年

- 经选拔入选乒乓队的新队员如下。

  耿作良（土建系 57 级，曾获石家庄男子青年组单打冠军）、曾建璜（电机系 57 级）

1957 年参加第二届北京高校"三好杯"乒乓赛清华大学男女队合影
前排左起：龚柔坚、李祥玉、陈丽峰、殷显安、周娴、樊正英、伍步仉、唐景肃
后排左起：殷贡章教练、顾俊仁、张海持、蔡建蜀、杨锦生、赵雨苍、朱敬铨、杨永吉、过增元、黄经国、过胜泉、钱金庆

1958 年乒乓队部分队员持"三好杯"合影
前排左起：顾俊仁、李祥玉、伍步仉、耿作良
中排左起：赵雨苍、周平、周娴、陈丽峰、殷显安、胡素英
后排左起：过增元、朱敬铨、周德铭、过胜泉

◎   1957 年 11 月参加北京高校第二届乒乓球"三好杯"比赛，参赛队包括北京体育学院男女队。我校以 3∶2 战胜钢铁学院，首获男子团体冠军；女子以 1∶2 负北京体育学院，获团体亚军。蒋南翔校长亲临现场观看比赛，给乒乓队员以极大鼓励。参赛队员如下。

男队：赵雨苍、过增元、过胜泉、耿作良、钱金庆、黄经国、杨锦生、顾俊仁、蔡建蜀、周德铭、张海抟、朱敬铨、杨永吉

女队：李祥玉、龚柔坚、伍步仉、樊正英、唐景肃、殷显安、陈丽峰、胡素英、周娴、周平

1958 学年

◎   1958 年 7 月，正式组建北京高校乒乓球队（为参加北京市第三届人民体育运动大会），我校入选队员：赵雨苍、顾俊仁、过胜泉、耿作良、殷显安（女）、胡素英（女）。

比赛成绩：高校队获北京市乒乓球男子团体赛第 2 名（赵为主力队员之一），赵雨苍、贾克琴（北航，女）获北京市乒乓球男女混合双打第 3 名，赵雨苍获得国家一级运动员称号

1958 年蒋南翔校长（二排左四）、王英杰教授（二排左三）与北京高校乒乓球队队员合影

校队队员：胡素英（前排左三）、殷显安（二排左六）、赵雨苍（后排左一）、顾俊仁（后排左二）、耿作良（后排左七）

◎   为备战 1959 年全国运动会，各省市乒乓球队赛前热身。热身赛中，以清华为主力的高校乒乓球男队战胜了河南省队、吉林省队、云南省队和内蒙古自治区队。

◎   1958 年 10 月，乒乓队只招收了一名新队员——王芸（机械系 58）。王芸毕业于北京四中，中学时期是著名的北京少年宫乒乓队队员。之后几年，陆续又有

黄钰仙、刘守昭、佟明、曹小平等 4 名原少年宫乒乓队队员考进清华。他们的加入不仅密切了清华同少年宫乒乓队的联系，多次进行比赛交流，并且大大提升了清华乒乓队训练的正规化和整体运动水平。

◎　1958 年乒乓女队人员有较大变动，原来的主力队员几乎全部毕业，也没有新生入队。针对新队员技术基础差，缺少比赛经验的现状，队里决定来一场技术革新：改掉旧动作，从头学习规范化的新动作。乒乓队组织去少年宫观摩学习，让小队员为我们示范各种基本动作，并亲自详细讲解动作要领，使大家大开眼界深受启发。回校后认真模仿，互相纠正，使正确动作巩固定型。通过这场技术革新，大家的基本动作，手法步法，尤其是正手攻球突飞猛进，命中率大大提高，为以后的训练比赛打下了坚实的基础。队里还任命男队朱敬铨为女队教练，专门负责提高女队技战术水平，女队的成绩有他的功劳。

◎　1958 年 11 月高校"三好杯"乒乓球对抗赛，对抗人数男队由 5 人增至 7 人、女队由 3 人增至 5 人。乒乓队对每场比赛都做了充分准备。赛前召开务虚会，大伙热烈发言，献计献策，集思广益，精心研究，确定上场队员名单顺序，制定战术；赛后及时总结经验教训，以利再战。男队以 4∶3 战胜老对手钢铁学院蝉联冠军。女队全部由新队员参战，在决赛阶段的五场比赛中争夺十分激烈，有四场是以 3∶2 取胜，终于夺回了女子"三好杯"冠军。参赛队员如下。

男队：过胜泉（队长）、赵雨苍、过增元、耿作良、蔡建蜀、顾俊仁、周德铭、曾宪璜、王芸、朱敬铨

女队：殷显安（队长）、郑辉光、陈丽峰、胡素英、周娴、周平

教练：李鹤云副教授

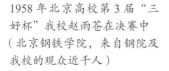
1958 年北京高校第 3 届"三好杯"我校赵雨苍在决赛中（北京钢铁学院，来自钢院及我校的观众近千人）

◎　1958 年下半年，学校为加强体育代表队的工作，促进体育成绩的提高，决定选择一批代表队员集中住宿，建立党团组织。1958 年 12 月初，代表队直属团总支成立，集中的二线队员住在 15 宿舍。当时乒乓队和排球队二线队员属一个团

支部，支部书记朱青霞（排球队）。我队男队除过增元因担任政治辅导员及业务繁忙未调到二线，其余9人及女队6人均为二线队员。这一措施非常英明，有利于加强运动员的思想工作，有效化解了运动队和班级之间活动安排的矛盾，帮助运动员处理好两个集体之间的关系，实现学习、体育两不误，保证训练比赛的顺利进行。这是学校贯彻执行"德智体全面发展"方针的坚定有力的举措。

◉ 1958年12月31日，在清华大学前体育馆，北京大学生乒乓球队与国家青年队举行友谊赛。男子团体赛中，国家青年队以5∶3获胜，我校赵雨苍以2∶0胜庄则栋，以2∶0胜樊正光；过增元在男子对抗赛中以2∶0胜何英潜。

◉ 1959年1月，北京体委派我校过增元、赵雨苍、耿作良、顾俊仁、殷显安、陈丽峰、胡素英代表北京高校乒乓球队到天津作访问比赛。先后战胜了天津高校队、天津高校冠军师范大学队等。

◉ 1959年4月，北京西郊高校乒乓球团体赛我校获男女双冠军。

◉ 过增元、过胜泉、顾俊仁、蔡建蜀、耿作良获得国家一级运动员称号。过胜泉通过北京市体委乒乓球裁判等级考试，获国家一级裁判员称号。

1959学年

◉ 1959年暑假，以校团委副书记张孝文为领队的清华乒乓球队赴上海访问，我男队分别战胜上海高校联队、上海高校冠军上海交通大学队和一些上海区队。参赛队员如下。

男队：赵雨苍、过胜泉、耿作良、蔡建蜀、周德铭、王芸、曾宪璜、朱敬铨

女队：殷显安、陈丽峰、胡素英、周娴、周平、郑辉光、黄钰仙

值得一提的是，黄钰仙同学刚刚拿到清华大学录取通知书就被招入队，作为主力队员参加了赴沪访问比赛。

◉ 1959年经选拔入选乒乓队的新队员如下。

男队：佟明（化工59）、江华中（数力59）、张开功（数力59）、屈森（机械57级）（三线）、李人俊（工物系59）（三线）

女队：黄钰仙（动力59）、陈允惠（数力59）、甘美意（电机58）（三线）、刘正芝（机械58）（三线）、高淑芬（建筑58）（三线）、李慧明（建筑58）（三线）

其中黄钰仙、佟明都是原北京少年宫主力队员，一级运动员。江华中是成都市中学生冠军，一级运动员。

1959 年，清华大学乒乓队在上海交通大学大门合影

前排左起：张孝文（团委副书记）、周娴、庄人隽（代表队工作组）、殷显安、胡素英、黄钰仙、陈丽峰、周平

后排左起：蔡建蜀、赵雨苍、过胜泉、朱敬铨、王芸、耿作良、曾宪璜、周德铭

◎　1959 年 12 月北京高校乒乓球团体冠军赛，36 所高校参加角逐，我校再获男女双冠军。决赛中男队以 6∶1 胜钢铁学院队，女队以 5∶0 胜航空学院队。参赛队员如下。

男队：赵雨苍（队长）、过胜泉（队长）、耿作良、顾俊仁、蔡建蜀、周德铭、王芸、曾宪璜、朱敬铨、佟明、江华中、张开功

女队：殷显安（队长）、郑辉光、黄钰仙、陈丽峰、胡素英、周娴、周平、陈允惠

老照片（《新清华》第 493 期 6 版）

◎　乒乓队与足球队成立一个团支部，孙宝寅（足球队）任书记，蔡建蜀任组织委员。

◎　1959 年底，在清华前体育馆举行北京市高校乒乓球个人锦标赛。赵雨苍获男

子第 2 名，郑辉光、黄钰仙、陈丽峰分别获女子单打冠亚季军。

　　我校有赵雨苍、蔡建蜀、耿作良、顾俊仁、郑辉光、殷显安、黄钰仙、胡素英等入选北京高校代表队。

◎　北京体委调我校耿作良、黄钰仙参加先农坛集训，并参加国家选拔第 26 届世界乒乓球锦标赛集训队比赛。

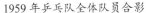

1959 年乒乓队全体队员合影　　　　　　　1959 年乒乓队男队全体队员合影

◎　1960 年 5 月北京西郊高校乒乓球团体赛我校再获男女双冠军。

1960—1961 学年

◎　1960 年秋，由于 7 名男队主力队员、5 名女队主力队员即将毕业，尽管没有比赛任务，乒乓队仍招收了一批新队员。

　　男队：刘守昭（动农 60，北京少年宫主力队员、北京中学生冠军，一级运动员）

　　女队：杨秀琼（化工 60）、王智龄（无线电 60）

　　男队队长：耿作良、王芸

　　女队队长：周平

　　团支部副书记：甘美意（调二线）

◎　三年困难时期，高校乒乓球团体赛停办。乒乓队仍坚持适量技术训练和身体素质训练。

◎　1961 年 7 月 21 日，国家乒乓球队庄则栋、邱钟惠等 12 名队员来我校作精彩表演，并与我校乒乓球队队员座谈。

◎　1961 年乒乓队招收的新队员如下。

　　男队队员：邵启龙（自控 61）、张以祥（电机 61）、管伟康（水利 61）

　　女队队员：朱晓莺（化工 61）

　　男队队长：耿作良、王芸

女队队长：黄钰仙

支部副书记：甘美意

1962 学年

◉ 1962 年 11 月北京北郊高校乒乓球团体赛

我校男队以 4∶3 胜矿业学院队，女队以 4∶1 胜邮电学院队再获男女双冠军。参赛队员如下。

男队：耿作良、王芸、曾宪璜、刘守昭、江华中、张开功、邵启龙、佟明、张以祥、管伟康

女队：黄钰仙、杨秀琼、朱晓莺、甘美意、王智龄、陈允蕙

◉ 1962 年乒乓队招收了 3 名新队员。

男队队员：潘则陆（机械 62）

女队队员：顾苹（工物 62）、高奇华（数力 62）

男队队长：王芸、刘守昭

女队队长：黄钰仙

支部副书记：甘美意

教练：杨朴老师

◉ 1963 年 7 月 19 日北京高校乒乓球选拔赛，刘守昭获男子单打冠军，黄钰仙获女子单打亚军。

刘守昭、黄钰仙、王芸入选高校代表队。

1963 学年

◉ 1963 年乒乓队招收新队员 4 名：

男队：孔宪章（化工 63）、李磊落（电机 63）、王振祥（化工 63）

女队：范幸枝（自控 63）

◉ 1964 年 5 月北京高校乒乓球团体赛，比赛改为男子五人对抗，女子三人对抗。决赛阶段男女各 12 个队参加。我校男队女队均以 10 胜 1 负的战绩第五次蝉联男女双冠军。参赛队员如下。

男队：王芸、刘守昭、江华中、张开功、王振祥、邵启龙、张以祥、管伟康、潘则陆、李磊落、孔宪章

女队：甘美意、黄钰仙、杨秀琼、朱晓莺、王智龄、陈允蕙、顾苹、高奇华、范幸枝

1964 学年

◉ 1964 年乒乓队招收新队员 7 名。

男队队员：朱以文（水力 64）、刘景文（无线电 64）（三线）、陈志良（自控 64）（三线）、沈文龙（力学 64）（三线）、郑保良（水利）（三线）

女队队员：王嵩梅（无线电 64）、胡建华（电机 64）

● 1964 年 11 月北京北郊高校乒乓球团体赛有 14 所院校参赛，几乎包括全部北京高校实力最强的院校。我校男女队面临严峻形势：男队如师范大学有 2 名原为北京队的队员，我校在上次比赛中已以 2∶3 告负，钢铁学院男队这次又新增了一名曾获北京市单打第三名的新队员；邮电学院女队新增一名北京中学生单打冠军，还有电力学院等强队。比赛中男女均采用五人对抗赛。我校运动员表现出良好的精神面貌和技术水平，发挥集体力量，战胜全部对手，又一次获得男女团体双冠军。

特别值得书写的是，乒乓队总队长刘守昭和女队队长黄钰仙两位同学，他们不仅球艺高超，是比赛中的绝对主力，而且关心集体，团结同学，在队内享有很高威信，起到顶梁柱的作用。在平日训练中，他们针对每个人的特点安排训练计划，在紧张的比赛中，对新队员更是给予战术指导、精神鼓励、经验传授。

刘守昭同学更是乒乓队的诸葛孔明，每次大赛前他总是与佟明等老队员大费心思，排兵布阵。他排出的阵势总能抓住对方的一号主力，并战而胜之，大挫对方锐气；其他队员也能对上合适的对手；而对方的主力往往落入我方埋伏的圈套。大家都说刘守昭排阵神了，想抓谁就抓谁！可以说清华乒乓队的胜利不单胜在思想、技术上，也胜在斗智上。

1964 年乒乓队双获北郊高校团体男女冠军后男队合影

前排左起：孔宪章、李磊落、王芸、佟明、张开功

后排左起：潘则陆、刘守昭、邵启龙、张以祥、江华中、管伟康、王振祥、杨朴老师

1964 年乒乓队双获北郊高校团体男女冠军后全队合影

前排左起：张以祥、王芸、邵启龙、江华中

中排左起：黄钰仙、孔宪章、杨秀琼、潘则陆、朱小莺、李慧明、范幸枝、顾革

后排左起：佚名、李磊落、佟明、刘守昭、管伟康、王振祥、张开功、杨朴老师

参赛队员如下。

男队：王芸、刘守昭、江华中、张开功、王振祥、邵启龙、张以祥、管伟康、潘则陆、李磊落、孔宪章、朱以文

女队：甘美意、黄钰仙、杨秀琼、陈允蕙、朱晓莺、王智龄、顾苹、高奇华、范幸枝、王嵩梅、胡建华

- 1965 年 4 月北京高校乒乓球团体赛有 32 所院校参赛。我校男队以 2∶3 负于师范大学队获亚军，女队第七次蝉联冠军。参赛队员如下。

男队：刘守昭、江华中、张开功、邵启龙、张以祥、管伟康、潘则陆、孔宪章、李磊落、朱以文、刘景文

女队：黄钰仙、杨秀琼、朱小莺、顾苹、高奇华、王智龄、范幸枝、工嵩梅、胡建华

总队长：刘守昭

男队队长：潘则陆

女队队长：高奇华

团支部组委：顾苹

1965 年北京市高校乒乓球团体赛后全队合影留念
前排左起：王智龄、范幸枝、顾苹、朱晓莺、潘则陆、刘守昭、黄钰仙、高奇华
后排左起：邵启龙、孔宪章、管伟康、王嵩梅、胡建华、张开功、李磊落、陈志良、朱以文、江华中、杨仆教练

1965 年北京市高校乒乓球团体赛女队再次荣获冠军后合影
前排左起：高奇华、范幸枝、朱晓莺、黄钰仙
后排左起：邵启龙、王智龄、王嵩梅、胡建华、顾苹

- 1965 年春天，代表队提出"三从一大"方针：从难、从严、从实战出发，大运动量训练。乒乓队也加大了训练强度，队员技战术水平明显增强。

1965 学年

⊙　1965 年男队招收新队员：

曹小平（土建 65，北京少年宫主力）、王永芳（化工 65）（三线）、沈文龙（数力 65）（三线）

⊙　1965 年 10 月参加四清运动，我队王芸、刘守昭、王智龄、张以祥、朱晓莺、管伟康、潘则陆、顾苹、高奇华等参加我校代表队与其他单位混编组成的延庆县团永宁分团四清工作队。

⊙　1966 年 5 月北京高校乒乓球团体赛有 36 所院校参赛。由于我校男队多名主力队员毕业，这次主要由新队员参赛，三线队员刘景文也作为主力参赛。他们不畏强手、敢打敢拼、抢挑重担，打出风格打出水平，最后以 3∶2 胜北京钢院队，夺回冠军。女队七战七胜再次蝉联冠军。这是"文革"前举行的最后一届高校比赛。参赛队员如下。

1967 年春，乒乓队部分队员与来访的国家队部分队员合影于二校门毛主席雕像前

男队：刘守昭、孔宪章、李磊落、曹小平、刘景文、朱以文、邵启龙

女队：杨秀琼、朱晓莺、顾苹、范幸枝、王嵩梅、胡建华

总队长：刘守昭

男队队长：朱以文

支部组委：孔宪章

宣传委员：范幸枝

1966 学年

⊙　1967 年春，国家乒乓队部分队员来清华表演。

总结取得优良成绩的原因

北京高校乒乓球团体冠军赛从 1956 年举办第一届至 1966 年最后一届，一共举行了八届，每届比赛都有 30 所以上院校参赛，很多队实力较强。我校男队共获冠军六次、一次亚军一次第三名；女队共获冠军七次、亚军一次。北京还举办了西郊（北郊）高校团体冠军赛共四届，参赛院校每届也有 20 多个，几乎包括北京所有实力强劲的高校；我校囊括全部男女团体冠军。我校还在与上海、天津、西安、合肥的高校代表队或高校冠军队的友谊比赛中获得全胜。

　　乒乓球队取得这样骄人的比赛成绩，不是靠引进几个专业运动员壮壮门面，而是依靠集体的顽强拼搏精神，发挥每个队员的智慧和能力获得的。许多场比赛我们都曾处于困难境地，如以比分 3∶10、8∶18 落后，但是在队友的鼓励支持下，"信心就是力量，沉着就是胜利"，一分分地追赶，最后转败为胜。我们的老队员毕业了，新手勇挑重担。他们靠平日兢兢业业训练、苦练基本功、钻研技战术、互相帮助、虚心学习、锻炼坚强的战斗意志，在比赛中战胜强大的对手，保持了学校的荣誉。每遇重大比赛任务，全队集体研讨战术和对策，慎重决定上场次序名单，以确保取得比赛胜利。乒乓队是一个团结、拼搏、善于学习的战斗集体，每个队员从集体中汲取了力量也做出自己的最大贡献。

　　学校领导的重视和关心是取得成绩的根本保证。学校坚持"德智体全面发展"的教育方针，提出"至少为祖国健康工作五十年"的口号，为我们指明了前进的方向。蒋南翔校长多次观看三好杯比赛，鼓励我们努力拼搏，打出风格，打出水平。1958 年蒋校长接见参加北京市第三届体育运动大会的高校乒乓队队员，给予亲切关怀和指示，王英杰教授陪同接见。我队赵雨苍、顾俊仁、耿作良、殷显安和胡素英参加。马约翰教授和夏翔教授多次到乒乓队训练场地视察和指导训练。他们还多次将观摩第 26 届世界乒乓球锦标赛和其他重大乒乓球比赛的参观票转赠我队。体育教研组的老师还专门骑摩托车进城购票，供队员观摩学习。

　　校领导决定成立代表队团总支和集中住宿，为二线队员在两个集体的环境中思想、学习、运动成绩提高和健康成长创造了良好条件。张孝文、承宪康、张益、崔鸿超、宋尽贤等各届总支领导经常关心乒乓球队的成长，指导球队的工作，在训练场地、在饭厅多次和队员们交谈，关心大家的训练、生活和学习情况。特别是 1959 年暑假张孝文亲自带领乒乓球队赴上海访问比赛，取得思想、比赛、学习和宣传的丰收。二线队员受到了代表队和班级两个集体的关怀培养。大家组织关系在代表队，平日的政治学习思想教育在队内，但是大的政治活动回班级参加，因而客观上代表队内同学间的关系比较健康融洽，思想也比较活跃。乒乓队有 5 名同志在队内加入共青团组织。在学习上由于远离班级，有时在上课地点临时变动时会找不到教室，但是正由于要靠自己来完成作业和预习复习功课，培养了大家较强的独立思考能力。考试期间队里一方面适当安排锻炼时间和运动量，同时加强思想工作，使每个队员集中精力考好试，争取好的成绩，乒乓队队员期末考试的成绩大都是优和良。

　　在代表队这个温暖的大集体中，在乒乓球队这个团结拼搏善于学习的战斗集体中，我们乒乓球队按照学校领导"做带动全校同学坚持体育锻炼，德智体全面发展的火车头""做勇攀体育运动成绩高峰的登山队"的要求，做出了自己应有的贡献。

附录

1956—1966年清华大学乒乓球队成绩一览

1955学年：清华乒乓球个人锦标赛

1956年3月，举办清华乒乓球个人锦标赛。

比赛结果：男子组第一名赵雨苍，女子组第一名龚柔坚。

1956学年：首届乒乓球"三好杯"比赛

新入选队员

男队：顾俊仁（工物56）、蔡建蜀（土建56）、周德铭（电机56）、朱敬铨（自控56）、杨永吉（机械56）

女队：殷显安（机械55）、陈丽峰（动力56）、胡素英（电机56）、周娴（电机56）、周平（建筑56）

比赛成绩：男子团体第三、女子团体第一

1957学年：第二届乒乓球"三好杯"比赛

新入选队员：耿作良（土建系57级，曾获石家庄男子青年组单打冠军）、曾宪璜（电机系57级）

男队：赵雨苍、过增元、过胜泉、耿作良、钱金庆、黄经国、杨锦生、顾俊仁、蔡建蜀、周德铭、张海抟、朱敬铨、杨永吉

女队：李祥玉、龚柔坚、伍步仉、樊正英、唐景肃、殷显安、陈丽峯、胡素英、周娴、周平

比赛成绩：男子团体第一、女子团体第二

1958学年：组建北京高校乒乓球队

新入选队员：赵雨苍、顾俊仁、过胜泉、耿作良、殷显安（女）、胡素英（女）

比赛成绩：男子团体第二、赵雨苍、贾克琴（北航，女）男女混合双打第3名

1958学年：第三届乒乓球"三好杯"比赛

参赛队员

男队：过胜泉（队长）、赵雨苍、过增元、过胜泉、耿作良、蔡建蜀、顾俊仁、周德铭、曾宪璜、王芸、朱敬铨

女队：殷显安（队长）、郑辉光、陈丽峯、胡素英、周娴、周平

教练：李鹤云副教授

比赛成绩：男队团体第一、女队团体第一

1959 学年：清华乒乓球队赴上海访问

参赛队员

男队：赵雨苍、过胜泉、耿作良、蔡建蜀、周德铭、王芸、曾宪璜、朱敬铨

女队：殷显安、陈丽峯、胡素英、周娴、周平、郑辉光、黄钰仙

比赛成绩：男队战胜上海高校联队、上海高校冠军——上海交通大学队和一些上海区队。

新入选队员

男队：佟明（化工 59）、江华中（数力 59）、张开功（数力 59）、屈森（机械 57）（三线）、李人俊（工物系 59）（三线）

女队：黄钰仙（动力 59）、陈允惠（数力 59）、甘美意（电机 58）（三线）、刘正（机械 58）（三线）、高淑芬（建筑 58）（三线）、李慧明（建筑 58）（三线）

1959 学年：北京高校乒乓球团体冠军赛

参赛队员

男队：赵雨苍（队长）、过胜泉（队长）、耿作良、顾俊仁、蔡建蜀、周德铭、王芸、曾宪璜、朱敬铨、佟明、江华中、张开功

女队：殷显安（队长）、郑辉光、黄钰仙、陈丽峯、胡素英、周娴、周平、陈允惠

比赛成绩：男队团体第一、女队团体第一

1959 学年：北京高校乒乓球个人锦标赛

比赛成绩：赵雨苍男子第二名

郑辉光、黄钰仙、陈丽峰分别获得女子第一、第二、第三名。

1960 学年：北京西郊高校乒乓球团体赛

参赛队员

男队：江华中、王芸、佟明、朱敬铨、过胜泉、赵雨苍、蔡建蜀、张开功、耿作良、顾俊仁、曾宪璜

女队：黄钰仙、胡素英、陈允惠、周娴、殷显安、郑辉光、陈丽峰、高淑芬、甘美意、周平

比赛成绩：男队团体第一、女队团体第一

1960—1961 学年：招收新队员

1960 年

男队：刘守昭（动农 60，北京少年宫主力队员、北京中学生冠军，一级运动员）

女队：杨秀琼（化工 60）、王智龄（无线电 60）

男队队长：耿作良、王芸

女队队长：周平

团支部副书记：甘美意（调二线）

1961 年

男队队员：邵启龙（自控 61）、张以祥（电机 61）、管伟康（水利 61）

女队队员：朱晓莺（化工 61）

男队队长：耿作良、王芸

女队队长：黄钰仙

支部副书记：甘美意

1962 学年：北京西郊高校乒乓球团体赛

参赛队员

男队：耿作良、王芸、曾宪璜、刘守昭、江华中、张开功、邵启龙、佟明、
张以祥、管伟康

女队：黄钰仙、杨秀琼、朱晓莺、甘美意、王智龄、陈允蕙

比赛成绩：男队团体第一、女队团体第一

1963 学年：北京西郊高校乒乓球团体赛

比赛成绩：男队团体第二、女队团体第一

1964 学年：北京高校乒乓球团体赛

参赛队员

男队：王芸、刘守昭、江华中、张开功、王振祥、邵启龙、张以祥、管伟
康、潘则陆、李磊落、孔宪章

女队：甘美意、黄钰仙、杨秀琼、朱晓莺、王智龄、陈允蕙、顾苹、高奇
华、范幸枝

比赛成绩：男队团体第一、女队团体第一

1964 学年：北京北郊高校乒乓球团体赛

参赛队员

男队：王芸、刘守昭、江华中、张开功、王振祥、邵启龙、张以祥、管伟
康、潘则陆、李磊落、孔宪章、朱以文

女队：甘美意、黄钰仙、杨秀琼、陈允蕙、朱晓莺、王智龄、顾苹、高奇
华、范幸枝、王嵩梅、胡建华

比赛成绩：男队团体第一、女队团体第一

1964 学年：北京高校乒乓球团体赛

参赛队员

男队：刘守昭、江华中、张开功、邵启龙、张以祥、管伟康、潘则陆、孔宪章、李磊落、朱以文、刘景文

女队：黄钰仙、杨秀琼、朱小莺、顾苹、高奇华、王智龄、范幸枝、王嵩梅、胡建华

总队长：刘守昭

男队队长：潘则陆

女队队长：高奇华

团支部组委：顾苹

比赛成绩：男队团体第二、女队团体第一

1966 学年：北京高校乒乓球团体赛（"文革"前最后一届高校比赛）

参赛队员

男队：刘守昭、孔宪章、李磊落、曹小平、刘景文、王允方、朱以文、邵启龙

女队：杨秀琼、朱晓莺、顾苹、范幸枝、王嵩梅、胡建华

总队长：刘守昭

男队队长：朱以文

支部组委：孔宪章

宣传委员：范幸枝

比赛成绩：男队团体第一、女队团体第一

（本文由唐涛整理）

清华乒乓 1918—2008 年大事记

1918 年 3 月 2 日，中等科一二年级学生在食堂开游艺会举行台球（乒乓）比赛，由陈筱田、李仲华二先生裁判，以沈鸿来、吴祥骏二君为最优。

1934 年 11 月 16 日，第十级紫白体育会成立，旨在引起同学之运动兴趣及联络同学间感情。现暂组织足篮球队（附设乒乓球队）。(《清华周刊副刊》1934 年 1 月 26 日第 42 卷 6 期 P28)

1935 年 10 月，清华乒乓联合会正式成立。

1936 年 3 月 21 日，五大学乒乓锦标赛，清华对北大 4∶1 胜。28 日清华对燕大 3∶2 胜，锦标在握。(《清华周刊副刊》1936 年 4 月 12 日第 44 卷 1 期) 五大学联赛首次正式引入乒乓球赛，清华获冠军，队员有曹岳维（队长）、钱三强、叶笃正、徐舜寿等。

1936 年 11 月 18 日，清华与燕京大学在清华举行乒乓球比赛，清华以 4∶3 获胜。

1956 年 10 月 28 日，清华与石油学院乒乓球队在校体育馆举行友谊赛。清华以 6∶4 获胜。

1957 年 3 月 12 日，《新清华》报道，清华体育运动队参加北京市各项赛事的比赛结果：乒乓球女队获"三好杯"冠军；羽毛球女队获"三好杯"亚军；足球队在决赛中未取得前二名；排球队男队获"三好杯"亚军；垒球男队高校联赛获第三；田径队在高校越野运动会中获男子总分第三，女子总分第四；举重队在全市比赛中获总分第三；李延龄在国家等级运动员测验中获一级运动员称号，并破全国纪录；体操队在国家等级运动员测验中，男队有 6 人获二级运动员称号，4 人获三级运动员称号，女队有 2 人获二级运动员称号，10 人获三级运动员称号。

1958 年 1 月 22 日，《新清华》报道，清华男子乒乓队获北京市高校"三好杯"冠军，女子队败于体院获亚军。这次比赛共有 28 个学校参赛。

1958 年 9 月中旬至月底，全校举行二三千人参加的乒乓球运动会。(《新清华》1958 年 9 月 21 日第 350 期)

1958 年 11 月 16 日，首都高校"三好杯"乒乓球赛开始，经过三周多的比赛，清华获男女双冠军。其中 11 月 30 日对北大的比赛，清华以 3∶2 获胜。(《新清华》1958 年 12 月 18 日）

1958 年 12 月 21 日，清华男女乒乓球队分别和天津师范大学进行友谊赛，男队以 5∶0、女队以 4∶1 战胜天津高校冠军队。

1959 年 4 月 12 日，首都西郊高校乒乓球联赛决赛，北大、人大、京工和清华 4 所学校参加，清华男女队双获冠军。

1959 年 12 月 10 日，《新清华》报道，最近清华代表队参加的本市各项体育比赛，捷报频传，获得高校乒乓球比赛男女双冠军。

1960 年 3 月 21 日，在友谊赛中清华男子乒乓球队 7∶0 胜唐山集训队。3 月 24 日，友谊赛中清华男子手球队、乒乓球队、篮球队分别以 17∶4、10∶0、75∶68 胜炮兵队。

1960 年 5 月 15 日，北京高校乒乓球决赛开始，清华女队以 4∶1 胜邮电学院队，男队以 4∶3 胜矿院队。

1960 年 5 月 21—22 日，清华大学乒乓球队第四次蝉联高校男女双冠军。

1961 年 4 月 22 日，全校工会系际乒乓球赛开始。经过一段时间的比赛，无线电、公共教研组分获男女冠军。5 月 14 日，清华大学工会乒乓球男女单打比赛开始，共 150 名男女选手参赛。经过一段时间的比赛，去年男女单打冠军过增元、徐稼梅，蝉联此次冠军。

1961 年 7 月 21 日，国家乒乓球队庄则栋、丘钟惠等 12 位队员，在教练梁友能、关惠光率领下来校表演。张维副校长，体育教研组的马约翰主任、夏翔副主任、王英杰在工字厅接见了来宾。(《新清华》1961 年 7 月 28 日第 605 期）

1962 年 6 月 16 日，清华大学工会 1962 年男女乒乓球单打比赛结束。共 14 个单位 64 名选手进行了 62 场比赛，数力系过增元、水利系周雪漪分获男女冠军。

1962 年 10 月 7 日，北京市北郊高校各项体育比赛分区赛开始。乒乓球赛经过 1 个多月的赛期，清华男（4∶3 胜钢院）女（4∶1 胜邮电学院）队双获冠军。

1963 年 3 月 17 日，共青团北京市委干部乒乓球队在清华体育馆与清华团委会干部和校乒乓球队员进行了友谊赛。清华团委书记张慕萍和团市委第一书记张进霖比赛以 0∶2 负，接着进行了对抗赛、团体赛，清华出战的有团委干部林泰、谭浩强、张益、俞纪美以及部分校乒乓球队员。

1963 年 12 月 8—27 日，校工会男女乒乓球团体赛，基础科夺得男、女冠军。

1964 年 4 月 5 日，北京高校乒乓球赛第一阶段的小组赛结束，34 个男队 31 个女队参赛，清华男女队均以 4 战 4 胜获小组冠军。5 月 10 日比赛结束，清华获男女团体冠军。11 月 22 日北京市北郊高校乒乓球赛结束，14 所院校 252 名运动员参赛，清华 18 人参赛，获男女团体冠军。

1965 年 4 月 4 日，北京市高校乒乓球团体对抗赛在清华举行，32 所院校参赛，清华以 7 战 6 胜 1 负的成绩分获女队冠军、男队亚军。

1965 年 5 月 30 日—6 月 6 日，北京市高校教工乒乓球团体对抗赛在清华举行，清华男队 10 战 10 胜获冠军，女队 10 战 9 胜获亚军。

1966 年 5 月 8 日，北京市高校乒乓球锦标赛，36 所高校 200 多名运动员参赛，清华男女队分别以 6 胜 1 负、7 战 7 胜的成绩夺冠。此次清华运动员绝大多数都是第一次参加高校比赛的选手。

1971 年 4 月 12 日，美国乒乓球队访问清华。

1972 年，"文革"后恢复首都高校乒乓球比赛，清华队囊括男女团体、男女单打四项冠军。男队长洪晓狮带领白延斌、李泗长、王燕生荣获男团冠军。女队队员是王青媛、邹吉芳、魏慧敏。男单冠军洪晓狮，女单冠军邹吉芳。

1973 年 1 月，1972 年秋季首都高校学生篮、排、足、乒乓四项球类比赛，乒乓球队获得男子团体、男子单打、女子团体、女子单打四项第一。

1973 年 10 月，北京市高校乒乓球比赛，清华队获得男子团体第二名和女子团体第三名，洪晓狮获得男子单打第一名。

1974 年 5 月 11—13 日，海淀区举行了第四届运动会。这次运动会分田径、篮球、排球、足球、乒乓球等项比赛。清华参加全区田径运动会男女运动员共 28 人，获得了运动会成年组团体总分第一名。男女乒乓球队分别获得第六名和第一名。

1978 年 10 月 23 日，《清华大学》报道：校工会积极组织体育锻炼，举办太极拳辅导组、体育锻炼知识讲座和各类比赛，并陆续恢复篮、排、足和乒乓等教工体育代表队。

1981 年 5 月 4 日，国家乒乓球队与全校师生欢度青年节。(《新清华》828 期)

1981 年 12 月 15 日，高校乒乓球联赛结束。清华李翎翔获女子单打冠军。(《新清华》837 期)

1983 年 12 月 4 日，1983 年度北京高校乒乓球赛结束，清华男女队分获第二、三名，张明获男子单打亚军。(《新清华》874 期)

1986 年 8 月 31 日，校乒乓球队、游泳队参加教委直属 14 所工科院校比赛，乒乓球队双获团体冠军和精神文明奖，游泳队双获亚军。(《新清华》927 期)

1991 年 11 月，北京高校乒乓球比赛，清华获女团第三、男团第五。(《新清

华》1078 期）

1993 年 5 月 7 日，校学生乒乓球协会主办、蓝天图片社赞助的首届"蓝天杯"乒乓球擂台赛举行。由全校本科生、研究生中选拔的 20 名选手组成乒协代表队，对校乒乓球代表队进行攻擂。校乒乓球队捧杯。本学期乒协还进行了裁判培训，国家级裁判王欣执教，目前已有 10 名同学获国家三级裁判证书。（《新清华》1135 期）

1993 年 7 月底，全国高校首届"研究生杯"乒乓球赛在中国科大举行。清华代表队获男子团体第三，于军获男子单打第三。暑期中国大学生乒协举办"韵妮诗杯"中国大学生乒乓球优秀选手比赛，清华罗俊峰、胡晟斐分获男女单打第五。（《新清华》1145 期）

1993 年 9 月，第 7 届全运会，清华体育教研室派出 12 名教师参加裁判及组织工作，陈蒂侨教授等分别担任体操、田径、乒乓球、铁人三项等比赛的裁判员，校团委、学生会组织了 200 人的赛场啦啦队。（《新清华》1145 期）

1993 年 10 月 14—18 日，乒乓球协会承办、电机系生医 2 班协办的乒乓球大赛举行，电机系男团创"八连冠"佳绩，热能系巾帼称雄首次夺冠。（《新清华》1151 期）

1994 年 5 月，国际乒联通知授予清华体育部教师王欣为乒乓球国际级裁判员。（《校友通讯》1995 年第 31 期）

1995 年 1 月 13 日，《新清华》报道，有 30 多所高校参加的北京高校学生乒乓球比赛不久前在清华进行。清华获男子团体第二名。

1995 年 9 月 15 日，《新清华》报道，全国大学生乒乓球优秀选手赛，清华电子系胡晓程获男子单打铜牌。

1996 年 4 月 6、27 日，CCTV 杯中国乒乓球擂台赛在清华举行。（《新清华》1248 期）

1996 年 7 月 24 日—8 月 2 日全国大学生乒乓球赛在吉林工业大学举行，清华代表队仅胡小程一人参加了男单比赛，并获季军，该项比赛冠亚军均为专业队选手。（《新清华》1261 期）

1996 年 12 月 1 日，北京高校乒乓球赛在北理工收拍，团体赛中清华男女队双双夺魁。单项赛中刘立恺、代远勇夺男双冠军，混双比赛中刘立恺、李珊获第二名。（《新清华》1273 期）

1997 年 11 月 22—23 日，北京市高校乒乓球比赛在清华举行。清华男女队双双获得团体冠军，刘立恺获男子单打冠军。（《1997 年体育代表队大事记》）

1998 年 5 月 30—31 日，北京市高校乒协杯乒乓球赛拉开帷幕。

1998 年 7 月 26 日—8 月 3 日，全国大学生乒乓球比赛在南京东南大学举行。女子团体获得第三名、男子团体获得第四名，女队还被评为精神文明队。其他队伍不同程度的有退役的专业选手参与，我们以清一色的学生军出战。其中戴远和王凌雪合作勇夺混合双打第三名、李珊和于婷获女子双打第五名、王凌雪获女子单打第五名。

1998 年 10 月 24 日，在第 6 届大运会乒乓球选拔赛中，清华女队在决赛中以 1∶3 负于有专业选手加盟的北大女队，获得亚军。男团在半决赛中以 2∶3 惜败于北大男队，获得第三名，另外在混双比赛中刘洋 / 于婷和戴远 / 王凌雪分获二、三名。

1998 年 11 月 22 日，校乒乓球队与校乒协在西体举行友谊擂台赛，比赛以让分的形式进行，即校队队员以 0∶10 的比分开场。校队队员获大部分比赛的胜利。均见《1998 年体育代表队大事记》

1999 年 3 月 18 日，王大中校长在工字厅亲切接见我国乒乓球名将、清华经管学院学生邓亚萍，勉励她"用打球的精神来学习"。（《清华体育年鉴 1999》）

1999 年 5 月 7—8 日、14—15 日，北京市乒协杯乒乓球赛在北京市第五中学体育馆举行。清华乒乓球队获得男子团体第三名，徐阳、戴远获得男子单打并列第五名。

1999 年 10 月 9—10 日，清华乒乓球男队在领队吴跃健、教练王欣的带领下，到天津南开大学参加"庆祝南开大学建校八十周年乒乓球对抗赛"。清华乒乓球队以 1∶3 败北。

1999 年 11 月 27—28 日，清华乒乓球队参加了在北京邮电学院举行的"北京市高校乒乓球锦标赛"的男、女团体（第一阶段）和男、女双打以及混合双打的比赛。其中，王一男 / 王凌雪获得混合双打亚军，王一男 / 戴远获男子双打第三名。（《1999 年体育代表队大事记》）

2000 年 4 月 23 日，"宏源证券杯"北京市乒协第六届乒乓球公开赛激战了四天后落下帷幕。在团体赛中清华派出的 9 名选手组成的清华男队、清华女队和美院女队分别获得了青年组的男团亚军、女团亚军，美院女队获得女团季军。（《2000 年体育代表队大事记》）

2002 年 10 月 26—28 日，清华乒乓球队参加了首届全国研究生乒乓球赛，男单冠军由清华队员戴远夺得，王领雪获女单第五名，戴远 / 徐阳、刘洋 / 陈华鹏分别夺得男双的第二名和第五名，最终夺得男子团体第一名。

2002年11月，北京高校乒乓球赛在北京广播学院拉开帷幕。清华男团第三次卫冕冠军，女团获得第三名。男子单打王一男3∶2险胜对手，成功夺冠。戴远、唐晓彬获得男单并列第三名。女子单打欧阳露莎、詹逸思并列第五名。男子双打戴远/王一男合作又一次夺得第一名，这也是他们连续第三次夺得此项锦标。唐晓斌/高阳获得第三名。女子双打王凌雪/詹逸思在女双项目获得亚军。混合双打王一男/詹逸思、戴远/欧阳露莎并列第三名。

2003年10月27日，首届全国研究生乒乓球赛的男团复赛中，清华大学先后以3∶0、3∶1和3∶0的比分战胜了复旦大学、东道主山东大学和西安交通大学，闯入决赛。下午在决赛中顺利夺冠。男双比赛中，戴远/徐阳获得亚军，刘洋/陈华鹏获第五名。(《2003年体育代表队大事记》)

2004年12月2日，清华乒乓球队与北京体育大学的高水平运动员进行对抗赛。通过比赛，队员们抓紧调整各自运动状态，积累比赛经验，为参加北京市高校赛取得好成绩奠定基础。12月12日，持续两个周末的北京市高校乒乓球锦标赛落幕。经过四天的激烈角逐，清华乒乓球队荣获三银三铜。其中男子团体、男双、女双获亚军，女团、男双（有两对男双）、女单获季军。男子团体由于不敌北京大学而与冠军失之交臂。单项比赛中王一男和朱成保住了去年的男双亚军；詹逸思和杨叶丹配合的女子双打从64对选手中脱颖而出，在决赛中一展清华人的风采；詹逸思在女子单打中灵活多变，敢打敢拼，最终也闯进三强，获得了近几年清华乒乓女队女子单打最好的成绩。此外，唐晓斌和高阳配合的男双获得第三名，王一男和詹逸思、朱成和杨叶丹的混双获得第五名，王一男、唐晓斌、朱成获得男子单打第五的好成绩，最后清华乒乓球队还获得了赛会颁发的"道德风尚奖"。(《2004年体育代表队大事记》)

2005年7月12—18日，"729/大地"杯第十二届全国大学生乒乓球锦标赛在天津科技大学举行。全国40多支高校代表队参赛。最终清华乒乓球队获男子团体第十一名，男子双打第四名，并赢得"道德风尚奖"。(《2005年体育代表队大事记》)

2006年10月16日，我校乒乓球二队参加了在北京体育大学乒乓球馆举办的《乒乓世界》高校杯比赛，获团体第三名。10月23日，我校乒乓球队与来访的刚果国家乒乓球队进行了友谊对抗赛。11月，我校乒乓球队在北京高校乒乓球锦标赛中获得男子团体亚军，女子团体季军，男子单打冠亚军，女子单打第五，男女双打第三名，最终以良好的精神面貌获得体育道德风尚奖。(《团委队志》)

2008 年 12 月 6—7 日，北京市大学生乒乓球锦标赛中，清华乒乓球女队夺取甲 B 组团体冠军。此次获得优异成绩的清华乒乓女队由人文学院詹逸思、杨叶丹、周寅婕三名研究生组成，是此次参赛队员中学历最高的团体，其中周寅婕为清华大学 2007 年的特等奖学金获得者。

（本文资料由邹吉芳、冯茵提供）

清华大学乒乓球队比赛成绩（1972—2020 年）

年份	比赛名称	比赛地点	男子团体（*队长）	女子团体（*队长）	男子单打	女子单打	男子双打	女子双打	混合双打
1972	北京市高校乒乓球锦标赛	清华大学、北京大学	第一名（*洪小狮、司徒钰荣、白延长、李泗长、王燕生）	第一名（*王青媛、邹吉芳、魏慧敏）	洪小狮 第一名	邹吉芳 第一名			
1973	北京市高校乒乓球锦标赛	清华大学	第二名	第三名	洪小狮 第一名				
1974	北京市第四届运动会	北京工人体育馆	第四名（北京高校代表队：*洪小狮、白延斌）	第三名（北京高校代表队：邹吉芳）				邹吉芳/王莉（北大）第五名	
1975	北京市高校乒乓球锦标赛	北京钢铁学院	第一名（*洪小狮、白延斌、李泗长、王燕生）	第一名（*王青媛、邹吉芳、魏慧敏、郭小平）					
1977	北京市高校乒乓球锦标赛	北京体育学院	第二名（*张玲承、杨初坤、陈焕隼、许定保、马天颖）	第一名（*郭小平、路星、闫笑虹、闫新凤）	杨初坤 第二名 张玲承 第四名	郭小平 第二名		郭小平/路星 第一名	
1978	北京市高校乒乓球锦标赛	北京体育学院	第一名（*张玲承、赵琪华、张敏清、王芸）	第二名（*郭小平、谢劲红、路星）	赵琪华 第一名 张敏清 第三名				
1979	北京市高校乒乓球锦标赛		（赵琪华、王芸、彭幼斌）	第四名（李翱翔、姜小英、丁青、龚杰）	赵琪华 第四名	李翱翔 第四名			

续表

年份	比赛名称	比赛地点	男子团体（*队长）	女子团体（*队长）	男子单打	女子单打	男子双打	女子双打	混合双打
1980	北京市高校乒乓球锦标赛		第三名（赵琪华、王芸、彭幼斌）	第四名（李翱翔、姜小英、丁青、龚杰）	赵琪华第二名	李翱翔第二名、姜小英第三名			
1981	北京市高校乒乓球锦标赛		第三名（*张敏清、张明、王学军、刘颖俐）	第五名（*姜小英、李翱翔、丁青、龚杰）		李翱翔第一名、姜小英第七名			
1982	北京市高校乒乓球锦标赛		第三名（*张敏清、张明、王学军、刘颖俐）	第三名（*姜小英、李翱翔、丁青、龚杰）		李翱翔第三名、姜小英第四名			
1983	北京市高校乒乓球锦标赛	北京航空学院	第二名（*张敏清、王学军、薛明小健、文黎）	第二名（*姜小英、李翱翔、丁青、龚杰）	张明第二名				
1984	北京市高校乒乓球锦标赛	北京大学	第二名（*薛文黎、张明、王学军）	第二名（*姜小英、李翱翔、丁青、龚杰）	张明第一名	李翱翔第一名	张明/王学军第二名	李翱翔/姜小英第三名	张明/李翱翔第一名、王学军/姜小英第二名
1985	北京市高校乒乓球锦标赛	清华大学	第一名（*薛文黎、张明、王学军）		王学军第三名				
1986	北京市高校乒乓球锦标赛	北京大学	第一名（*薛文黎、张明、王龙海、于军）	第一名	张明第一名、于军第三名				
1987	北京市高校乒乓球锦标赛				于军第三名				
1988	北京市高校乒乓球锦标赛				王龙海第三名				
1991	北京市高校乒乓球锦标赛		甲组团体第五名	甲组团体第三名	于军第三名				

续表

年份	比赛名称	比赛地点	男子团体（*队长）	女子团体（*队长）	男子单打	女子单打	男子双打	女子双打	混合双打
1992	中国大学生乒乓球锦标赛	西安冶金建筑学院			刘立恺 第六名		于军/高民 第五名	胡晟斐/刘迪 第六名	
1993	北京市高校乒乓球锦标赛	北京大学	甲组团体 第三名	甲组团体 第三名	马腾 第二名		刘立恺/胡晓程 第二名		
1993	中国大学生乒乓球优秀选手调赛	上海交通大学			刘立恺 第三名 罗俊峰 第五名	胡晟斐 第五名			
1993	全国高校研究生杯乒乓球赛	中国科技大学	第三名		于军 第二名				
1994	北京市高校乒乓球锦标赛	北京中医学院	甲组团体 第二名		刘立恺 第三名 胡晓程 第五名		刘立恺/胡晓程 第二名 罗俊峰/张义 第五名		
1994	中国大学生乒乓球锦标赛	广西大学			刘立恺 第三名		刘立恺/罗俊峰 第二名		
1995	中国大学生乒乓球优秀选手调赛	华东理工大学			胡晓程 第三名	李珊 第三名 胡晟斐 第五名			
1995	北京市高校乒乓球锦标赛	北京理工大学	甲组团体 第二名	甲组团体 第一名	刘立恺 第一名 胡晓程 第二名 张义 第五名				
1996	中国大学生乒乓球锦标赛	吉林工业大学	第四名		胡晓程 第三名				
1997	中国大学生乒乓球锦标赛	东南大学	甲组团体 第二名	第三名	于军 第三名	王凌雪 第三名	刘立恺/戴远 第二名	李珊/于婷 第五名	戴远/王凌雪 第三名
1996	北京市高校乒乓球锦标赛	中国人民大学	甲组团体 第一名	甲组团体 第一名					
1997	北京市高校乒乓球锦标赛	清华大学	甲组团体 第一名	甲组团体 第一名	刘立恺 第一名	王凌雪 第五名	刘立恺/罗俊峰 第一名		刘立恺/李珊 第二名

续表

年份	比赛名称	比赛地点	男子团体（*队长）	女子团体（*队长）	男子单打	女子单打	男子双打	女子双打	混合双打
1998	北京市高校乒乓球锦标赛	中国人民大学	甲组团体第三名	甲组团体第二名		王凌雪 第三名 于婷 第五名 王蕾 第五名	戴远/徐阳 第二名	于婷/王凌雪 第一名 李珊 第二名	刘洋/于婷 第一名 戴远/王凌雪 第三名
1999	中国大学生乒乓球锦标赛	兰州大学	第四名						
1999	北京市高校乒乓球锦标赛	北京邮电大学	甲组团体第三名	甲组团体第五名	王一男 第一名 戴远 第三名 刘洋 第五名		戴远/王一男 第三名 徐阳/刘洋 第五名	于婷/王凌雪 第五名	王一男/王凌雪 第二名 戴远/于婷 第五名
2000	北京市高校乒乓球锦标赛	北京联合大学	甲组团体第一名	甲组团体第二名	王一男 第一名	王凌雪 第二名	戴远/王一男 第一名		
2001	中国大学生乒乓球锦标赛	华东理工大学			王一男 第三名		戴远/王一男 第三名		
2001	首都高校乒乓球锦标赛	中国人民大学	甲组团体第一名	甲组团体第三名	戴远 第一名 王一男 第二名	欧阳璐莎 第三名 王凌雪 第七名	戴远/王一男 第一名	欧阳璐莎/王凌雪 第二名	戴远/欧阳璐莎 第一名 王一男/王凌雪 第三名
2002	中国高校研究生乒乓球锦标赛	黑龙江大学	甲组团体第一名	甲组团体第三名	戴远 第一名	王凌雪 第三名	戴远/徐阳 第一名		
2002	全国高校研究生乒乓球锦标赛	山东大学	冠军						
2002	首都高校乒乓球锦标赛	北京广播学院	甲组团体第一名	甲组团体第三名	王一男 第一名 唐晓斌 第三名 戴远 第五名	欧阳璐莎 第五名 詹逸思 第五名	戴远/王一男 第一名 唐晓斌/高阳 第三名	詹逸思/王凌雪 第二名	戴远/欧阳璐莎 第二名 王一男/詹逸思 第三名
2003	首都高校乒乓球锦标赛	首都经贸大学	甲组团体第二名	甲组团体第三名	朱成 第二名 高阳 第三名 唐晓斌 第五名	詹逸思 第五名	唐晓斌/高阳 第三名 朱成/王一男 第三名	詹逸思/杨叶丹 第三名 赵莹/王凌雪 第五名	王一男/詹逸思 第五名

续表

年份	比赛名称	比赛地点	男子团体（*队长）	女子团体（*队长）	男子单打	女子单打	男子双打	女子双打	混合双打
2004	首都高校乒乓球锦标赛	北京第六十六中学	甲组团体第二名	甲组团体第二名	朱成 第五名／王一男 第五名／唐晓斌 第五名	詹逸思 第三名	朱成／王一男 第二名	詹逸思／杨叶丹 第二名	朱成／杨叶丹 第一名／王一男／詹逸思 第五名
2005	全国高校乒乓球赛	天津科技大学					王一男／朱成 第二名		
2005	首都高校乒乓球锦标赛	首都经贸大学	甲组团体第一名	甲组团体第二名	朱成 第一名／高阳 第三名		朱成／王一男 第二名／高阳／唐晓斌 第三名	詹逸思／杨叶丹 第三名	
2006	首都高校乒乓球锦标赛	北方工业大学	甲组团体第二名	甲组团体第二名	朱成 第一名／高阳 第二名／赵超思 第五名	詹逸思 第五名／杨叶丹 第五名	高阳／朱成 第三名	詹逸思／杨叶丹 第三名	
2007	首都高校乒乓球锦标赛	首都经贸大学	甲组团体第三名	甲组团体第四名		詹逸思 第二名	高阳／吴靖 第三名	詹逸思／周黄健 第七名	高阳／詹逸思 第四名
2008	首都高校乒乓球锦标赛	首都经贸大学	乙 B 组团体第六名	甲 B 组团体第一名		詹逸思 第五名	高阳／朱成 第三名	詹逸思／杨叶丹 第三名	
2009	首都高校乒乓球锦标赛	北京外国语大学	乙 B 组团体第六名	甲 B 组团体第五名	赵航 第四名／王学斐 第五名／王宸 第七名			肖雩华／颜婷婷 第五名	
2010	首都高校乒乓球锦标赛	北方工业大学	甲 B 组团体第二名	甲 B 组团体第二名	陈正颖 第三名／张迪洋 第四名	周黄健 第八名	王学斐／马照 第六名	周黄健／林嵘净 第六名	
2011	首都高校乒乓球锦标赛	北方工业大学	甲 C 组团体第一名	甲 B 组团体第三名	林子钏 第二名／陈正颖 第三名／未承辉 第五名				
2012	首都高校乒乓球锦标赛	北京邮电大学、北方工业大学	甲 B 组团体第三名			袁雯 第一名／王鹤婷 第五名	林子钏／陈正颖 第五名	袁雯／林嵘净 第一名	陈正颖／袁雯 第一名／林嵘净／林子钏 第二名

续表

年份	比赛名称	比赛地点	男子团体（*队长）	女子团体（*队长）	男子单打	女子单打	男子双打	女子双打	混合双打
2013	首都高校乒乓球锦标赛	北京大学 北方工业大学	甲B组团体第一名	甲B组团体第一名	林子铷 第一名 张迪洋 第二名 陈正颖 第三名	林嵊净 第一名	林子铷/陈正颖第一名	袁雯/林嵊净第一名 王鹤婷/黄雅卿第五名	林子铷/袁雯第一名 陈正颖/林嵊净第二名
2014	首都高校乒乓球锦标赛	清华大学 北方工业大学	甲B组团体第一名	甲B组团体第一名	林子铷 第一名 陈正颖 第二名 张迪洋 第五名		林子铷/陈正颖第一名	王鹤婷/马冬昕第三名	陈正颖/王鹤婷第一名 林子铷/詹逸思第五名
2015	首都高校乒乓球锦标赛	北京邮电大学 北方工业大学	甲B组团体第一名	甲B组团体第四名	林子铷 第一名 陈正颖 第二名	林嵊净 第五名	林子铷/陈正颖第一名	詹逸思/林嵊净第一名	林子铷/詹逸思第一名 陈正颖/林嵊净第二名
2016	首都高校乒乓球锦标赛	清华大学 北方工业大学	甲B组团体第一名	甲B组团体第三名	林子铷 第一名 陈正颖 第二名 张迪洋 第五名	胥佳 第二名	林子铷/陈正颖第一名 张迪洋/杜舟野第五名	胥佳/邹洋第五名	林子铷/胥佳第五名
2017	首都高校乒乓球锦标赛	北京大学 北方工业大学	乙组团体第一名	乙组团体第二名	夏天 第一名 林子铷 第二名	张妍 第四名	林子铷/陈正颖第一名	胥佳/邹洋第五名	林子铷/胥佳第一名
2018	首都高校乒乓球锦标赛	北京工业大学 北方工业大学	乙组团体第一名	乙组团体第一名	林子铷 第三名	胥佳 第一名	张健豪/周丹第五名		林子铷/胥佳第三名
2019	首都高校乒乓球锦标赛	北京工业职业技术学院 北方工业大学	乙组团体第一名	乙组团体第二名	林子铷 第一名	刘明炜 第一名 张曜 第二名	林子铷/刘书翔第一名	刘明炜/张曜第一名 张妍/梁紫微第五名	林子铷/胥佳第一名
2020	首都高校乒乓球锦标赛	北京邮电大学 北方工业大学	乙组团体第一名	乙组团体第一名	林子铷 第二名	刘明炜 第一名 陶昶 第五名	林子铷/马浩云第一名 赵韬/周丹第四名	陶昶/章语之第四名	

清华大学历届校友乒乓球赛参赛名册及成绩

第一届清华校友乒乓球联谊赛

主办单位：清华校友总会，清华大学体育部

承办单位：清华四川成都校友会

协办单位：四川先锋企业集团

比赛地点：成都

比赛日期：2011 年 3 月

参赛队员

一组：张玉坤（清华心理咨询办）、郑晓明（1981 级建筑系）、
　　　赵晓亮（2001 级汽车系）、杨晶旭（四川女队）

二组：杨叶丹（2003 级人文社科学院）、费永刚（1981 级汽车系）、
　　　高民（1989 级电机系）、陈露冰（四川女队）

三组：姜小英（1979 级电机系）、瞿德刚（2008 级精仪系）
　　　邓创（2002 级电子系）、李一楠（四川女队）

四组：王新新（1983 级机械系）、高阳（2002 级工业工程系）
　　　赵华立（1987 级材料系）、韩宜辰（四川女队）

五组：伍俊洪（2001 级电子系）、朱成（2003 级水电系）
　　　林海波（2001 级计算机）、刘天禄（四川女队）

六组：周寅婕（2004 级人文社会学院）、陈云华（清华兼职教授）
　　　胡家为（1984 级电机系）、潘英英（四川女队）

七组：邹吉芳（1972 级精仪系）、黎毅 （2004 级继续学院）
　　　陈天琦（2004 级土木系）、陶冶 （四川女队）

比赛成绩

第一名：二组，第二名：六组，第三名：四组，第四名：五组，第五名：一组，第六名：三组，第七名：七组

一等奖：杨叶丹（2003 级人文社科学院）、高阳（2002 级工业工程系）

二等奖：周寅婕（2004 级人文社科学院）、陈云华（清华兼职教授）、
　　　　黎毅（2004 级继续学院）

第二届清华校友乒乓球联谊赛

主办单位：清华校友总会，清华大学体育部

承办单位：清华企业家协会（TEEC）北京紫光测控有限公司

比赛日期、地点：2012 年 4 月 27—29 日、清华大学西体育馆

参赛队员

张玉坤（女，入学年份、系别）清华大学学生处心理咨询中心办公室

王芸（男，1958 级冶金系）已退休

白延斌（男，1972 级建工系）已退休

李泗长（男，1972 级机械工程系）已退休

郭小平（女，1975 级化学工程系）原北京日化研究所

韩景阳（女，1977 级自动化系）清华大学

魏昭峰（男，1978 级电机工程系）中国电力企业联合会

姜小英（女，1979 级电机工程系）北京市电力公司办公室

费永刚（男，1981 级汽车系）四川先锋企业集团

郑小明（男，1982 级建工系）成都高新区规划建设局

邱勇（男，1983 级化学与化学工程系）清华大学

王新新（女，1983 级机械工程系）中国石油天然气集团公司物资采购管理部

胡家为（男，1984 级电机工程系）北京紫光测控有限公司

史连军（男，1984 级电机工程系）国家电网公司

祁斌（男，1985 级物理系）中国证监会研究中心

金江远（男，1985 级电机工程系）北京华商电动车动力科学有限公司

于军（男，1986 级电机工程系）国家电网公司国际发展有限公司

黄德弟（男，1987 级电机工程系）北京市电力公司顺义供电公司

崔彤哲（男，1990 级电机工程系）海纳医信（北京）软件科技有限责任公司

胡晓程（男，1993 级电机工程系）NSN 诺基亚西门子通信系统（北京）有限公司

林海波（男，1995 级计算机科学与技术系）Microsoft Corporation 互联网工程院

戴远（男，1996 级经管学院）北京邦友科技开发有限公司

王一男（男，1999 级电机工程系）中国建设银行集团客户部

詹逸思（女，2002 级新闻与传播学院、教育研究院）清华大学思想政治教育办公室

高阳（男，2002 级工业工程系）中国电力科学研究院监察审计部

朱成（男，2003 级水利水电工程系）中国水利水电科学研究院院长办公室

赵超恩（男，2003 级建设管理系）山西省电力勘测设计院造价控制中心

杨叶丹（女，2003 级外语系）外交人员服务局

周寅婕（女，2004 级国际关系学系）清华大学在读博士研究生

陈天琦（男，2004 级土木工程系）清华大学在读博士研究生

瞿德刚（男，2008 级精密仪器与机械学系）清华大学在读博士研究生

比赛成绩

冠军：邱勇、李泗长、詹逸思、赵超恩小组

亚军：魏昭峰、费永刚、戴远、杨叶丹小组

第三届清华校友乒乓球联谊赛

主办单位：清华校友总会，成都市体育局，清华大学体育部

承办单位：清华四川成都校友会，中国乒乓球协会西部培训中心

协办单位：四川省运动技术学院乒羽中心、中国长江三峡集团公司、北京紫
　　　　　光测控有限公司、成都精英会文化传播有限公司新潮杂志社、四
　　　　　川先锋企业集团

比赛日期：2013 年 10 月 2—4 日

参赛队员

邱勇（男，1983 级化学与化学工程系）、陈云华（男，×× 级 ×× 系）、

费永刚（男，1981 级汽车系）、胡家为（男，1984 级电机工程系）、

李翎翔（女，1979 级工程物理系）、郑小明（男，1982 级建工系）、

黄祖毅（男，1987 级土木工程系）、赵华立（男，1987 级材料科学与工程系）、

林天强（男，1988 级无线电系）、吕晓烯（男，1993 级经管学院）、

李开伟（男，1999 级电子工程系）、黎毅（男，2001 级人文学院）、

兰谷（男，2002 级经管学院）、陶静远（男，2003 级工程力学系）、

赵超恩（男，2003 级建设管理系）、朱成（男，2003 级水利水电工程系）、

陈天琦（男，2004 级土木工程系）、酒会东（男，2005 级经管学院）、

周天睿（男，2005 级电机系）、林嵘净（女，2010 级社科学院）、

邓东盛（男，2011 级经管学院）、赖万里（男，2011 级清华大学继续教育学院）
刘宁（女，2011 级经管学院）、郭强（男，2012 级经管学院）、
林子钏（男，2012 级计算机系）、胡帆（男，2002 级经管学院）、
王正（男）、王欣（女）、王亮（男）

比赛成绩

一等奖：邱勇、林子钏、杨菁菁小组
　　　　陈云华、郑小明、李响小组
　　　　朱成、赵超恩、陶靖远小组

二等奖：胡家为、郭艳、王亮小组
　　　　林嵘净、李羿锦、陈天琦小组
　　　　黄祖毅、潘英英、赖万里小组

三等奖：胡帆、王建文、酒会东小组
　　　　郭强、弥雪、周天睿小组
　　　　费永刚、郭林、李翎翔小组

第四届清华校友乒乓球联谊赛

主办单位：清华校友总会清华大学体育部
承办单位：清华校友总会乒乓球协会清华大学乒乓球队
协办单位：四川先锋企业集团《水木清华》杂志
　　　　　清华大学经济管理学院 MBA 校友会
比赛日期、地点：2014 年 5 月 31 日清华大学西体育馆

参赛队员

黄文杰（教练，男，体育部、深圳）、
何介平（化学系教师，原乒乓球队教练，男、北京）、
王芸（男，1958 级机械系，北京）、魏慧敏（女，1972 级机械系，福建）、
邹吉芳（女，1972 级精仪系，重庆）、白延斌（男，1972 级建工系，北京）、
李泗长（男，1972 级机械系，北京）、洪晓狮（男，1972 级电机系，北京）、
刘爱文（女，1973 级校乒乓球队队员，深圳）、高永强（男，1973 级精仪系，美国加州）、
阎笑虹（女，1974 级精仪系，上海）、杨初坤（男，1974 级电机系，香港）、
许定宝（男，1975 级机械系，上海）、袁帆（男，1975 级建工系，上海）、

阎新凤（女，1975 级机械系，天津）、张玲承（男，1975 级水利系，安徽）、
郭小平（男，1975 级化工系，北京）、侯建群（男，1975 级建管系，北京）、
许星全（女，1975 级电子系，重庆）、郭举（男，1976 级土木系，北京）、
刘文驹（男，1977 级土木系，北京）、韩景阳（女，1977 级自动化系，北京）、
张开显（男，1978 级数学系，北京）、张敏清（男，1978 级无线电系，北京）、
魏昭峰（男，1978 级电机系，北京）、佟永俊（男，1979 级工物系，北京）、
姜小英（女，1979 级电机系，北京）、费永刚（男，1981 级汽车系，成都）、
郑小明（男，1982 级建筑系，成都）、丁青青（女，1982 级电机系，北京）、
王新新（女，1983 级机械系，北京）、邱勇（男，1983 级化学系，北京）、
胡家为（男，1984 级电机系，北京）、于军（男，1986 级电机系，北京）、
赵远（男，1986 级无线电系，美国加州）、关翔（男，1991 级电子系，美国加州）、
吕晓晞（男，1993 级 MBA，北京）、胡晓程（男，1993 级电子系，北京）、
戴远（男，1996 级汽车系，北京）、刘洋（男，1996 级电子系，北京）、
马慧勤（女，1997 级 IMBA，北京）、王一男（男，1999 级电机系，北京）、
杨宝富（男，2000 级 MBA，北京）、黎毅（男，2001 级人文学院，广西）、
胡帆（男，2002 级 MBA，北京）、陈利军（男，2002 级 SMBA，北京）、
詹逸思（女，2002 级人文学院，北京）、赵超恩（男，1978 级建管系，北京）、
陈天琦（男，2004 级土木系，长春）、酒会东（男，2005 级 MBA，北京）、
吕博（男，2006 级电机系，北京）、钟秀斌（男，2007 级 EDP，北京）、
刘宁（女，2011 级 MBA，北京）、邓东盛（男，2012 毕业，MBA，广西）、
郭强（男，2012 级经管，北京）

比赛成绩

冠军：邱勇、胡家为、詹逸思、王亮小组

亚军：王一男、胡晓程、戴远、刘洋小组

季军：张开显、吕博、李泗长、邹吉芳小组

第五届清华校友乒乓球联谊赛

主办单位：清华校友总会清华大学体育部

承办单位：清华校友总会乒乓球协会清华大学乒乓球队

协办单位：四川先锋企业集团《水木清华》杂志

比赛日期、地点：2015 年 10 月 2 日成都

参赛队员

陈云华（男，水利系兼职教授）、张玲承（男，1975 级水利水工系）、
须文波（男，1963 级电机系）、叶洪根（男，1961 级机械系）、
冯升波（男，1972 级力学系）、肖忠（男，1972 级力学系）、
高永强（男，1973 级精仪系）、刘文驹（男，1977 级自动化）、
许定宝（男，1979 级机械系）、李舒涛（男，1979 级化学基科班）、
胡树建（男，1980 级精仪系）、费永刚（男，1981 级汽车系）、
邓朗（男，1981 级自动化）、郑小明（男，1982 级建筑系）、
杨宏伟（男，1984 级电机系 F41 班）、黄祖毅（男，1987 级土木工程系）、
吴世勇（男，1987 级水利）、林天强（男，1988 级无线电系）、
陈协（男，1995 级工物系）、叶世穗（男，1997 级水木工程系）、
李开伟（男，1999 级电子工程系）、黄曦亮（男系）、
靳力（男，1999 级电子工程系）、黎毅（男，2001 级人文学院）、
于剑（男，2001 级公管系）、甘利兵（男，2002 级 EMBA）、
胡建华（女，2002 级企业管理系）、兰谷（男，2002 年经管学院）、
朱成（男，2003 级水利水电工程系）、陶静远（男，2003 级工程力学系）、
班谦（男，2003 级 MBA）、赵超恩（男，2003 级建设管理系）、
陈天琦（男，2004 级土木工程系）、酒会东（男，2005 级经管学院）、
周天睿（男，2005 级电机系）、朱静（男，2005 级软件学院）、
高玉斌（男，2005 级计算机）、魏晓星（男，2005 级生命科学院）、
王伟（男，2009 级机械系）、崔腾（男，2013 级 EMBA）、
张亚军(男，2015 级 EMBA)、王正(男，1984 级电机系，水木清华杂志主编)、
蒋东仁（男）、沈国栋（男）、钟秀斌（男）、黄宝龙（男）、黄雅卿（女）、
姚勇胜（男）、伍灵（男）、张建中（男）、赵芳（女）

比赛成绩

冠军：兰谷、黎毅、陈天琦（广西队）
亚军：陈云华、费永刚、郑小明（四川队）
季军：黄雅卿、周天睿、李开伟（青年队）

第六届清华校友乒乓球联谊赛

主办单位：清华校友总会清华大学体育部清华四川校友总会

承办单位：清华大学乒乓球队清华校友会乒乓球协会

赞助单位：四川先锋企业集团

比赛地点：北京清华大学

比赛日期：2016 年 4 月

参赛队员

七零八零校友队　领队：王一男　教练：高曦

队员：胡晓程（男，1993 级无线电）、刘立恺（男，1991 级无线电）、袁雯（女，2012 级教研院）

清华队　领队：王亮

队员：胡家为（男，1984 级电机）、邱勇（男，1983 级化学）、詹逸思（女，2002 级新闻）

紫荆联合队　领队：宋学义

队员：钟秀斌（男，2007 级经管）、林天强（男，1988 级电子）、丁青青（女，1982 级电机）

爱乒乓队　领队：佟永骏

队员：张凯显（男，1978 级数学）、刘文驹（男，1976 级土环）、胡其鸣（男，1977 级水利）、龚杰（女，1979 级电子）

金融街管委会　领队：庞瑞

队员：李达（男，2004 级经管）、周啸（男，1992 级法学）、王博闻（女，2011 级新闻）

老男孩　领队：周天睿

队员：吴艳阳（男，生物）、黄建江（男，2003 级经硕）、赵世佳（女，2014 级汽车博后）

联队　领队：赵超恩

队员：李海涛（男，2008 级金融）、徐明洪（男，2012 级机研）、艾颖华（男，数学系教工）

MBA（A）队　领队：酒会东　教练：吕晓曦

队员：胡凡（男，2002 级 MBA）、胡永登（男，2003 级软件）、姜小英（男，1979 级电机）

电力部　领队：于军

队员：魏昭峰（男，1978 级电机）、韩景阳（女，1977 级自动化）、费永刚（男，1981 级汽车）、孔维章（男，1962 级自动化）

四川校友队　领队：孙鑫

队员：费永刚（男，1981级汽车）、陈云华（男，水利系教授）、郑小明（男，1982级建筑系）、吴世勇（男，水利）

MBA（C）队　领队：马慧勤

队员：沈秋成（男，1998级MBA）、杨宝福（男，2000级MBA）、王凡（女，1997级MBA）

乒乓球二队　领队：何伟

队员：刘彬（男，2001级编双）、罗闻（男，1981级热动）、林晟露（女，2011级化学）

上海队　领队：史卫东

队员：王伟（男，2002级机械）、冯锦锋（男，1995级经管）、胡建华（女，1964级机电）

蛮拼校友队　领队/教练：张迪洋

队员：吕博（男，2006级电机）、吴靖（男，2004级自动化）、韩晓清（男，2013级EMBA）、李亚栋（男，1999级化学）、于婷（女，1997级精仪）

比赛成绩

冠军：七零八零校友队（王一男、高曦、胡晓程、刘立恺、袁雯）

亚军：蛮拼校友队（吕博、吴靖、韩晓清、李亚栋、于婷）

季军：清华队（邱勇、王亮、胡家为、詹逸思）

第七届清华校友乒乓球联谊赛

主办单位：清华校友总会清华大学体育部

承办单位：广西清华校友会清华校友会乒乓球协会

协办单位：碧桂园集团广西区域四川先锋企业集团

比赛地点：南宁市广西大学综合体育馆

比赛日期：2017年5月13日

参赛队员

MBA队　领队：吕晓晞

队员：吕晓晞（男，1993级MBA）、朱益清（男，1984级电物42）、张智勇（男，经管EMBA清媒12班）、胡帆（男，2002级MBA）、陈天琦（男，结43班）

晓清环保队　领队：胡小健

队员：韩小清（男，2013 级 EMBA 春季 C 班）、龚杰（女，1979 级无线电系）、胡小键（男，1980 级汽车系）、梁勇（男，工程物理系 1985 级）、张智深（男，五道口金融学院媒体 EMBA4 班）

乒乓情缘队　领队：费建军

队员：孔维章（男，自 805）、谭文（男，水利系 51 班）、梁冕（男，材料 5）、郭芳群（女，水利系 1987 级水工）、费建军（男，法学院 75 班）

清华大学队　领队：王欣

队员：胡家为（男，1984 级电机系）、王亮（男，体育部）、周天睿（男，电博 2009 级）、赵世佳（女，汽车系）、王欣（女，体育部）

清华重庆校友会队　领队：邹吉芳

队员：瞿德刚（男，精博 2008 级）、童思陈（男，水利 1998 级硕博）、许星全（女，电子 1975 级计 51 班）、邹吉芳（女，精仪 1972 级）、张玲承（男，水利系水工 75 班）

四川清华校友会队　领队：费永刚

队员：刘小勤（女，1975 级化工系）、费永刚（男，1981 级汽车系）、郑小明（男，1982 级建筑系 – 建 22 班）、吴世勇（男，1982 级水利系水机二班）、崔腾（男，2013 级经管 EMBA）

清华上海校友乒乓球俱乐部一队　领队：孙鹏飞

队员：孙鹏飞（男，力学系）、刘文驹（男，土环系给六 1 班）、林嵘净（女，教研院教研 15）、刘雨轩（男，微纳电子）、许定宝（男，机械系）、蔡菲菲（女，微电子系微硕 132）、谢飞（男，计算机系）

清华上海校友乒乓球俱乐部二队　领队：袁帆

队员：袁帆（男，精密系）、史卫东（男，水利系）、冯锦锋（男，经管学院）、张丽（女，热能系）、阎笑虹（女，精密系）、张子北（男，精仪光 4）、谢虎（男，机械工程系 21 班）

广西清华校友一队　领队：兰谷

队员：阳日（男，水利系水 593 班）、杨冬野（男，热能系）、兰谷（男，经管学院工商管理）、何源（男，精密仪器系仪 91 班）、黎毅（男，人文学院会 11B）、赵洁（女，会计系）

广西清华校友二队　领队：雍瑞生

队员：雍瑞生（男，化工）、石国怀（男，公共管理）、农海萍（女，环境工程）、黄爽亮（男，装潢设计系）、胡煜（男，美院环艺 05 班）、庞少华（男，土木）、

罗鸿（男，清华美院）

广西清华校友三队　领队：黄宝临

队员：黄宝临（男，化工系化42）、覃乃朋（男，热能工程系87级）、黄杰鹏（男，热能工程系）、王军（男，化工）、范艳丽（女，法学院2013届）、彭韬（男，材料系硕士2009级）

广西清华校友四队　领队：古飞文

队员：古飞文（男，人文学院文硕3班）、周岚（男，人文学院文硕7班）、于洋（男，法学院2011级）、许明（女，法学院法研21班）、曾翔（男，法研21班）、严勤华（男，物理系）

比赛成绩

团体冠军：广西清华校友一队：阳日、杨冬野、兰谷、何源、黎毅、赵洁

团体亚军：清华上海校友乒乓球俱乐部一队：孙鹏飞、刘文驹、林嵘净、刘雨轩、许定宝、蔡菲菲、谢飞

团体季军：晓清环保队：韩晓清、龚杰、胡小键、梁勇、张智深

单打男冠（50岁以上组）：刘文驹

单打女冠（50岁以上组）：龚杰

单打男冠（青年组）：黎毅

单打女冠（青年组）：林嵘净

第八届清华校友乒乓球联谊赛

主办单位：清华校友总会清华大学体育部

承办单位：清华校友总会乒乓球协会、清华大学乒乓球队

协办单位：邓亚萍集团有限公司、世纪二千网络科技有限公司、斯蒂卡（北京）体育用品有限公司、《水木清华》杂志

比赛地点：清华大学体育馆

比赛日期：2018年4月30日

参赛队员

清友队　领队：龚杰

队员：龚杰（女，1979级无96班）、王学斐（男，2010级结01班）、张开显（男，数7）、郭强（男，EMBA人力资源5班）、陈伟（男，2014司局级公务员自主选学）

文杰队　领队：阎笑虹

队员：王青媛（女，1972 级电力）、魏慧敏（女，1972 级机械）、邹吉芳（女，1972 级精仪）、刘爱文（女，1973 级化工）、阎笑虹（女，1974 级精仪）

老乒乓队　领队：王芸

队员：白延斌（男，1972 级建工）、张玲承（男，1975 级水利）、王芸（男，1958 级冶金）、李敬师（女 2014 级法学院法研 14）、郭小平（女，1975 级化工有机 5）

俊远队　领队：佟永骏

队员：姜小英（女，高 79 电机系）、金江远（男，高 85 级电机系）、胡永登（男，软 03 软件）、刘诚（男，数 9 数学科学系）、佟永骏（男，物 93 工程物理系）

乒乓情缘队　领队：李几招

队员：唐莉华（女，水利系水工 43）、谭文（男，水利系水工 51）、孔维章（男，自 805）、李志超（男，水利工程系、农水 7）、董峰（男，水资 9）、李几招（男，领队）

北京壹队　领队：徐明

队员：赵世佳（男，领队）、宋学义（男，2009 级社科学院经落学研究所）、费建军（男，2007 级法学院）、李海涛（男，2012 级金融）、徐明洪（男，2012 级机械系）、梁阿昆（男，工培中心退休职工）

数学电机队　领队：刘瑛岩

队员：刘瑛岩（女，电机系）、汪芙平（男，电 24 电机系）、艾颖华（男，数学系）、丁青青（女，1982 级电机系）、吴云辉（男，数学系）、蔡永生（男，电机系）

梦之队　领队：刘波

队员：刘波（男，1990 材 02 班）、袁雯（女，2012 级教育研究院）、戴远（男，1996 级汽车）、王宸（男，2007 级自 72 进）、高阳（男，2002 级工 21）、陆永庆（男，美术学院）

听涛队　领队：杨建涛

队员：廖杰翠（女，材硕 14 材料学院）、陈志良（男，1964 级自 02 班原自动控制系）、陈恬（男，经硕 132 经售学院）、赵兵兵（男，自 05 自动化）、杨建涛（男，微硕 143 纳电子系）

晓清环保队　领队：吕博

队员：韩小清（男，EMBA 2013C）、于婷（女，精仪制 72）、王一男（男，

电机系电 93）、昌博（男，电机系电硕 062）、周天睿（男，电机系电博 11）、陈正颖（男，电机系电硕 15）

蓝莓队（水利系）　领队：李诒路

队员：钟勇（男，2010 级水博 10）、褚明华（女，1999 级水工 91 班）、魏雪斐（男，2010 级水博 10）、罗闻（男，1998 级热动 81 班）、李诒路（男，2015 级水博 15）、姚虞（男，2007 级水工 72 班）

上海一队　领队：谢非

队员：刘文驹（男，1976 级给 6 班）、谢非（男，1993 级计 34 班）、刘雨轩（男，2014 级微硕 143 班）、兰谷（男，2002 级经管学院 39 期工商管理班）、黄雅卿（女，2007 级汽 71 班）

上海二队　领队：袁帆

队员：冯卓（男，1991 级水工 12 班）、袁帆（男，1975 级地五班）、史卫东（男，1988 级水资源 8 班）、许定宝（男，1975 级金五班）、王悦（女，2005 级生 53 班）

上海三队　领队：谢虎

队员：谢虎(男，1992 级机 21 班)、胡建华(女，1964 级企 02 班)、张丽(女，1990 级空 0 班)、孙鹏飞(男，1978 级航院)、蔡菲菲(女，2013 级微硕 132 班)、刘通（男，2009 级电子系）

无问西东队　领队：马慧勤

队员：李非（男，2007 级医学院）、马慧勤（女，1997 级 IMBA）、张子龙（男，1979 级电机系）、钟秀斌（男，2007 级经管 EDP）、黄建江（男，2003 级经硕 032）

经管学院代表一队　领队：张红梅

队员：张建敏（男，2011 级 EMBA）、孙福春（男，2007 级 EMBA）、张迪洋（男，2011 级化学）、张智勇（男，2016 级 EMBA）、韩雪（女，2003 级经 34）、褚云峰（男，2015 级 EMBA）

经管学院代表二队　领队：王佳楠

队员：余辉（男，2007 级 EMBA）、李十中（男，核研院）、赵超恩（男，2003 级土木）、张智深（男，2016 级五道口 EMBA）、孙琪（女，2015 级金硕）、王佳楠（男，2015 级经 46）

经管学院代表三队　领队：刘宁

队员：酒会东（男，2005 级 MBAI1）、胡帆（男，2002 级 MBAP1）、马浩

云（男，2017 级经 71）、周英辉（男，2013 级 MBAP4）、刘宁（女，2011 级 MBAF2）

经管学院代表四队　领队：李泽超

队员：朱益清（男，2002 级 DMBA）、覃卫（男，2010 级 EMBA）、耿波（男，2001 级 DMBA）、缪怀宇（男，2004 级 EMBA）、邹洋（女，2014 级工 41）、李泽超（男，2015 级经）

经管学院代表五队　领队：王晨东

队员：史育东（男，2009 级 EMBA）、李坤颐（女，2010 级经 02 班）、童群（女，2007 级 EMBA）、周龙（男，2016 级 EMBA）、胡央玉（女，2004 级 EMBA）、王晨东（男，2017 级经 76 班）

经管学院代表六队　领队：金戈骁

队员：张嘉冀（男，2016 级 EMBA）、白欣（男，人文社会科学学院博士后）、江卓（男，计研 126）、甘晓（女，2007 级 EMBA）、王于丁（男，计研 116）、金戈骁（男，2017 级经）、

广西校友队　领队：黎毅

队员：黄爽亮(男，美院 88 装潢)、农海萍(女，1986 级环 61 班)、胡煜(男，2005 级美院环艺专升本班)、黎毅（男，2001 级会 11B 班）、古飞文（男，2009 级文硕三班）、黄宝临（男，1974 级化 42 班）

能源队　领队：刘建国

队员：冯升波（男，1987 级力 72 班）、高虎（男，1992 级水工 23 班）、杨（女，2000 级建环 0 班）、刘建国（男，2004 级水工 41 班）、宋云天（男，2010 级水工 03 班）

清华队　领队：王欣

队员：邱勇（男，1983 级化学）、胡家为（男，1984 级电机系）、詹逸思（女，2002 级新闻与传播学院）、王亮（男，体育部）、林子钏（男，计算机）、张欣然（男，电机系）

四川队　领队：周庆玺

队员：陈云华（男，教授）、费永刚（男，汽车系）、郑小明（男，建筑系）、吴世勇（男，水利系）、周庆玺（男，社科学院）、胥佳（女，新闻学院）

北京贰队　领队：周啸

队员：周啸（男，法学院）、庞瑞（男，外语系）、戴骅（男，数学系）、关馨（女，新闻学院）、陈关亭（男，经管学院老师）

比赛成绩

团体冠军：梦之队：刘波、袁雯、戴远、王宸、高阳、陆永庆

团体亚军：晓清环保队：韩小清、于婷、王一男、吕博、周天睿、陈正颖

团体季军：经管学院代表一队：张建敏、孙福春、张迪洋、张智勇、韩雪、褚云峰

团体第四名：经管学院代表三队：酒会东、胡帆、马浩云、周英辉、刘宁

团体第五名：清华队：邱勇、胡家为、詹逸思、王亮、林子钏、张欣然

团体第六名：上海一队：刘文驹、谢非、刘雨轩、兰谷、黄雅卿

团体第七名：四川队：陈云华、费永刚、郑小明、吴世勇、周庆玺、胥佳

团体第八名：上海二队：冯卓、袁帆、史卫东、许定宝、王悦

2018年清华校友长三角杯乒乓球邀请赛

主办单位：清华大学江苏校友会

承办单位：清华大学乒乓球协会江苏分会

比赛日期、地点：2018年9月22日南京

参赛队员

上海一队：

队员：刘雨轩（男）、胡建华（女）、王悦（女）、许定宝（男）、周啸（男）、甘振彤（男）、肖瀛洲（男）

上海二队：

队员：周涛（男）、阎笑虹（女）、孙鹏飞（男）、蔡菲菲（女）、冯锦锋（男）、袁帆（男）、史卫东（男）

江苏一队：

队员：宋成（男）、朱耘（女）、李高峰（男）、陈瑶（女）、盛宇波（男）、蒋东仁（男）、徐耀（男）

江苏二队：

队员：陈协（男）、陈少颖（女）、孙茹君（女）、李祥（男）、高玉斌（男）、仟千里（男）、张鲁飞（男）

安徽队：

队员：张冷承（男）、许星平（女）、朱兆晴（男）、李囡囡（女）、张炎（男）、金刚平（男）、常猛（男）

浙江队：

队员：胡家为（男）、彭静（女）、刘通（男）、周文灿（女）、曾庆长（男）、徐海波（男）

比赛成绩

团体冠军：上海一队：刘雨轩、胡建华、王悦、许定宝、周啸、甘振彤、肖瀛洲

团体亚军：上海二队：周涛、阎笑虹、孙鹏飞、蔡菲菲、冯锦锋、袁帆、史卫东

团体季军：江苏一队：宋成、朱耘、李高峰、陈瑶、盛宇波、蒋东仁、徐耀

团体第四名：江苏二队：陈协、陈少颖、孙茹君、李祥、高玉斌、仟千里、张鲁飞

团体第五名：安徽队：张冷承、许星平、朱兆晴、李囡囡、张炎、金刚平、常猛

团体第六名：浙江队：胡家为、彭静、刘通、周文灿、曾庆长、徐海波

2018年第四届"苏沪杯"清华校友乒乓球比赛暨"南翔杯"乒乓球邀请赛

主办单位：清华大学无锡校友会

协办单位：上海清华校友乒乓球俱乐部、清华大学无锡校友会宜兴分会、宜兴高塍实验小学

比赛日期：2018年5月19日下午、20日全天

比赛地点：宜兴高塍实验小学体育馆

参赛队员

上海1队　领队：刘文驹

队员：刘文驹（男）、黄联峰（男）、兰谷（男）、韩晓清（男）

上海2队　领队：刘雨轩

队员：刘雨轩（男）、史卫东（男）、袁帆（男）、朱晓燕（女）

上海3队　领队：许定宝

队员：许定宝（男）、王伟（男）、许志刚（男）、酒会东（男）、佟永俊（男）

上海4队　领队：孙鹏飞

队员：孙鹏飞（男）、刘霁（男）、刘通（男）、蔡菲菲（女）

上海5队　领队：冯锦锋

队员：冯锦锋（男）、谢虎（男）、阎笑虹（女）、胡建华（女）

北京队领队：刘立恺

队员：刘立恺（男）、李高峰（男）、刘熙（男）、龚杰（女）

江苏 1 队　领队：蒋东仁
队员：蒋东仁（男）、曾庆长（男）、盛宁波（男）、袁先明（男）、陈瑶（女）
江苏 2 队　领队：高玉斌
队员：高玉斌（男）、陈协（男）、张智勇（男）、仲新民（女）、郑健力（男）
宜兴市高塍实验小学 1 队　领队：周荣教练：张文胜
队员：蒋镛（男）、杨炎梁（男）、陈泽西（男）、刘博涵（男）
宜兴市高塍实验小学 2 队　领队：周荣教练：张凌岳
队员：杜智铭（男）、刘晨（男）、刘新程（男）、单千惠（女）

（唐涛、袁帆编辑整理）

欣诺通信杯 2019 年第九届清华校友乒乓球赛单项比赛

主办单位：清华校友总会、清华大学体育部
承办单位：清华校友总会乒乓球协会、清华大学乒乓球队
赞助单位：上海欣诺通信技术股份有限公司
比赛地点：北京清华大学气膜馆
比赛日期：2019 年 4 月 27 日

一、参赛名单

40 岁以下组男子单打

陈正颖	魏　琦	周天睿	李荣鹏	周　斌	胡永登	姚振宇	张智勇
李海涛	罗建宇	徐志成	李洪昌	张迪洋	杨建涛	刘建国	张公允
李　达	陈瑞嘉	费建军	吕　喆	徐明洪	李紫鑫	张嘉冀	牛伟龙
吕　博	吴云辉	王　韶	黄　彬	杨旭海	温　斌	周　龙	林瀚铭

41~50 岁组男子单打

刘瑛岩	崔小浩	周英辉	谢　虎	刘玉峰	杨立新	陈如钢	冯升波
罗　煦	张智深	祁　斌	沙海江	宋学义	高　虎	张进宇	朱　义
胡　帆	王爱宏	汪芙平	史育东	李加曙	颜毅强	黄建江	褚云峰
罗绍光	甘靖中	何　平	张　恒	赵　晨	酒会东	焦　捷	郑笑彤
崔　珑	梁　恒	胡　煜	陈世峰	史卫东	汪大富		

51~61 岁组男子单打

韩晓清	郭　强	谭　文	谭　卫	篓雪松	胡小健	史立军	朱祖平
缪怀宇	费永刚	郑小明	孙鹏飞	杨宏伟	孙福春	陈关亭	吴世勇

胡家为　杨宝富　张子龙　李　强　朱益清　陈云华　李十中　刘亚圣
徐学军　李建国　耿　波　孟庆军　余　辉　梁立军　黄志远　赵立新
张　锐　佟永俊　吕晓晞

60 岁组以上组男子单打

刘文驹　张开显　陈志良　许定宝　孔维章　李志超　康吉生　白延斌

50 岁以下组女子单打

袁　雯　赵世佳　廖杰翠　杨春霞　胡晟斐　张　悦　郭晓青　童　群
孙　琪　詹逸思　谭颖然　海　霞　李坤颐　赵亚萍　韩　雪　吴彦琪
蔡菲菲　褚明华　于　婷

50 岁以上组女子单打

姜小英　龚　杰　丁青青　江小涓　王清霞　王豫明　赵　敏　马慧勤
甘　晓　张红梅

（二人年龄相加）90 岁以下组男子双打

吕　博／张迪洋　胡　帆／胡永登　李荣鹏／费建军　酒会东／张公允
杨建涛／周　斌　高　虎／刘建国　梁　恒／徐志成　刘瑛岩／吴云辉
张进宇／李海涛　林瀚铭／吕　喆　陈关亭／陈瑞嘉　罗建宇／陈恬

（二人年龄相加）90 岁以上组男子双打

刘文驹／佟永俊　郑小明／费永刚　陈正颖／孔维章　张　锐／谭　文
杨宏伟／冯升波　黄志远／张智深　吕晓晞／李十中　张玲承／李志超
刘亚圣／朱祖平　梁立军／徐学军　戴　华／李　非　李加曙／周英辉
孙鹏飞／许定宝　张智勇／余　辉　杨宝富／朱益清　施卫伟／宋学义

（二人年龄相加）90 岁以下组混合双打

朱　成／赵亚萍　温　斌／朱涵青　张　朋／谭颖然　谢　虎／蔡菲菲
李紫鑫／吴彦琦　史卫东／廖杰翠　何　平／孙　琪　王于干／甘　晓
李　达／李坤颐　周天睿／袁　雯　韩晓清／赵世佳

（二人年龄相加）90 岁以上组混合双打

张开显／丁青青　袁　帆／詹逸思　娄雪松／胡晟斐　胡小健／龚　杰
康吉生／王豫明　胡家为／于　婷　李建国／郭晓青　徐明洪／姜小英
缪怀宇／杨青霞　张子龙／马慧勤　谭　卫／王清霞　白延斌／郭小平

二、获奖名单

40 岁以下组男子单打

第一名：陈正颖　第二名：吕　博　第三名：张迪洋　第四名：胡永登

并列第五名：杨建涛、吴云辉、张智勇、刘建国

41~50 岁组男子单打

第一名：刘瑛岩　第二名：张智深　第三名：冯升波　第四名：汪芙平

并列第五名：胡　帆、杨立新、梁　恒、黄建江

51~61 岁组男子单打

第一名：佟永俊　第二名：韩晓清　第三名：娄雪松　第四名：杨宏伟

并列第五名：余　辉、李　强、孙福春、李十中

60 岁以上组男子单打

第一名：白延斌　第二名：刘文驹　第三名：张开显　第四名：陈志良

并列第五名：许定宝、康吉生、孔维章、李志超

50 岁以下组女子单打

第一名：詹逸思　第二名：袁　雯　第三名：赵世佳　第四名：胡晟斐

并列第五名：廖杰翠、赵亚萍、孙　琪、郭晓青

50 岁以上组女子单打

第一名：丁青青　第二名：王豫明　第三名：姜小英　第四名：龚　杰

并列第五名：姜小娟、马慧勤

（二人年龄相加）90 岁以下组男子双打

第一名：胡　帆／胡永登　第二名：黄建江／李洪昌

第三名：高　虎／刘建国　第四名：刘瑛岩／吴云辉

并列第五名：吕　博／张迪洋、林瀚铭／吕　喆、酒会东／张公允、
　　　　　　张进宇／汪芙平

（二人年龄相加）90 岁以上组男子双打

第一名：陈正颖／孔维章　第二名：张智勇／余　辉

第三名：刘文驹／佟永俊　第四名：郑小明／费永刚

并列第五名：吕晓晞／李十中、杨宝富／朱益清、黄志远／张智深、
　　　　　　杨宏伟／冯升波

（二人年龄相加）90 岁以下组混合双打

第一名：朱　成／赵亚萍　第二名：周天睿／袁　雯

第三名：韩晓清／赵世佳　第四名：史卫东／廖杰翠

并列第五名：李紫鑫／吴彦琦、何　平／孙　琪

（二人年龄相加）90 岁以上组混合双打

第一名：袁　帆／詹逸思　第二名：张开显／丁青青

第三名：胡家为／于　婷　第四名：娄雪松／胡晟斐

并列第五名：徐明洪／姜小英、张子龙／马慧勤

欣诺通信杯 2019 年第九届清华校友乒乓球赛团体比赛

主办单位：清华校友总会、清华大学体育部

承办单位：清华大学上海校友会

赞助单位：上海欣诺通信技术股份有限公司

比赛日期：2019 年 10 月 19—20 日

比赛地点：上海工程技术大学松江校区体育馆

一、参赛名单

1. 乒乓情缘队（5 男 1 女）

领队：孔维章

1. 孔维章　男　76　（自 805）

2. 李一乐　男　73　（自 902）

3. 高　源　男　35　（01 自 14 班）

4. 夏望维　男　74　（自 804）

5. 樊恩德　男　75　（自 804）

6. 郑　捷　女　74　（自 804）

2. 大禹队（5 男 1 女）

领队：董锋

1. 董　锋　男　57　（水资 9）

2. 谭　文　男　52　（水工 51）

3. 朱　成　男　34　（水资 31）

4. 赵超恩　男　34　（建管 3）

5. 吴一红　男　57　（力博 7）

6. 褚明华　女　40　（水工 91）

3. 广西校友一队（5 男 1 女）

领队：黎毅

1. 黎　毅　男　38　（会 11B）

2. 兰　谷　男　62　（经管 02）

3. 杨冬野　男　46　（能动硕 98）

4. 柯勇敏　男　29　（法博 15）

5. 陈天琦　男　35　（土木结 43）

6. 赵　洁　女　31　（会计系）

4. 广西校友二队（5 男 1 女）

领队：农海萍

1. 胡　煜　男　47　（美院环艺 05）

2. 黄爽亮　男　53　（美院 88 装潢）

3. 于　洋　男　31　（法 11 硕）

4. 王　辰　男　38　（化研 08）

5. 黄杰鹏　男　39　（机械 92 班）

6. 农海萍　女　52　（环 61 班）

5. 江苏一队（5 男 1 女）

领队：蒋东仁

1. 蒋东仁　男　56　（87 社科）

2. 张迪洋　男　25　（12 化学）

3. 曾庆长　男　53　（88 力研）

4. 王　谛　男　32　（计 61 班）

5. 李高峰　男　38　（05 核研）

6. 陈　瑶　女　52　（93 社科）

6. 清华京福队（4 男 2 女）

领队：朱祖平

1. 朱祖平　男　55　（97 经博）

2. 刘亚圣　男　55　（05 公管 EMBA）

3. 高　阳　男　37　（02 工业工程）

4. 袁　雯　女　30　（12 教研院）

5. 胡晓程　男　45　（93 电子工程）

6. 邹　洋　女　24　（工 41）

7. 无锡队（5 男 1 女）

领队：陈协

1. 陈　协　男　47　（工物系 13）

2. 张鲁飞　男　33　（计 41 班）

3. 仵千里　男　29　（汽 63 班）

4. 李　祥　男　29　（计 81 班）

5. 杨宏愿　男　44　（精仪系 93 级）

6. 孙茹君　女　29　（计 081）

8. 清华一队（5 男 1 女）

领队：林子钏

1. 林子钏　男　25　（计研 22 班）

2. 夏　天　男　25　（法硕 72 班）

3. 刘书翔　男　23（电硕 182 班）

4. 刘明炜　女　20（建 71 班）

5. 张欣然　男　30　（电 74 班）

6. 刘　通　男　52　（物 32 班）

9. 清华二队（4 男 2 女）

领队：肖靖林

1. 周　冉　男　19　（机 63 班）

2. 苏一博　男　26　（材料 15 直博）

3. 肖靖林　男　22　（土博 19 班）

4. 张健豪　男　26　（高研 15 班）

5. 张　妍　女　23　（电硕 181 班）

6. 龚　杰　女　57　（79 无 96）

10. 上海一队（5 男 1 女）

领队：谢非

1. 谢　非　男　43　（93 级计 34 班）

2. 刘文驹　男　65　（76 级土环给 6 班）

3. 周　啸　男　33　（09 级法硕）

4. 冯　卓　男　45　（91 水工 12 班）

5. 佟永俊　男　59　（工物 793 班）

6. 林嵘净　女　29　（18 教研院）

11. 上海二队（5 男 1 女）

领队：周涛

1. 周　涛　男　53　（85 级经管 85 班）

2. 段宇博　男　52　（87 级土木研 7 班）

3. 王　伟　男　34　（92 级机 22）

4. 史卫东　男　49　（88 级水资 8 班）

5. 袁　帆　男　65　（75 建工地 5 班）

6. 廖杰翠　女　26　（材 01 班）

12. 上海三队（5 男 1 女）

领队：刘雨轩

1. 刘雨轩　男　29　（09 无 98 班）

2. 许定宝　男　65　（75 机金 5 班）

3. 杨建涛　男　29　（材 01 班）

4. 酒会东　男　42　（MBAO511 班）

5. 甘振彤　男　49　（00 计硕）

6. 姜小英　女　61　（79 电机）

13. 上海四队（5 男 1 女）

领队：冯锦锋

1. 冯锦锋　男　42　（95 经 51 班）

2. 孙鹏飞　男　59　（79 力 91 班）

3. 谢　虎　男　45　（92 机 21 班）

4. 刘　霁　男　51　（美院 86 商美系）

5. 彭　静　女　29　（化学博）

6. 历宏宇　男　25　（微硕 162 班）

14. 上海五队（4 男 2 女）

领队：刘通

1. 刘　通　男　29　（09 无 93 班）

2. 周大力　男　26　（11 热动 13 班）

3. 胡建华　女　73　（64 企 02 班）

4. 秦　岭　男　60　（经管 EMBA05A 班）

5. 周文灿　女　34　（02 材 21 班）

6. 赵兵兵　男　27　（10 自 05 班）

15. 四川队（5 男 1 女）

领队：费永刚

1. 费永刚　男　55　（汽车 81）

2. 陈云华　男　57　（兼职教授）

3. 郑小明　男　55　（建筑 82）

4. 吴世勇　男　54　（水利 83 级）

5. 周庆玺　男　31　（社科学院）

6. 曹　鼙　女　44　（经管 MBA05）

16. 文杰队（2 男 4 女）

领队：邹吉芳

1. 邹吉芳　女　68　（精仪机 22 班）

2. 刘爱文　女　65　（化工高分 3 班）

3. 王青媛　女　68　（电力高 2 班）

4. 白延斌　男　68　（建工给 2）

5. 杨初坤　男　67　（机电）

6. 郭小平　女　66　（化工有 51 班）

17. 重庆队（4 男 2 女）

领队：许星全

1. 许星全　女　65　（计 51 班）

2. 瞿德刚　男　49　（精博 08 班）

3. 李　非　男　40　（医学院）

4. 童思陈　男　46　（水 98 硕博）

5. 胡　帆　男　49　（经管 02MBA）

6. 阎新凤　女　65　（机械系金 5）

18. 联队（6 男 1 女）

领队：钟秀斌

1. 杨宏伟　男　53　（工程力学 91 博）

2. 钟秀斌　男　50　（经管 07EDP）

3. 黄建江　男　42　（经硕 032 班）

4. 张大弓　男　39　（建管 06 工硕）

5. 冯升波　男　48　（力 72 班）

6. 周芷妍　女　20　（土木 86 班）

7. 严高峰　男　43　（经管 01MBA）

19. 清华电机队（5 男 1 女）

领队：周天睿

1. 周天睿　男　32　（电博 09 班）

2. 胡家为　男　54　（电机发 41 班）

　3.韩晓清　男　56　（EMBA13C）

　4.刘瑛岩　男　48　（99博后）

　5.陈嘉昊　男　20　（数72班）

　6.丁青青　女　56　（电2班）

20.广东深圳队（5男1女）

领队：胡小健

　1.胡小健　男　58　（汽01）

　2.陈　挺　男　41　（95级无52）

　3.夏　筠　男　48　（88级热能89）

　4.侯劭元　男　35　（03级电34）

　5.胥　佳　女　26　（国新163）

　6.王　琦　男　35　（03级水工32）

21.青岛校友队（5男1女）

领队：张春生

　1.张春生　男　60　（78工物）

　2.孙书东　男　36　（07法学）

　3.黄文清　男　56　（80环境）

　4.詹华忠　男　54　（热能83班）

　5.漆随平　男　49　（06计算机博后）

　6.王翠苹　女　50　（99热能研）

22.苏清扬队（5男1女）

领队：陈旦

　1.陈　旦　男　37　（法硕75班）

　2.陶　勇　男　44　（经管17E）

　3.姚国友　男　31　（水博11）

　4.何一浩　男　39　（电研51）

　5.陈俊璞　男　75　（工物801）

　6.沈丹萍　女　38　（法硕61班）

23.清华经管学院伟伦队（4男2女）

领队：张智勇

　1.张智勇　男　37　（EMBA12期）

　2.赵健韬　男　21　（化学62）

3. 董英俊　男　29　（建研 171）

4. 王鹤婷　女　25　（法 22）

5. 谭　卫　男　57　（EMBA10F）

6. 王童姝　女　32　（经博 10）

24. 清华经管学院舜德队（5 男 1 女）

领队：张智深

1. 张智深　男　43　（五道口 EMBA16）

2. 朱益清　男　53　（2002DMBA）

3. 吕晓晞　男　56　（MBA93）

4. 周英辉　男　46　（MBA2014）

5. 劳浩民　男　22　（药 6）

6. 孙　琪　女　29　（五道口硕士）

共 145 人：男 113 人，女 32 人

二、获奖名单

冠军：清华京福队

亚军：清华一队

季军：上海一队

第 4~8 名：联队、经管伟伦队、大禹队、广西一队、经管舜德队

第 9~16 名：广东深圳队、上海三队、四川队、重庆队、江苏一队、上海二队、文杰队、清华电机队

第 17~24 名：清华二队、广西二队、上海四队、上海五队、青岛队、苏清扬队、无锡队、乒乓情缘队

编后记

■ 钟秀斌（经管 2007EDP）

清华园中充满了有趣的故事，乒乓球里蕴含着迷人的天地。当两者汇到一起，会有什么样的奇迹发生呢？让《小球大世界——清华乒乓故事》来跟亲爱的读者揭秘吧。

一

这是清华校友乒乓球爱好者写给自己，写给乒乓球，也是写给母校、致敬母校的一本书。

这本书为读者揭秘：清华乒乓球运动为什么会普及得这么好？清华乒乓球队为什么总能在高手如云的对抗中屡获佳绩？非专业出身的清华乒乓球人凭什么脱颖而出？清华乒乓为什么是快乐乒乓？国运盛，球运盛，清华乒乓怎样与时代同呼吸共命运？

这本书作者有 1960 年代的清华校友，也有 2010 年代的清华新秀，年龄跨度足足半个世纪。既有老故事，更有新传奇。无论老故事，还是新传奇，无一不在告诉读者：清华乒乓的主题是快乐乒乓，我能你也能！

从走出校园半个多世纪的 78 岁资深球迷孔维章学长，到仍在校园攻读博士学位、为清华获得 20 多个冠军奖杯、被誉为"钏神"的林子钏；从已晋升为奶奶、正在社区教小朋友打乒乓的刘爱文学姐，到刚刚走出校园、在清华乒乓找到人生宝藏的胥佳；从在清华园春风化雨 35 载、教出 1.7 万名学子的王欣老师，到世界乒坛女皇邓亚萍校友……每一位作者都以满怀深情的笔触，书写各自的乒乓故事、人生感悟、事业宏章和家国情怀。小小银球，展现出清华莘莘学子们多姿多彩的世界。

二

乒乓球是国球，国运盛，乒乓强。自 1904 年乒乓球传入上海后，就开始在中国扎根。1959 年容国团荣获新中国第一个世界冠军，"人生能有几回搏"的豪言壮举，感动了中国和世界。自此，乒乓球风行华夏，成为国人最喜欢最普及的运动。60 多年来，中国乒乓球长盛不衰，长期执世界乒乓发展之牛耳。亿万国人通过乒乓球强身健体，快乐运动，幸福生活。

无体育，不清华，诠释着清华一百多年坚持"体魄与人格并重"的体育理念。乒乓球运动是清华体育的重要组成，清华与乒乓球缘分匪浅。

清华乒乓球运动开展得较早，可以溯源到 1910 年代，最早报道见于 1918 年第 131 期《清华周刊》。100 多年来清华人的乒乓热情不减，足见这项运动的魅力。1920 年代，乒乓球赛事是清华园内一道引人注目的体育风景线。1930 年代清华乒乓步入鼎盛时期。1935 年清华乒乓球队获得华北五大学联赛冠军，1936 年再次夺冠。这两届清华主力队员里有"两弹一星"功勋科学家钱三强学长（1932 年入学），中国航空一代宗师徐舜寿学长（1933 年入学）和国家科技最高奖获得者叶笃正学长（1935 年入学）。[1]1940 年代战火频仍，清华乒乓进入"休眠期"，目前没有发现清华校刊报道过这一时期的乒乓活动。

中华人民共和国成立以来，清华乒乓更是参与并见证了国球发展的重要时点。

1952 年 10 月第一届全国乒乓球比赛大会（后改名为全国乒乓球锦标赛）在清华西体育馆举办，著名运动员姜永宁、孙梅英分获男、女单打冠军。1979 年，他们的女儿姜小英考进清华电机系，并成为清华乒乓球校队女队队长，续写了两代人的清华乒乓缘，成就了中国体育史的一段佳话。著名工程热物理学家、中国科学院院士过增元学长（1953 年入学）曾是 1950 年代中后期清华乒乓球队的队员。

1964 年 9 月，时任国家乒乓球女队教练的徐寅生在女队作了"如何打乒乓球"的著名讲话，得到毛泽东的高度评价："讲话全文充满了辩证唯物主义，处处反对唯心主义和任何一种形而上学。"蒋南翔校长读后，马上将该文和毛泽东、贺龙等人的批示，印发给学校相关负责人和全体体育代表队员，要求贯彻到清华体育工作中去。[2]

轰动世界的乒乓外交事件，清华人有幸参与，见证历史，与有荣焉。据

---

① 叶宏开.体魄与人格并重[M].北京：清华大学出版社，2011：74，75，170.

② 叶宏开.体魄与人格并重[M].北京：清华大学出版社，2011：127.

1964 级校友陈志良老师回忆，1971 年 4 月 10—17 日，应周恩来总理之邀，刚参加完日本名古屋第 31 届世乒赛的美国乒乓球队科恩、雷塞克等 9 位运动员和 4 位官员，经香港抵达北京访问。科恩等人成为自 1949 年以来第一批获准进入中国境内的美国运动员。在周总理的细致安排下，中美两国乒乓球代表队在首都体育馆进行了友谊赛，美国代表团游览了长城，参观了清华大学。清华教工乒乓球队在西体育馆参与接待美国乒乓球队，双方进行了友好球艺交流，正好他和科恩对阵过招。一年之后，敌对了 20 多年的中美两国正式建交，开启了冷战时代世界新格局。中美乒乓球队的友好往来，冰释了东西两大国的关系，小球推动大球，世界因此改变。

1981 年 4 月，中国乒乓球队在第 36 界乒乓球世锦赛上历史性地包揽全部七项冠军。凯旋后，中国乒乓球队李富荣总教练带队来到清华大学，在大礼堂前广场举行报告会，向清华师生汇报比赛的盛况。这一群情激奋的场景，定格在国际乒联博物馆（中国乒乓球博物馆）里的一张照片上。作为资深球迷，袁帆学长（1975 级建工）在参观博物馆时发现了多处"清华元素"，看过这张照片后曾撰文道，"虽然已经 37 年过去，但在博物馆中的那幅记录报告会场景的照片前，似乎仍然可以感受到当年的热烈气氛，令人倍感振奋！"

此外，1982 年的第一届全国大学生运动会，乒乓球赛场就设在清华西体育馆。1996 年 5 月 3 日，首届中国乒乓球俱乐部联赛期间，为了宣传和推动中国乒乓球体制改革，特意将部分比赛安排在一些基层单位，清华大学的比赛地点设在清华西大饭厅。比赛间隙，国手与球迷互动，时任清华校队主力、1991 级电子系学生刘立恺，就有幸与世界女子单打冠军乔红打了一场比赛，中央电视台著名体育解说员宋世雄主持比赛，并实况直播。

……

现在让镜头再转回清华乒乓。1956 年 3 月，新中国的清华大学乒乓球代表队正式成立，并延续至今。从首届到 1966 年最后一届，北京高校乒乓球赛一共举行了 8 届，清华大学乒乓球男队获得了五次冠军、两次亚军以及一次季军，女队则获得了七次冠军、一次亚军。清华乒乓球队有多名队员代表北京高校参加北京市运动会。

改革开放前，清华乒乓球队在特殊历史时期坚持训练和比赛，清华乒乓弦歌不辍。自 1972 年至 1978 年，清华乒乓球队水平在北京高校仍然名列前茅，傲视群雄。

改革开放后，清华乒乓球队步入发展快车道，这一时期带队教练主要是黄文杰老师和王欣老师。王欣老师自 1986 年 6 月进入清华大学任教，开始执教清华乒乓球队，直到 2018 年退休，执掌乒乓球队 32 年。清华乒乓球队（男女队）40 余年来始终处于北京市高校中最强阵容，斩获大奖无数，为清华体育运动增添了华美的篇章。

为保持清华乒乓球校队高水准，教练在招生和科学训练上下功夫、要成绩。队员参赛时，常常要与外校专业或准专业的特招生对抗，这时教练就鼓励自己队员："强者不抱怨，打得过就打，打不过就拼。虽然你们学业上要与清华高分的尖子同学一起学习、一起考试，赛场上又得与比你训练时间多很多的同学过招，挑战当然很大。这就需要同学们打球多用头脑，观察分析对手，扬长避短，事半功倍。同学们今天的坚持努力和洒下的汗水在不久的将来，一定会有收获。"

清华要求一名优秀的校队队员，不仅要球艺高超，而且要学业突出，同时社会工作出色。这也是清华大学体育代表队的光荣传统，队内皆知的"三肩挑"。指的是在清华体育代表队工作的学生干部，身上肩负着三重责任，既要抓好学业科研，又要在体育比赛中争金夺银，还要在学生工作上做出成绩。王欣老师深谙"三肩挑"对学生成才的重要性，强调队员们必须平衡好球技、学业和社会工作，一个优秀的队员一定要严格要求自己，样样拿得出手。这一原则收效显著，周寅婕、马冬昕、马冬晗、周冉四名队员，先后荣获清华大学特等奖学金。

2006 年，清华取消乒乓球特招制度。自此，清华乒乓转向群众体育的普及教育，王欣老师的工作重点也转向在全校师生中广泛开展群众乒乓球运动，推广"以球会友、快乐乒乓"的理念。在教普通学生打乒乓球时，她谆谆善诱，教学生以球会友，掌握乒乓球这项交友利器，赋予体育更多的内涵。

现在清华学子人皆尽知的"马约翰杯"（简称"马杯"）始于 1984 年，是为了纪念清华体育教育功勋教授马约翰先生，而在全校田径运动会上设立的。1998 年清华体育部改革马约翰杯赛，以田径赛为龙头，增加各种体育项目比赛。1999 年，清华大学马约翰杯乒乓球比赛正式启动，以院系为单位组队团体参赛，立即得到全校师生，特别是广大乒乓球爱好者的积极响应。马杯赛的举办，极大地提高了全校师生参与乒乓球运动的兴趣和热情。很多院系都非常珍惜乒乓球人才。例如乒乓运动基础较好的电机系，力夺"马杯"八连冠，成为马杯赛的传奇，电机系的师生现在都津津乐道，骄傲的神情溢于言表。不断创新的赛制，使已毕业的乒乓高手校友也可回校，代表院系参赛，不仅加强了毕业校友与母校院系的联系，而且更是增加了比赛选手参与的广泛性和趣味性。"马杯"乒赛现已成为清华大学学生运动会中最受欢迎的比赛之一。

王欣老师并没有满足于校内乒乓运动的有声有色，她想让更多热爱乒乓的清华学子，继续享受母校教育的特别福利。于是，在清华大学百年校庆时（2011年），在清华校友总会鼎力支持下，她与成都校友会共同策划，成功举办了首届清华校友乒乓球赛，面向全体清华校友，使更多走出清华的校友相聚在成都以球会友，体验快乐乒乓。这一赛事至今已经圆满举办十届，一届比一届成功，赛制不断改革，从单项比赛到团体比赛，团体比赛中校友可以在规则内以任何方式组队，最大程度满足了各路校友踊跃参赛的广泛需求。其中邱勇校长和邓亚萍会长多次参赛，规模越来越大，参与的校友越来越多。已经走出清华超过半世纪、将近80岁的校友，高兴地回到母校打乒乓球，兴奋不已；年幼选手不到20岁，尚在校园里孜孜求学。如今这一赛事不仅是校友乒乓球爱好者一年一度的欢聚盛会，也是校友与校友、校友与母校联系的一个重要窗口。参赛的校友们以球会友，加强交流，收获友谊，合作共赢。

三

清华乒乓意味着什么？这本书的作者们虽然没有给出统一的答案，但是他们的回答却始终充满着清华的味道，这味道还是请读者诸君慢慢细品。

我在清华已经打了56年的乒乓球，见证了清华大学与乒乓球有关的一些事情。乒乓球运动帮我健体强身，助我结交朋友，让我为集体争光，小小的乒乓球是我一生的爱好。我已过古稀之年，已经亲身实践了"为祖国健康工作五十年"，其中乒乓球运动功不可没！

——陈志良（1964级自动控制）

特别感谢母校给予我清华精神，始终催我奋进向前；感谢乒乓球运动给了我强健的身心，在我的职业生涯里，战胜了无数的困难。在今后的人生旅途中，我将一如既往地坚持乒乓球运动，继续以健康的身心，感恩清华，报效国家。

——张玲承（1975级水利工程）

爱我清华爱我中华，清华校友是一家。小球大世界，快乐你我他，大家都来打乒乓。

——张春生（1978级工程物理）

每次校友一起打球、聚餐，都能深深感受到校友之间的那种情谊。母校和乒乓是联系我们的共同纽带，走到哪里都能够感受到大家庭的温暖，都怀有一种维护母校荣誉的责任。这种情结，在离开母校后越发深厚。

——胡晟斐（1989级自动化）

因清华而深深结缘乒乓，因乒乓而更加眷恋清华。现在回想起来，我热爱乒乓球运动并能一直坚持，主要始于清华求学期间。我的裁判生涯，更是得益于清华的熏陶和王老师的培养，从清华园正式开启。虽然我已经毕业多年，但我曾几次梦回清华园，场景之一便是在乒乓球馆和球友们打球。

——黄初冬（1999级土木工程）

体育一直是清华的传统，所谓"无体育，不清华"，而"为祖国健康工作五十年"早已深深根植在每一位清华学子的心中。

"Fight to the finish and never give in！"（奋斗到底，绝不放弃！）是马约翰老先生在训练场上，常常鼓励学生们的话语。在竞争激烈的赛场上，精神的力量有时能发挥神奇的作用。看似强大的对手，最易被突破的常常是在精神层面。

——高阳（2002级工业工程2006硕）

王欣老师是我们的领队兼教练，校队的灵魂人物。某种意义上，她的风格定义着球队一以贯之的特质。"君子和而不流，强哉矫"，王老师正直睿智、温和大度，数十年如一日追求内心的价值，不随波逐流，是真正的强者。

——周寅婕（2004级人文社科2008硕）

作为一名运动员，清华的教育令我自强不息，坚持学习与创新，乒乓水平逐渐从业余走向专业，不断学会以前做不到的技术，不断击败以前不可能战胜的对手，乒乓球丰富了我的人生，让我不断看到新的风景；作为一名教练，清华的培养使我厚德载物，在带领年轻人冲击冠军的同时，也积极给予他们生活和事业的指导，帮助他们联系实习与就业，看着他们一步步从小树苗成长为参天大树，是最欣慰的事情。

——吕博（2006级电机硕）

现在，我在美国普渡大学生物医学工程系做博士后。在遥远的大洋彼岸，想起曾经的美好时光，心里常会涌上一层淡淡的忧伤，但感受到的更是乒乓球队带给我的精神力量。我穿着印有"清华大学"字样的队服，坚定而快乐地走在普渡校园里，仿佛仍然置身于清华园。

——马冬晗（2008 级精仪）

清华乒乓情缘蔓延开来，于我便是一种生活。在乒乓的纽带下，我结识了上至年近 80 的老学长下至刚刚入校的小师弟，旋转的乒乓球打破了时空的阻碍，承载了清华乒乓人的传承，可以让几代人之间同台交流，共鸣依旧。

——张迪洋（2011 级化学）

强者不抱怨，既是乒乓球场的真谛，更是人生漫漫长路的指明灯。在清华乒乓的七年，强者不抱怨，打造了我坚韧、勇敢与执着的品质，帮助我在许多关键节点上一次又一次战胜难关，以极大的勇气，不断成就自我。

——林嵘净（2011 级高教 2015 硕）

清华乒乓所带给我的，远不止运动技能，它对我大学生涯产生了至关重要的影响。清华乒乓于我而言，是一份喜爱、一份磨炼和人格塑造。它磨砺了我个人奋力拼搏的品质，让我深刻领会团队代代传承、甘于奉献的精神。

——周冉（2016 级机械 2020 直博）

四

2018 年夏，刚刚办妥退休手续的王欣老师开始策划这本书。自 1986 年调到清华工作，34 年来她始终一心一意地扑在清华乒乓教育第一线。既要面对在校学生，也要服务离校的校友。王欣老师数十年如一日的春风化雨，这棵在清华园里生长百年的乒乓大树，已经枝繁叶茂，荫翳着一代又一代的清华学子。就像高阳校友所说，"训练场上她是'严父'，严格要求训练质量，培养队员们的顽强作风；生活中她是'慈母'，关心大家的生活点滴，让我们处处感到温暖。"

王欣老师的嘉言懿行，学子们看在眼里，记在心底。所以当她提出要编写清华乒乓故事一书时，就受到许多校友的点赞和鼓励。近年来致力于史学研究、文字功底扎实的袁帆学长，主动请缨，加入编辑团队。

我与清华乒乓结缘，首先得感谢《水木清华》杂志主编王正老师（1984 级电机）的引荐。自 2014 年开始参加清华校友乒乓球赛，我至今已参加过 5 届。每次参赛都得到王老师无微不至的照顾，团体赛需要组队，王老师帮我牵线请人，次次都顺利组队，既满足自己过过球瘾，又结识新球友。我没有受过专业训练，只是喜欢乒乓，球技有限。在强手如林的校友赛上，技不如人，且经常拉队友后腿，心理压力不小。可每次赛前，王老师都会热心地鼓励我，"来吧，以球会友，快乐乒乓！"

我曾做过 15 年新闻媒体，后来又陆续当了数年独立出版人，有些编辑底子，了解出版流程。现在王老师要出书了，需要编辑加盟，我当仁不让地毛遂自荐了。王老师很高兴地把我拉入微信的编辑群里，时间是 2019 年 1 月 27 日。当时编辑群有五人，另外两位是仍在校念研究生的学妹胥佳和张研。后因胥佳和张研学业在身，无暇分神，2 月 24 日王老师、袁帆学长和我就另组一编辑群，这本书的编辑工作自此正式启动。

当时编辑部处于三无状态，一无方案，二无书稿，三无经费。王老师和袁学长虽已退休，但各有事务。而我处于创业的艰难期，且正忙于修订我和黄延复先生合著出版的《一个时代的斯文：清华校长梅贻琦》，拟于 2019 年底前出版，以纪念梅校长诞辰 130 周年，时间精力也都有限（这本书延迟至 2021 年 4 月出版）。幸好，我们三人脾气相投，专长互补，且都有热情要做好这本书。这样，我发挥出版特长，挤出业余时间，很快拉出这本书的出版方案，经三人讨论后定稿。一是根据策划方案的出版时间轴进行组稿约稿编稿，二是拉赞助经费支持这本书出版。组稿约稿我和袁帆学长还能为王老师分担一些工作，毕竟这些年来参加校友赛，认识了不少乒乓校友。而出版经费，则基本靠王老师一人独自张罗了。

起初，约稿工作进展颇为顺利。两个多月的时间，承各位校友的大力支持，陆续回来 20 篇文稿。袁学长先对各篇文稿进行编校整理，我则负责每篇文稿的标题制作和再编辑定稿。很快我们就完成这部分稿件的编辑工作，并将书名确定为《小球大世界——清华乒乓故事》。我请北京微言文化传媒有限公司帮忙，将所编稿件进行排版设计，出版样书，赶在 2019 年 4 月底第九届清华校友乒乓球赛上约稿使用。正在此时，王老师带来一个好消息，清华大学出版社人文分社徐学军社长是乒乓爱好者，对我们编辑的这本书感兴趣，认为可以由清华大学出版社出版，并且帮我们印制了排版好的样书。样书虽然不厚，但做得精致。因此我们拿它在校友乒乓球赛上当道具，继续邀请校友们撰写书稿，收效颇佳，甚至连邓亚萍会长也同意为这本书写序。这对于我们来说，无疑是很大的鼓励。只是这次校友赛上，邱勇校长因另有要务，未能亲临，我们遗憾地错过邀请校长作序的机会。

　　以这次校友赛为契机，我们连忙将所能联系而且可能定稿的乒乓校友40余人，组成一个《小球大世界》撰稿群，我时不时地将已经编辑好的校友书稿抛到群里，激励尚未动笔的校友。陆陆续续我们又收到一些校友的来稿，但是离目标还差了不少。

　　2019年10月中旬在上海举办的清华校友乒乓球赛团体赛，由于承办方谢虎校友和他的欣诺通信团队策划周到、组织得力，总共有24支球队近150名校友参赛，创下历届校友参赛规模之最。我们在参赛的同时，主动出击，鼓励和邀请尚未交稿的校友，抓紧时间写作。赛后不久，费永刚、张春生等学长的大作就源源不断地涌来。在这些热心有料的校友支持下，书稿渐渐丰满起来了，我们的信心也更足了。

　　2020年的疫情几乎让全世界都停摆了，尤其是年初的时候，中国的形势异常严峻。我们也担心这本书的命运。本来我们还想在原定4月底举办第十届校友乒乓球赛上，继续邀请校友写稿。但疫情的消退比人们想象得要漫长，不仅4月底无法举办赛事，就连现在北京也不能开展室内乒乓球活动。不过，似乎没有什么可以阻挡清华人对乒乓的喜爱，校友们在王老师的带领下，居然创新出居家乒乓操和云乒乓。连王老师也颇时髦地开播云课堂，为学子们网上教乒乓。

　　"福祸相倚"，老祖宗的智慧总是在特别时刻显灵。疫情让人们大部分时间停下事务居家抗疫，但并没有影响我们的编书进程。随后，这本书荣幸地被列入清华大学110周年校庆出版物计划，这对于我们来说无疑是一剂强心针。我们和诸多乒乓校友的努力再现曙光！随后我们按照110周年校庆出版计划进程，忙中有序地加快书稿的编辑进程。经过近两个月的努力，我们终于集齐书稿，现在已经基本完成编辑工作。

　　本书的每位作者年龄差别、人生阅历迥异，行文风格自然各异其趣。要将这些百花齐放的文章，辑成一本风格大体一致的书，绝对是一场编辑能力的硬仗。许多作者投稿的文章，大多以"我和清华乒乓的故事""我的清华乒乓情缘"之类为文章题目，重复度高，缺乏新意和美感，必须将这些文章标题重新制作，这也在考验着编辑的功力。同时，每篇文章无论是作者的修改，还是审读专家的修改，哪怕是一点点的变化，都需要我们重新调整和编辑。这是工作量不小的系统工程。因此，从编辑技术的角度看，这是颇具挑战性的一本书！然而，乒乓球赋予的灵活辩证的运动思维，使我们乐观地从另一角度看，挑战就是更高层次的学习和提升。

　　这是一场无中生有、永无止境的战役！但在众多热心校友和机构的支持下，我们排除万难，胜券在握。我们以燕子衔泥筑巢的心态，在 50 多位校友乒乓爱好者的鼎力配合中，完成了这本书。虽然我们的水平有限，但致敬母校的心意却是一致的。我们和广大校友一起，祝贺清华建校 110 周年，祝愿母校未来更加辉煌，为祖国培养更多栋梁英才！

在本书即将付梓之际，我们满怀感恩，感谢各位作者的认真写作！感谢所有关注和支持清华乒乓运动的校友！感谢清华大学党委宣传部、清华大学体育部、清华大学出版社各位老师的指教，尤其是高晓蔚老师专业而高效的编辑工作。感谢费永刚、谢虎等热心校友多年来对清华校友乒乓运动的无私奉献和支持！

正如邓亚萍会长所说，"我们都是乒乓球爱好者，小小银球早已经和工作、生活甚至人生融为一体。"我们愿与大家一起，推动乒乓球运动在清华、在中国、在世界的广泛开展，享受"以球会友、快乐乒乓"的无穷乐趣。

清华乒乓，快乐乒乓！